Liebe Leserin, lieber Leser,

vielen Dank, dass Sie sich für ein Buch von SAP PRESS entschieden haben.

SAP PRESS ist eine gemeinschaftliche Initiative von SAP und Galileo Press. Ziel ist es, qualifiziertes SAP-Wissen Anwendern zur Verfügung zu stellen. SAP PRESS bietet Expertenliteratur zu technischen wie auch zu betriebswirtschaftlichen SAP-Themen.

Die Bücher der Reihe SAP Business Roadmap bieten Berater-Know-how für eine businessorientierte Implementierung der mySAP.com-Komponenten und -Branchenlösungen. Sie vermitteln Ihnen spezifisches Prozess- und Branchenwissen und zeigen Ihnen die Wege, wie Sie mit SAP-Software Ihre betrieblichen Abläufe effektiv gestalten können.

Jedes unserer Bücher will Sie überzeugen. Damit uns das immer wieder neu gelingt, sind wir auf Ihre Rückmeldung angewiesen. Bitte teilen Sie uns Ihre Meinung zu diesem Buch mit. Ihre kritischen und freundlichen Anregungen, Ihre Wünsche und Ideen werden uns weiterhelfen.

Wir freuen uns auf den Dialog mit Ihnen.

Ihre Wiebke Hübner
Lektorat SAP PRESS

Galileo Press
Gartenstraße 24
53229 Bonn

wiebke.huebner@galileo-press.de
www.sappress.de

 PRESS

SAP Business Roadmap

Herausgegeben von Bernhard Hochlehnert, SAP AG,
und Dr. Gerhard Keller

Jochen Scheibler
Vertrieb mit SAP
Prozesse, Funktionen, Szenarien
ca. 2. Quartal 2002, ca. 400 Seiten, geb.
ISBN 3-934358-169-4

Helmut Bartsch, Peter Bickenbach
Supply Chain Management mit SAP APO
Supply-Chain-Modelle mit dem Advanced Planner & Optimizer 3.1
2001, 2., akt. u. erw. Aufl., 456 Seiten, geb.
ISBN 3-934358-111-2

Christian Lübke, Sven Ringling
Personalwirtschaft mit mySAP HR
Prozessorientierte Einführung - Rollenbasierte Anwendung
2001, 465 Seiten, geb.
ISBN 3-934358-146-5

PricewaterhouseCoopers, SAP
Der E-Business-Workplace
Das Potenzial von Unternehmensportalen
2001, 240 Seiten, geb.
ISBN 3-934358-134-1

Rüdiger Buck-Emden (Hrsg.)

mySAP CRM

Geschäftserfolg mit dem neuen
Kundenbeziehungsmanagement

Galileo Press

Die Deutsche Bibliothek – CIP-Einheitsaufnahme
Ein Titeldatensatz für diese Publikation
ist bei der Deutschen Bibliothek erhältlich

ISBN 3-89842-189-9

© Galileo Press GmbH, Bonn 2002
1. Auflage 2002

Der Name Galileo Press geht auf den italienischen Mathematiker und Philosophen Galileo Galilei (1564–1642) zurück. Er gilt als Gründungsfigur der neuzeitlichen Wissenschaft und wurde berühmt als Verfechter des modernen, heliozentrischen Weltbilds. Legendär ist sein Ausspruch **Eppur se muove** (Und sie bewegt sich doch). Das Emblem von Galileo Press ist der Jupiter, umkreist von den vier Galileischen Monden. Galilei entdeckte die nach ihm benannten Monde 1610.

Lektorat Wiebke Hübner **Korrektorat** Anja Pabst, Siegen **Einbandgestaltung** Hommer Design Production, Haar **Herstellung** Sandra Gottmann **Satz** Typografie & Computer, Krefeld **Druck und Bindung** Bercker Graphischer Betrieb, Kevelaer

Inhalt

Vorwort

Viele liebe Menschen haben mitgeholfen, dieses Buch entstehen zu lassen. Ihnen danke ich herzlich für ihre Mitarbeit und Unterstützung. Zu nennen sind:

Peter Zencke, der die thematische Einführung sowie viele Anregungen zu diesem Buch beigetragen hat,

Dietmar Saddei für fruchtbare Diskussionen und viele neue Ideen,

die Mitautoren Achim Appold, Stephan Brand, Christian Cole, Christopher Fastabend, Jörg Flender, Alison Gordon, Tomas Gumprecht, Stefan Hack, Volker Hildebrand, Frank Israel, Fabian Kamm, Stefan Kraus, Mark Layden, Claudia Mairon, Wolfgang Ölschläger, Jörg Rosbach, Ingo Sauerzapf, Thomas Weinerth, Peter Wesche und Rainer Zinow, die neben ihrem Tagesgeschäft noch Zeit und Energie für die Erstellung ihrer jeweiligen Fachbeiträge aufgebracht haben

sowie Jochen Böder, Michael Brucker, Bernhard Drittler, Henrike Groetecke, Carsten Hahn, Ulrich Hauke, Berhard Hochlehnert, Annette Hofmann, Martin Hofmann, Mark Krimpenfort, Peter Kulka, Dietmar Maier, Heike Matz, Wilfried Merkel, Andreas Muther, Annette Rawolle, Thomas Reiss, Gerhard Rickes, Bernhard Runge, Andreas Schuh, Hans-Heinrich Siemers, Andrea Sudbrack, Erik Tiden, Frank Vollmer und viele weitere Kollegen, die auf mannigfaltige Weise zum Gelingen dieses Buches beigetragen haben.

Schließlich gilt mein Dank dem Verlag Galileo Press mit Wiebke Hübner und Tomas Wehren für die angenehme und konstruktive Zusammenarbeit.

Dezember 2001

Rüdiger Buck-Emden

1 Einführung: Der Kunde als neue alte Mitte

Dr. Peter Zencke, Mitglied des Vorstands der SAP AG

Customer Relationship Management (CRM) gehört gegenwärtig zu den meist verwendeten Begriffen in den Strategiediskussionen der Unternehmen. Die dahinterstehende Grundidee des effektiven Managements der Kundenbeziehungen und der gezielten Analyse des Wissens über den Kunden wird das Wirtschaften in nahezu allen Branchen auf Dauer als unumstrittenes Grundprinzip bestimmen. Wer oder was sonst könnte denn auch im Mittelpunkt des Handelns eines Unternehmens stehen, wenn nicht der Kunde – bedeutendes Unternehmenskapital und ureigentliche Quelle jeglichen Gewinns zugleich.

Was man aber genau unter Customer Relationship Management versteht, wenn es um dessen informationstechnische Realisierung geht, hat sich innerhalb weniger Jahre stark gewandelt. Noch vor kurzem fasste man unter CRM lediglich eine Reihe von isolierten Anwendungen für Sales Force Automation, Call Center und den elektronischen Handel zusammen. Diese Front-Office-Software nutzte innovative Technologien für das Channel-Management in Vertrieb und Service. Ein wichtiger Schritt in Richtung Kundenorientierung war gemacht, aber die Evolution von CRM sollte hier nicht halt machen.

Schon bald wurde die enge Definition des Themas CRM aufgebrochen. Beispielsweise bietet SAP mit mySAP Customer Relationship Management (mySAP CRM) nicht nur eine umfassende Lösung mit leistungsfähigen Front-Office-Anwendungen an, die alle Vertriebs-, Marketing- und Servicekanäle abdecken. Sie hat die Kundeninteraktion darüber hinaus nahtlos mit den Fulfillment-Systemen im Backend integriert, insbesondere mit der unternehmensinternen Prozessabwicklung und mit den Finanz-Controllingsystemen.

Der ganzheitliche CRM-Ansatz der SAP trägt ferner der engen Verflechtung der kundenspezifischen Prozesse mit dem Supply Chain Management (SCM) Rechnung. So treibt der Kundenbedarf nicht nur die unternehmensinternen Prozesse, sondern pflanzt sich dynamisch fort über die Lieferkette hin zu den Herstellern, Lieferanten und Distributoren.

Ergänzt werden diese operativen CRM-Funktionen um analytische Anwendungen. Sie dienen der Auswertung der vielfältigen Daten, die durch die Interaktion mit dem Kunden über alle Phasen der Geschäftsbeziehung hinweg gewonnen werden, und zwar unter den Aspekten Kundenzufriedenheit, Marktdurchdringung und Profitabilität. Das so entstehende Wissen unterstützt strategische Geschäftsentscheidungen und eröffnet zusätzliche Wertschöpfungspotenziale.

Durch konsequente Nutzung des Internets wurde das Spektrum von CRM-Lösungen schließlich um neuartige kollaborative Geschäftsszenarien erweitert, die auf Portalen und virtuellen Marktplätzen basieren.

Unternehmens-Portale sind die Zugangstore für den einzelnen Menschen zu genau jenen Anwendungsservices und Informationen, die er für seine verschiedenen Arbeits- oder Konsumentenrollen benötigt. Als wesentlicher Bestandteil des CRM-Lösungskonzeptes der SAP erlauben sie es, kollaborative Prozesse zwischen Mitarbeitern innerhalb eines Unternehmens sowie zwischen Mitarbeitern verschiedener Unternehmen zu realisieren.

Analog dazu sind elektronische Marktplätze die zentralen und strukturierten Umschlagstellen für verschiedenste Kollaborations- und Informations-Services, die von einer beschränkten Zahl von Geschäftspartnern oder einer unbegrenzten Zahl von Marktteilnehmern genutzt werden können. Portale und Marktplätze bilden die Klammer rund um das umfassende CRM-Angebot der SAP.

Das vorliegende Buch beschreibt die Lösung mySAP CRM und die damit verbundene Strategie in seiner ganzen Breite. Die Autoren erläutern das Zusammenspiel der Vielzahl kollaborativer Unternehmensprozesse und zeigen anhand der E-Business-Plattform mySAP.com auf, welche Perspektiven ein solch ganzheitlicher Ansatz den Unternehmen eröffnet.

2 Die neue New Economy

2.1 Profitable Geschäftsmodelle im Internet

Die erste Euphorie über die kommerziellen Nutzungsmöglichkeiten des Internets war eng mit dem Begriff *New Economy* verbunden. Ende der 1990er-Jahre schossen Dotcom-Firmen wie Pilze aus dem Boden, in der Hoffnung, mit Hilfe des Internets zum schnellen Geschäftserfolg zu gelangen. Viele dieser Unternehmen erreichten innerhalb kürzester Zeit atemberaubende Börsenbewertungen, ohne jemals deutlich machen zu können, wie ihr Geschäftsmodell zu profitablen Ergebnissen führen sollte. Mit der Börsenkorrektur im Jahr 2000 und dem Konkurs etlicher Dotcom-Firmen wurde aber schnell klar, dass auch in der New Economy nicht überzogene Visionen und Aktienspekulationen, sondern letztendlich Gewinne und Profitabilität den ökonomischen Wert der Unternehmen bestimmen. Auf dieser Tatsache baut die *neue* New Economy auf, die sich wieder auf traditionelle Grundprinzipien der Geschäftsabwicklung besonnen hat, verbunden mit dem Willen, die weit reichenden Möglichkeiten des Internets für tatsächlich *profitable* Geschäftsmodelle zu nutzen.

2.2 Neue Möglichkeiten zur Gestaltung von Geschäftsabläufen

Das Internet hat Märkte transparenter gemacht und die Beziehungen zwischen Unternehmen sowie die Zusammenarbeit von Firmen mit Lieferanten und Vertriebspartnern dramatisch verändert. Noch nie konnten Geschäftsverbindungen so zeitnah geknüpft werden, noch nie waren Unternehmen in der Lage, so eng vernetzt zusammenzuarbeiten und ihre Aktivitäten über ihre Unternehmensgrenzen hinaus auszuweiten wie im Internet-Zeitalter.

Gleichzeitig bietet das Internet enorme Möglichkeiten für die Vertiefung von Kundenbeziehungen. Kein Ladengeschäft der Welt kann die Präferenzen seiner Kunden so präzise und vollständig dokumentieren wie ein Web-Shop. Ein daraus abgeleitetes, tiefes Kundenverständnis ermöglicht individuell zugeschnittene Produkt- und Serviceangebote und führt so unmittelbar zu wirtschaftlichen Erfolgen.

Grundsätzlich gilt, dass Unternehmen ihre Geschäftsmodelle im Internet-Zeitalter fundamental überdenken und dabei alle neu gewonnenen Möglichkeiten zur Kundeninteraktion und zur unternehmensübergreifenden Zusammenarbeit berücksichtigen müssen.

2.3 Einkaufs- und Verkaufsprozesse wachsen zusammen

In der Internet-Economy wachsen Unternehmen enger zusammen. Um im globalen Wettbewerb bestehen zu können, dürfen sie sich nicht mehr ausschließlich auf firmeninterne Ressourcen verlassen. Wertschöpfung wird heute vielmehr in Unternehmensnetzwerken erzielt. Menschen mit unterschiedlichsten Aufgaben aus verschiedenen Unternehmen kooperieren dank zeitnaher, unternehmensübergreifender Kommunikation so über das Internet, als arbeiteten sie für ein- und dasselbe Unternehmen. Einkaufs- und Verkaufsprozesse verschmelzen dabei nahtlos miteinander.

So nutzen heute schon viele Unternehmen SCM-(Supply-Chain-Management-) Anwendungen, um ihre einkaufsseitigen Prozesse unternehmensübergreifend mit den Geschäftsabläufen ihrer Lieferanten zu verknüpfen. Die verkaufsseitige Verbindung mit den Kunden gewährleisten leistungsfähige CRM-Lösungen. Die Verknüpfung zwischen beiden Seiten erfolgt durch ein gemeinsames ERP-(Enterprise-Resource-Planning-)System mit Bestands- und Verfügbarkeitsmanagement.

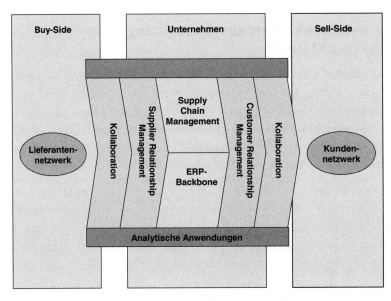

Abbildung 2.1 Wertschöpfung im Unternehmensnetzwerk

Einkaufs- und Verkaufprozesse verschmelzen zu einem einzigen One-Step-Business-Prozess, der durch einen Nachfrager ausgelöst wird. Sobald ein Käufer einen Auftrag erteilt, erzeugt das System des einkaufenden Unternehmens eine Bestellung. Zur gleichen Zeit erfolgt im System des verkaufenden Unternehmens die Erstellung eines Angebots. Sowohl die Auftragsbearbeitung auf der einen Seite (bis zur Lieferung und Abrechnung) als auch die Beschaffungsaktivitäten auf der anderen Seite (bis zum Wareneingang und zur Zahlung) laufen vollständig automatisiert ab. One-Step Business ermöglicht es den beteiligten Unternehmen, das Potenzial des Internets für die Optimierung der Geschäftsprozesse voll auszuschöpfen.

Mit innovativen Lösungen für das Management der gesamten Logistikkette binden Unternehmen ihre Kunden, Partner und Lieferanten in ein virtuelles, kundenzentriertes Prozessnetzwerk ein. Die individuellen Wünsche einzelner Kunden werden zum Ausgangspunkt ganzer Logistikketten, entlang derer die Partnersysteme relevante Informationen wie Bedarfe, Prognosen, Bestandsverfügbarkeit und Fertigungskapazitäten zeitnah miteinander austauschen. Zwei zentrale Unternehmensaufgaben – Pflege von Kundenbeziehungen und Optimierung der Logistikketten – wachsen immer enger zusammen und können nicht mehr wie noch vor wenigen Jahren als unabhängige Prozesse betrachtet werden.

2.4   Vom E-Commerce zu E-Business und M-Business

Die neue New Economy führt zu einer Umgestaltung aller Beschaffungs- und Vertriebsprozesse. Lag der Fokus der Reengineering-Initiativen in den Neunzigerjahren noch auf der Optimierung innerbetrieblicher Prozesse [Hammer 1993], so geht es beim *E-Business* um die Neudefinition und die elektronisch unterstützte Abwicklung unternehmensübergreifender, kollaborativer Geschäftsprozesse [Kalakota 1999]. E-Business reicht damit weit über die ersten und bekanntlich in der Praxis nicht selten gescheiterten Ansätze des *E-Commerce* hinaus, die das Internet lediglich für die Präsentation und den Verkauf von Produkten nutzten. E-Business erhebt vielmehr die Integration von Geschäftsprozessen – sowohl innerhalb der Unternehmen als auch über Unternehmensgrenzen hinweg – zur Grundmaxime. Private oder öffentliche elektronische Marktplätze (Private oder Public Exchanges), mit deren Hilfe mehrere Anbieter und Nachfrager an einem (virtuellen) Ort zusammenkommen, spielen dabei eine wichtige Rolle. Zusätzlich können bei der aktuellen Umgestaltung von Geschäftsabläufen mobile, drahtlos vernetzte Geräte wie z.B. Mobiltelefone und PDAs (Personal Digital Assistants) berücksichtigt werden, die die PC-zentrierte Arbeitsweise der vergangenen zwanzig Jahre zu Gunsten eines Multi-Plattform-Modells für mobile Anwender verändern. Diese neue Geschäftsform, die die Elemente *Internet*, *drahtlose Kommunikation* und *E-Business* miteinander vereinigt, wird als *M-Business* bezeichnet [Kalakota 2001].

2.5 Externalisierung von Prozessen

Auf Basis der Informations-Austauschdienste des Internets können Unternehmen zunehmend Prozesse, die nicht zu ihren Kernkompetenzen gehören, außerhalb ihrer traditionellen Unternehmensgrenzen abwickeln, beispielsweise durch Nutzung von Outsourcing-Dienstleistungen oder von Services auf elektronischen Marktplätzen.

Dieser Externalisierungsprozess lässt völlig neue Formen der unternehmensübergreifenden Zusammenarbeit entstehen, weg vom punktuellen Datenaustausch über Batch-Verfahren oder EDI (Electronic Data Interchange) und hin zu tatsächlichen Kooperationsprozessen, bei denen Informationen gemeinsam genutzt werden und ein gemeinsamer Datenzugriff in Echtzeit möglich ist. Immer mehr Unternehmen gehen darüber auch schon hinaus und kollaborieren mit anderen Unternehmen nicht nur auf Datenebene, sondern auch auf Prozessebene, von Anwendung zu Anwendung. Dies ermöglicht rationelle Interaktionen zwischen den Partnern und schafft Wettbewerbsvorteile.

3 Customer Relationship Management in der neuen New Economy

*»Intensive Kundenbeziehungen bilden eine kontinuierliche Einnahme-
quelle und eine wesentliche Grundlage für weiteres Wachstum. Sie
stellen auch eine nachhaltige Markteinstiegsbarriere dar.«*
[Curry 2000]

3.1 Kundenbeziehungen in der neuen New Economy

In der Old Economy galt die goldene Regel, dass Unternehmen, die langfristig
erfolgreich sein wollten, mindestens bezüglich eines der Kriterien:

▶ Enge Kundenbeziehungen

▶ Überlegene Produkte

▶ Erstklassige operative Abwicklung und Services zu akzeptablen Kosten

Spitzenleistungen erbringen und bezüglich der beiden übrigen Kriterien
zumindest Industriestandard bieten mussten. Doch diese Regel galt in der Vergangenheit! In der heutigen, kompromisslos am Kunden orientierten neuen New
Economy können Unternehmen nur dann auf Dauer bestehen, wenn sie in allen
drei Disziplinen Bestnoten verdienen (siehe auch Kapitel 5.2). Denn das Internet
mit seiner Vielzahl an Kommunikationsmöglichkeiten bringt die Welt des globalen
Wettbewerbs bis in das kleinste Unternehmen und sorgt so für kontinuierlich steigende Kundenanforderungen. Kunden wählen heute ihre Lieferanten global aus
und sind nur dann loyale Geschäftspartner, wenn das jeweilige Angebot exakt auf
ihre Bedürfnisse abgestimmt ist – wenn also genau das geliefert wird, was
gewünscht ist, zum vorgegebenen Zeitpunkt und auf dem vereinbarten Transport-
weg. Um in diesem Umfeld langfristig erfolgreich agieren zu können, benötigen
Unternehmen leistungsfähige Lösungen für das Management aller ihre Kundenbeziehungen direkt oder indirekt betreffenden Geschäftsabläufe.

3.2 Was ist Customer Relationship Management?

Customer Relationship Management (CRM) steht als Sammelbegriff für Verfahren
und Strategien zur Pflege der Beziehungen von Unternehmen zu Kunden, Interessenten und Geschäftspartnern. CRM dient dem Ziel, neue Kunden zu gewinnen, bestehende Kundenbeziehungen auszubauen und die Wettbewerbsfähigkeit
und Unternehmensprofitabilität zu erhöhen.

In der Old Economy war die Pflege von Kundenbeziehungen oft auf Kommunikationsmaßnahmen der Marketingabteilungen beschränkt, mit dem Schwerpunkt auf der Vermittlung von Informationen über Produkte und weniger auf der Gewinnung, Auswertung und Nutzung von Wissen über Bedürfnisse und Verhalten von Kunden.

Auch heute wissen viele Unternehmen noch viel zu wenig über ihre Kunden. Wer sind ihre Kunden? Was sind die Bedürfnisse und Vorlieben ihrer Kunden? Die Gartner Group geht davon aus, dass weniger als 10 % aller Firmen eine unternehmenseinheitliche, integrierte Sicht auf ihre Kunden haben [Close 2001]. Eine Reihe von Projekten zur Verbesserung der Kundenbeziehungen sind in der Vergangenheit deshalb fehlgeschlagen, weil es den Unternehmen nicht gelungen ist, ihre organisatorischen Strukturen und Abläufe an den tatsächlichen Anforderungen ihrer Kunden auszurichten (siehe auch Kapitel 3.2.2 und 15.1).

3.2.1 Individuelle Kundenansprache durch Personalisierung

Viele innovative Unternehmen haben schon frühzeitig die Veränderungen, die mit der Globalisierung der Märke im Internet und dem Übergang von Verkäufer- zu Käufermärkten verbunden sind, erkannt. Neue, personalisierte Kundenbetreuungskonzepte, die unter dem Begriff *One-to-One Marketing* zusammengefasst werden [Peppers 1997], stellen den einzelnen Kunden und die Informationen über diesen Kunden in den Mittelpunkt der Geschäftsabläufe (siehe auch Kapitel 9.4.1). Diese Personalisierung kann sich z. B. folgendermaßen darstellen:

▶ Kundenspezifische Produktkataloge bzw. Katalogsichten

▶ Kundenindividuelle Preise und Konditionen

▶ Kundenspezifische Konfiguration von Produkten *(Mass Customization)*

▶ Zielgruppenspezifische Produktempfehlungen

▶ Kundenspezifische Benutzungsoberflächen

Ziel dieser Neuorganisation ist es, auf Basis umfassender Informationen alle Kontaktkanäle und Geschäftsvorfälle mit jedem einzelnen Kunden mindestens so individuell wie der Kaufmann in der Nachbarschaft zu gestalten, um so Kunden zu gewinnen und diese auch langfristig zu binden. Und genau das ist das Ziel eines wohl strukturierten und koordinierten Kundenbeziehungsmanagements. CRM ist also mehr als Prozessautomatisierung im Marketing, Vertrieb, Service und Management. Es ist auch mehr als eine Methodensammlung zur Steigerung der Effizienz dieser Prozesse. Letztendlich bedeutet CRM, solide informiert mit Kunden zu interagieren und dabei gezielt auf ihre individuellen Bedürfnisse einzugehen.

3.2.2 CRM-Software allein reicht nicht aus

Vor dem Beginn eines CRM-Projektes sollten sich Unternehmen auf alle Fälle Folgendes klar machen: Für ein erfolgreiches Kundenbeziehungsmanagement ist der Erwerb einer wie auch immer gearteten CRM-Software alleine keineswegs ausreichend. Erfolgreiche CRM-Projekte basieren vielmehr auf dem abgestimmten Zusammenspiel von vier Elementen (z. B. [Brenner 2001], [Homburg 2000]):

▶ Unternehmensstrategie für das Kundenbeziehungsmanagement

▶ Organisatorische Umsetzung der Strategie in Form adäquater Unternehmensprozesse

▶ Unternehmenskultur, die Kundenorientierung als Wert innerhalb des Unternehmens und in Einstellung und Verhalten der Mitarbeiter verankert

▶ Adäquate Hard- und Software-Systeme

Nur wenn alle vier Bereiche zu einer konsistenten Unternehmenslösung zusammengeführt werden, kann das Potenzial innovativer CRM-Konzepte ausgeschöpft werden. Und einen weiteren Aspekt gilt es zu beachten: Die Implementierung eines Kundenbeziehungsmanagements ist keine einmalige, statische Angelegenheit. Vielmehr muss nach dessen Inbetriebsetzung ein kontinuierlicher Verbesserungsprozess aufgesetzt werden, gesteuert durch den Service-Gedanken und ein wachsendes Verständnis der Kundenanforderungen.

3.2.3 Loyale Kunden in der neuen New Economy

In der neuen New Economy ist die Loyalität von Kunden eine flüchtige Eigenschaft, die sorgsam gepflegt werden muss, denn im Internet bedarf es nur weniger Mausklicks, um zu alternativen Angeboten zu gelangen. Kundenloyalität unterliegt damit neuen Regeln, auf die sich Anbieter einstellen müssen. Grundsätzlich gilt, dass Kundenbeziehungen im Internet-Zeitalter nur dann langfristig erhalten und ausgebaut werden können, wenn die folgenden Grundsätze bei der Gestaltung der kundenbezogenen Geschäftsabläufe berücksichtigt werden:

▶ **Komfortable Kontaktmöglichkeiten über alle Interaktionskanäle**
Kunden wollen auf die Dienste ihres Anbieters jederzeit, von jedem Ort aus und über verschiedene Kontaktkanäle zugreifen, und zwar einfach, bequem und kostengünstig. Der Anbieter muss ständig erreichbar sein und zutreffende, relevante, aktuelle und über alle Kanäle konsistente Informationen liefern, unabhängig davon, ob sich ein Kunde über Telefon, Telefax, E-Mail, Internet oder Pocket-PC meldet oder persönlich auftritt.

▶ Repository aller relevanten Kundendaten

Ein leistungsfähiges Management der relevanten Kundendaten in einem zentralen Repository ist die grundlegende Voraussetzung für die Gestaltung personalisierter Geschäftsabläufe. Ein Kunde, der einen Auftrag online über das Internet erteilt und später im Interaction Center nach dem Liefertermin fragt, erwartet, dass der Call-Center-Mitarbeiter (Agent) direkten Zugriff auf die gesamte Auftragshistorie hat. Geschäftsabläufe mit isolierten, vereinzelten Kundendaten, die den Kunden zwingen, immer wieder dieselben Fragen zu stellen bzw. dieselben Fragen zu beantworten, sorgen schnell dafür, dass aus einem aktuellen Kunden ein ehemaliger Kunde wird.

Gutes Datenmaterial über Kunden allein reicht jedoch nicht aus. In Verbindung mit unzureichenden Analysefunktionen kann es sogar kontraproduktiv sein – man denke nur an flächendeckende Marketing-Kampagnen, die Kunden nach dem Gießkannenprinzip immer wieder mit für sie irrelevanten Angeboten überschwemmen. Auf diese Weise können sogar gute Kunden verloren gehen. Andererseits wird jeder Kunde einen Anruf seiner Kreditkartenfirma gern entgegennehmen, wenn ungewöhnlich hohe Beträge über seine Kreditkarte abgerechnet wurden und die Gefahr einer nicht autorisierten Nutzung bzw. eines Diebstahls besteht.

▶ Breite Produktauswahl durch Kollaboration zwischen Anbietern

In der neuen New Economy können Unternehmen ihre Geschäftsprozesse viel enger mit denen ihrer Kunden, Lieferanten und Geschäftspartner verknüpfen. Elektronische Marktplätze erlauben ein nahtloses Zusammenwachsen von Einkaufs- und Verkaufsprozessen. Zusammenarbeit wird zur Grundlage des Geschäftserfolges.

Während ein wesentlicher Aspekt der Zusammenarbeit von Unternehmen mit Kunden in der Identifizierung von Kundenbedürfnissen liegt, dient die Kollaboration mit Lieferanten und Geschäftspartnern schwerpunktmäßig der Bereitstellung von Lösungen, die diese Kundenbedürfnisse befriedigen. Wenn beispielsweise der Käufer eines neuen Autos den Einbau eines speziellen Sitztyps verlangt, kann der Autohersteller zeitnah über internetbasierte Kollaboration die Verfügbarkeit und den Preis dieses Sitztyps beim Hersteller der Autositze feststellen, den am besten passenden Sitztyp bestellen und das Fahrzeug exakt nach den Wünschen des Kunden produzieren.

Diese Art der kundenspezifischen Fertigung steigert nicht nur den Grad der Kundenzufriedenheit, sondern sorgt durch die direkte Beteiligung des Kunden am Fertigungsprozess auch für eine enge und häufig langfristige Geschäftsbeziehung, denn ein Kunde, der seine Wünsche einem Anbieter detailliert dargelegt und dadurch ein Vertrauensverhältnis aufgebaut hat, wird nicht so schnell zu einem alternativen Anbieter wechseln.

3.2.4 Customer Lifecycle Management

Erfolgreiche Geschäftsbeziehungen werden von vielen Unternehmen auch heute noch aus einer verkürzten, zeitpunktbezogenen Perspektive gesehen. Viel wichtiger ist es jedoch, Kundenbeziehungen über einen ganzen Lebenszyklus *(Customer Lifecycle)* zu pflegen. Innerhalb dieses Lebenszyklus werden folgende Phasen nach Möglichkeit mehrfach durchlaufen (siehe Abbildung 3.1):

▶ **Customer Engagement**
  Aufmerksamkeit wecken und potenzielle Kunden erkennen

▶ **Business Transaction**
  Vertriebsprozess durchführen und Geschäftsvereinbarungen treffen

▶ **Order Fulfillment**
  Vereinbarte Lieferverpflichtungen erfüllen

▶ **Customer Service**
  Kunden betreuen

Das Research-Unternehmen META Group stellte dazu fest, dass CRM letztendlich nichts anderes ist als ein systematischer Ansatz zum Customer Lifecycle Management, also zur systematischen Interaktion von Unternehmen mit Kunden über alle vier Phasen der Geschäftsbeziehung hinweg [META 1999].

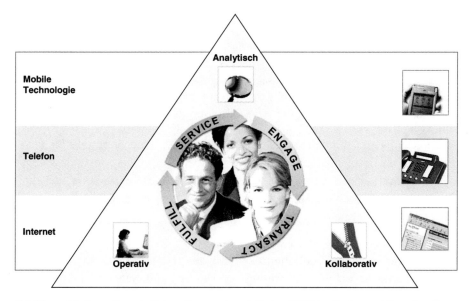

Abbildung 3.1 Operatives, kollaboratives und analytisches CRM im Customer Lifecycle mit mySAP CRM

3.2.5 Integration als Basis für den Vertriebserfolg

Software-Lösungen für die Unterstützung des Vertriebs haben eine rasante Entwicklung hinter sich. Die ersten Systeme etablierten sich unter dem Begriff SFA (Sales Force Automation) – in Deutschland häufig auch CAS (Computer Aided Selling) genannt. Ihr Fokus lag auf der Unterstützung von Vertriebsmitarbeitern bei ihrer täglichen Arbeit:

▶ Kontaktmanagement

▶ Vertriebsaktivitäten

▶ Verwaltung von neuen Verkaufschancen

▶ Analysen

▶ Produkt- und Kundeninformationen

Besonders das Informationsmanagement für die Außendienstmitarbeiter, die ständig unterwegs sind und nicht ununterbrochen auf das Firmennetzwerk zugreifen können, sollte verbessert werden. Erst in den letzten Jahren hat man erkannt, wie wichtig es dabei ist, den Vertrieb nicht isoliert zu betrachten, sondern im Zusammenhang mit allen anderen betrieblichen Organisationseinheiten, die ebenfalls in ständigem Kundenkontakt stehen, denn Marketing- und Serviceabteilungen haben teilweise den gleichen Informationsbedarf und liefern wichtige Hintergrundinformationen für den Vertriebsmitarbeiter.

Beispiel Die Marketingabteilung der Firma Innovative Products hat nach eingehender Analyse eine Kampagne aufgesetzt, um Produkt 4711 mit einer Preisreduktion besser im Markt zu platzieren. Die Abstimmung mit dem Vertrieb ist allerdings nur auf Managementebene erfolgt.

Der Vertriebsbeauftragte Hans Z. hat den lange geplanten Besuch bei einem seiner wichtigsten Kunden sorgfältig vorbereitet, um einen Kontrakt für Produkt 4722 abzuschließen. Erst zu Gesprächsbeginn stellt er fest, dass sein Gegenüber schrecklich gerne mehr über Produkt 4711 erfahren würde, weil ihn die Marketing-Broschüre, die er an diesem Morgen auf seinen Schreibtisch vorfand, überzeugt hat.

Um diese und ähnliche Situationen zu vermeiden, folgt zwangsläufig die Forderung nach Integration von Marketing-, Vertriebs- und Service-Funktionen in modernen CRM-Systemen.

Obwohl mit der Integration aller Personen und Software-Lösungen, die direkt mit Kunden und Interessenten kommunizieren, bereits ein großer Schritt getan ist, reicht dies noch lange nicht, um im Unternehmen ein wirklich umfassendes und homogenes Bild von den Kunden zu gewinnen. Vielmehr müssen auch die Unternehmensbereiche, die selbst gar keinen direkten Kundenkontakt haben, mit in das Kundenbeziehungsmanagement einbezogen werden, denn auch sie tragen entscheidend zum Erfolg des Vertriebs bei.

> **Beispiel** Nehmen wir an, die Firma Innovative Products hat nun ein anerkanntes CRM-System eingeführt. Marketing-, Vertriebs- und Service-Anwendungen wurden erfolgreich integriert. Hans Z. weiß natürlich von der Kampagne für das Produkt 4711 und ist entsprechend vorbereitet. Es kommt zum Vertragsabschluss. Doch später zeigt sich, dass der Firma Innovative Products eine termingerechte Lieferung nicht möglich ist, da ein Zulieferer überraschend nicht die erforderlichen Stückzahlen bereitstellen kann.

Damit wird deutlich, dass der Vertrieb erst mit der Integration der SCM-Systeme wirklich kundenorientiert agieren kann. Während der Auftragsannahme kann dann nämlich in Echtzeit eine Verfügbarkeitsprüfung durchgeführt werden, die die gesamte Logistikkette berücksichtigt und den möglichen Liefertermin ermittelt.

Kundenbeziehungsmanagement kann insgesamt nur dann erfolgreich sein, wenn ein Unternehmen seine Kunden wirklich kennt, wenn alle erforderlichen Informationen verfügbar sind und wenn die vollständige Kunden-Interaktionshistorie ständig im Zugriff ist.

3.3 Kundenanforderungen an CRM-Software

In einer kürzlich durchgeführten Untersuchung des Marktforschungsinstituts Gartner Group [Nelson 2000] nannten Firmen folgende Zielsetzungen als maßgeblich bei ihrer Entscheidung für die Einführung einer CRM-Lösung:

- ▶ Umsatzsteigerung
- ▶ Steigerung der Profitabilität
- ▶ Verbesserung der Kundenloyalität
- ▶ Erringen von Wettbewerbsvorteilen
- ▶ Kostensenkung
- ▶ Zugriff auf neue Kontaktkanäle zum Kunden

Die Herausforderung, der sich Firmen mit der Einführung einer CRM-Lösung stellen müssen, besteht nun darin, diese Ziele durch ein abgestimmtes Zusammenspiel von CRM-Informationstechnologie, CRM-Unternehmensstrategie und organisatorischen Maßnahmen zu erreichen.

Da es sich bei der Einführung einer CRM-Software-Lösung um eine langfristige Investition handelt, sollte auch darauf geachtet werden, dass es sich bei dem ausgewählten Software-Anbieter um ein stabiles Unternehmen handelt, das die Wartung und Weiterentwicklung der Software über deren gesamten Lebenszyklus hinweg sicherstellen kann. Gerade viele kleinere Anbieter von CRM-Software sind in diesem Zusammenhang gefährdet. Die Gartner Group geht davon aus, dass drei Viertel der heutigen CRM-Software-Anbieter bis zum Jahr 2004 nicht mehr am Markt sichtbar sein werden [Thompson 2001].

3.3.1 Forderung nach umfassender Integration

CRM-Lösungen können ihr Potenzial nur dann voll zur Geltung bringen, wenn sie nicht isoliert, sondern eng vernetzt mit allen relevanten Prozessen und Daten sowohl innerhalb der Unternehmen als auch mit Geschäftspartnern installiert werden. Dies führt zu der Frage nach dem Integrationskonzept der CRM-Lösung. Die Antwort darauf muss mehrere Dimensionen berücksichtigen:

▶ Integration der unterschiedlichen Kontaktkanäle (einheitliche, kanalunabhängige Sicht auf Informationen und Leistungen des Unternehmens)

▶ Integriertes Zusammenspiel der operativen CRM-Abläufe in Vertrieb, Service und Marketing

▶ Integration der operativen mit den analytischen CRM-Funktionen

▶ Integration mit Einkaufs- und Produktionsfunktionen über ein gemeinsames Bestands- und Verfügbarkeitsmanagement

▶ Integration von CRM- mit Backend-Funktionen wie der Fakturierung und der Personalwirtschaft

▶ Integration von internen und externen Abläufen im Sinne kollaborativer Geschäftsprozesse mit Kunden und Partnern

▶ Integration mit öffentlichen und privaten Marktplätzen (Public und Private Exchanges)

▶ Integration von Informationsinhalten und Anwendungen über eine personalisierbare Portal-Benutzungsoberfläche; Möglichkeit zur Integration der CRM-Lösung in Portale unterschiedlicher Anbieter

▶ Integration von mobilen Geräten (M-Business)

Viele CRM-Implementierungen in den Unternehmen erfüllen die obigen Integrationsanforderungen noch nicht oder nur unvollständig. Speziell die Prozess-Integration ist häufig zu schwach ausgebildet. Damit besteht die Gefahr von Automatisierungsinseln und der Implementierung von lediglich suboptimalen Lösungen.

3.3.2 Schutz von personenbezogenen Daten

Die mit personalisiertem One-to-One Marketing verbundene Speicherung und Verarbeitung von personenbezogenen Daten muss mit hoher Sensibilität gehandhabt werden. Fragen wie:

▶ Welche personenbezogenen Daten sollen und dürfen gespeichert werden?

▶ Wer darf auf welche personenbezogenen Daten zugreifen?

▶ Wie sicher ist die Speicherung und Übertragung der personenbezogenen Daten gegenüber unbefugtem Zugriff?

▶ Welche zusätzlichen Sicherheitsaspekte müssen bei der Nutzung unterschiedlichster Kontaktkanäle und Endbenutzergeräte berücksichtigt werden?

müssen systematisch durchdacht und beantwortet werden. Darüber hinaus besteht – bei B2C (Business-to-Consumer) stärker als bei B2B (Business-to-Business) – die Gefahr oder Versuchung, personenbezogene Daten an Dritte weiterzugeben. Um Vertrauensverluste beim Kunden zu vermeiden, sollten Unternehmen geeignete Maßnahmen ergreifen und z.B. auch die Möglichkeit erwägen, Kunden direkten Zugriff auf die über sie gespeicherten persönlichen Daten zu gewähren, ggf. mit entsprechenden Korrekturmöglichkeiten.

3.4 Einfluss der Informationstechnologie

Neue Hard- und Software-Produkte der Anbieter von Informationstechnologien wirken als kontinuierlicher Katalysator für die Entwicklung innovativer CRM-Lösungen. Sechs Strömungen, die die Entwicklung von innovativen CRM-Lösungen beeinflussen oder beeinflusst haben, sollen im Folgenden skizziert werden:

▶ Office-Produktivitätswerkzeuge

▶ Internet

▶ Kollaborative Software-Lösungen

▶ Analytische Anwendungen

▶ Mobile Technologien

▶ Multi-Channel-Interaktion

3.4.1 Am Anfang standen Office-Produktivitätswerkzeuge

Software-Lösungen der ersten Generation für das Kundenbeziehungsmanagement wurden mit dem Ziel entwickelt, die Produktivität von Vertriebsmitarbeitern im Außendienst zu erhöhen. Die Orientierung am einzelnen Mitarbeiter führte schon früh zu der Forderung nach einer starken Integration von CRM-Lösungen mit Office-Produktivitätswerkzeugen wie z.B. Textverarbeitung, Tabellenkalkulation und Projektmanagement. Diese Forderung ist auch heute noch gültig und wurde z.B. bei der Entwicklung von mySAP CRM konsequent berücksichtigt (siehe auch Kapitel 6.4).

3.4.2 Internet als treibender Faktor

Das Internet hat gegenwärtig wohl entscheidenden Einfluss auf die Neugestaltung kundenzentrierter Abläufe. E-Selling, Geschäftspartner-Portale und elektronische Marktplätze bieten Chancen, aber auch Herausforderungen für den Umgang mit Kunden. Neuen und erweiterten Möglichkeiten, Informationen über Kunden automatisch zu sammeln, auszuwerten und zur personalisierten Kundenbetreuung zu nutzen, steht der durch das Internet verschärfte Wettbewerb gegenüber, dem Unternehmen nur durch gezielte Anstrengungen zur Kundengewinnung und zur Festigung der Kundenbindung standhalten können. Denn Kunden, die nur wenige Mausklicks benötigen, um zum Web-Shop eines konkurrierenden Anbieters zu gelangen, wandern sehr schnell ab, wenn Angebote nicht exakt auf ihre Bedürfnisse abgestimmt sind.

3.4.3 Lösungen für unternehmensübergreifende Wertschöpfungsketten

In den letzten 20 Jahren haben Unternehmen ihre Backend-Prozesse und Informationsflüsse unternehmensweit integriert und funktionsorientierte Automatisierungsinseln weitgehend durch integrierte ERP-Systeme ersetzt. Die Investitionen in ERP und Prozess-Reengineering zahlten sich durch schlankere Prozesse, höhere Informationsqualität und bessere Entscheidungsfindungsprozesse innerhalb der Unternehmen aus. Ergänzend optimieren Unternehmen in jüngerer Zeit nun ihre Prozesse von Anfang bis Ende der Wertschöpfungskette unternehmensübergreifend mit kollaborativen Lösungen für Supply Chain Management (SCM) und Customer Relationship Management (CRM).

3.4.4 Software für Datenanalyse und Entscheidungsunterstützung

Fallende Kosten für Rechnerleistung und das Angebot neuer Software-Werkzeuge für das Erfassen und die Analyse von Massendaten sind die Hauptantriebsfedern für analytische Lösungen und ihre steigende Bedeutung sowohl in den Fachabteilungen als auch im höheren Management. Dank leistungsfähiger Hard- und Software können Kundenbeziehungen besser den je verstanden, genutzt und gestaltet werden.

3.4.5 Mobile Technologie als nächster Innovationsschub

Mit der Verbreitung drahtlos kommunizierender, mobiler Geräte wird das E-Business zunehmend zum M-Business. Statt an den Möglichkeiten, die der PC heute bietet, orientieren sich Anwendungen mehr und mehr an den Anforderungen mobiler Benutzer. Dies hat auch nachhaltigen Einfluss auf Anwendungen für das Kaufen und Verkaufen (z. B. *Van Sales*, siehe Kapitel 11.2.1) und damit den gesamten Bereich des Kundenbeziehungsmanagements.

3.4.6 Multi-Channel-Interaktion zwischen Geschäftspartnern

CRM-Lösungen sind heute auf unterschiedlichste Kontaktkanäle zwischen Unternehmen, Geschäftspartnern und Kunden ausgerichtet. Dazu gehören das Internet, E-Mail, Telefon, Telefax, Interaction Center und mobile Geräte, aber auch traditioneller Briefaustausch oder Direktkontakt. Entscheidend ist die *Synchronisation* sämtlicher Kontaktkanäle, denn ein Kunde will unabhängig vom Kontaktkanal immer dieselben Informationen und Leistungen vom Unternehmen erhalten. Widersprüche zwischen den Informationen aus unterschiedlichen Kontakten sind unbedingt zu vermeiden. Moderne CRM-Systeme sind deshalb hoch integrierte Systeme, die es einem Anbieter ermöglichen, dem Kunden – unabhängig vom Kontaktkanal (*Touch Point*) – stets ein einheitliches Bild zu vermitteln (*One Face to the Customer*).

Interessant ist in diesem Zusammenhang die gleichzeitige Nutzung der elektronischen und der konventionellen, persönlichen Interaktion, z. B. die Kombination von Internet und Telefon. Über einen Call- oder Call-Me-Back-Button auf den Internet-Seiten des Anbieters hat der Kunde die Möglichkeit, die Hilfe bzw. die Beratung eines Call-Center-Mitarbeiters des Anbieters in Anspruch zu nehmen, ohne auf die Vorteile der multimedialen Interaktion verzichten zu müssen. So ergänzen sich herkömmliche Medien und das Internet perfekt.

Vor diesem Hintergrund wird deutlich, dass auch in Zukunft konventionelle Interaktionskanäle eine wichtige Rolle spielen werden. Letztlich muss dem Kunden die Wahl überlassen werden, welche Form der Kontaktaufnahme er in seiner momentanen Situation wünscht. Direkte persönliche Kontakte (Face-to-Face) – sei es mit einem Außendienstmitarbeiter vor Ort beim Kunden oder mit einem Verkaufsmitarbeiter in einer Vertriebsniederlassung –, das Telefon (Interaction Center) und das Internet weisen unterschiedliche Vorteile für den Kunden auf, sodass es ganz wesentlich auf das Zusammenspiel der verschiedenen Interaktionskanäle ankommt.

3.5 Der Markt für CRM-Lösungen

Der Markt für CRM-Software-Lösungen lässt sich aktuell in mehrere Teilmärkte mit unterschiedlichen Reifegraden aufteilen:

► Lösungen zur Unterstützung direkter und indirekter Vertriebsorganisationen. Hier haben wir es mit einem stabilen Markt mit etablierten Anbietern und Produkten zu tun.

► Call-Center-Lösungen. Auch hier besteht ein weitgehend etablierter Markt. Neue Aspekte kommen gegenwärtig mit dem Thema *Interaction Center* und der durchgängig konsistenten Behandlung unterschiedlicher Kontaktkanäle hinzu.

► CRM-Lösungen im Internet. Wachsender Markt mit bei weitem noch nicht ausgeschöpftem Potenzial.

► Mobile CRM-Lösungen. Ebenfalls ein stark wachsender Markt, der sich gegenwärtig noch mit verschiedenen Technologieoptionen auseinander setzen muss.

Insgesamt wird sich der Markt für CRM-Lösungen in den nächsten Jahren rasant weiterentwickeln, denn im Unterschied zu betriebswirtschaftlichen Backend-Lösungen sind umfassende CRM-Anwendungen erst in wenigen Unternehmen eingeführt. Die Marktanalysten von Current Analysis [Spang 2000] schätzen, dass erst 5 % der potenziellen CRM-Software-Kunden entsprechende Lösungen einsetzen. Das Marktforschungsunternehmen AMR Research [Boulanger 2000] geht deshalb auch davon aus, dass der Weltmarkt für CRM-Lösungen von 2001 bis 2004 von 9,8 Milliarden US$ auf 20,8 Milliarden US$ wachsen wird.

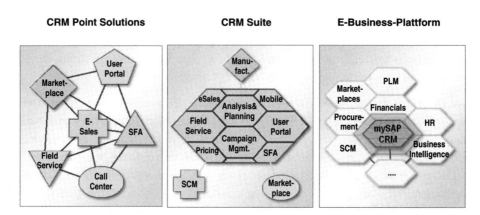

Abbildung 3.2 CRM-Lösungen von Point-Solution-, Suite- und Plattform-Anbietern

Auf der Anbieterseite teilen sich den Markt für CRM-Lösungen gegenwärtig:

▶ Kleinere Spezialanbieter, die z.B. Produkte für den Bereich Sales Force Auto-mation *(Point Solutions)* vertreiben

▶ Anbieter von umfassenden Front-Office-Lösungspaketen für das Kundenbezie-hungsmanagement *(Suite*-Anbieter)

▶ Software-Firmen, die bereits seit vielen Jahren erfolgreich betriebswirtschaftli-che Anwendungslösungen erstellen und CRM im Rahmen ihrer umfassenden Lösungsplattform anbieten *(Plattform*-Anbieter)

Wichtige CRM-Software-Anbieter sind gegenwärtig der Suite-Spezialist Siebel, der Plattform-Anbieter SAP sowie, speziell für kleinere und mittlere Unterneh-men, die Point-Solution-Firmen Onyx und Pivotal.

4 Funktionale Struktur von Lösungen für das Kundenbeziehungsmanagement

Die ganz allgemein von CRM-Systemen bereitgestellten Anwendungsdienste lassen sich in drei funktionale Bereiche aufteilen:

▶ Operatives CRM

▶ Kollaboratives CRM

▶ Analytisches CRM

Die nachfolgenden Kapitel skizzieren die einzelnen Aufgabenfelder.

4.1 Operatives CRM

Die elementare Grundlage für jede CRM-Lösung ist ein adäquat detaillierter Kundendatenbestand, auf den berechtigte Mitarbeiter des Unternehmens aus Marketing, Vertrieb, Service und Management sowie ggf. auch Kunden zugreifen können. Das operative CRM nutzt diese Daten für kundenorientierte Dienste entlang des gesamten Customer Lifecycles.

Wichtige operative CRM-Dienste sind in der nachfolgenden Übersicht zusammengestellt:

Marketing

▶ Lead-Generierung und Lead-Management (Identifizierung und Management von Kaufinteressenten)

▶ Telemarketing (telefonische Marketing-Aktivitäten)

▶ Kampagnenmanagement

▶ Content Management (Pflege und Bereitstellung von angebotsbezogenen Dokumenten im Internet)

▶ Interaction Center bzw. Call Center mit Aktivitäten- und Kontakt-Management

Vertrieb

▶ Mobile Sales für Außendienstmitarbeiter (Sales Force Automation)

▶ Telesales (telefonischer Verkauf inklusive Cross-Selling und Up- Selling, also das Angebot ergänzender oder höherwertiger Produkte)

▶ Kontakt-Management zur Pflege von Kundeninteraktionen

▶ Opportunity Management (Management qualifizierter Kaufinteressenten)

▶ Verwaltung von Vertriebsaktivitäten und Terminen

- ▶ Produktkonfiguration und Preisfindung
- ▶ Interaction Center bzw. Call Center mit Aktivitäten- und Kontakt-Management

Service und Support

- ▶ Mobile Service für Außendienstmitarbeiter
- ▶ Pflege und Verwaltung von Installationsdaten
- ▶ Pflege und Verwaltung von Lösungsdatenbanken
- ▶ Bearbeitung von Serviceanfragen und -aufträgen
- ▶ Interaction Center bzw. Call Center mit Aktivitäten- und Kontakt-Management

Unternehmensleitung (Top Management)

- ▶ Durchgängige Unternehmensplanung (Finanzen, Absatz, Bedarf)
- ▶ Balanced Scorecard (Werkzeug zur Unternehmensführung mit Abgleich von monetären und nichtmonetären Plan- und Ist-Werten)
- ▶ Bereitstellung von Leistungskennzahlen (Key Perfomance Indicators, KPIs)

4.2 Kollaboratives CRM

Kollaboratives CRM unterstützt sowohl lang- als auch kurzfristige partnerschaftliche Zusammenarbeit zwischen unterschiedlichen Marktteilnehmern unter Ausnutzung des Internets. Beispiele für kollaboratives CRM findet man in allen Bereichen des Marketings, des Vertriebs und des Service. Die nachfolgende Übersicht gibt einen Überblick über verbreitete kollaborative Szenarien im CRM-Bereich:

E-Marketing

- ▶ Markteinführung neuer Produkte (Product Launch, in enger Zusammenarbeit von Kunden, Produzenten, Händlern und Marktforschungsunternehmen)
- ▶ Kollaborative Planung und Durchführung von Marketing-Kampagnen (Zusammenarbeit von Produzenten, Marktforschungsunternehmen und Marketing-Service-Anbietern)
- ▶ Unterstützung von Internet-Communities (virtuellen Gemeinschaften von z. B. Kunden, Lieferanten und Geschäftspartnern)
- ▶ Online-Chats
- ▶ Personalisierte Produkt-Demonstrationen und Schulungsangebote im Internet

E-Selling

- ▶ B2B Sales (Business-to-Business-Kooperation von Kunden- und Lieferantensystemen) mit direkter Zusammenarbeit der Abwicklungssysteme der Geschäftspartner (One-Step Business). Durchgehende Transparenz und optimierte

Abläufe durch direkten Datenaustausch und interaktive Abfragefunktionen zwischen Einkaufsprozess (Anfrage, Bestellung, Wareneingang, Rechnungsprüfung, Zahlungsauftrag) auf Käuferseite und Verkaufsprozess (Angebot, Auftrag, Lieferschein, Warenausgang, Rechnung, Zahlungseingang) auf Lieferantenseite.

▶ B2C Sales (Business-to-Customer) als personalisierter Self Service für Kunden. Zum B2C Sales gehören interaktive Dienste wie Suche in Katalogen, Produktkonfigurierung, Verfügbarkeitsprüfung, kundenspezifische Preisermittlung und Auftragsstatusprüfung.

▶ Kollaborative Vertriebsprozesse (Zusammenarbeit von Kunden, Händlern und Produzenten, z.B. bei kundenspezifischer Produktgestaltung)

▶ Kollaboratives Key Account Management (Zusammenarbeit von Produzenten, Händlern und Marktforschungsunternehmen)

▶ Kollaborative Auftragsabwicklung unter Einbeziehung unterschiedlicher Lieferanten (Distributed Order Management)

▶ Marktplätze als kollaborativer Vertriebskanal mit Diensten für die Bearbeitung von RFPs (Request for Proposal, Zusammenarbeit zwischen Kunden, Haupt- und Unterlieferanten), RFQs (Request for Quotation), Auktionen etc.

E-Service

▶ Kollaborative Bearbeitung von Kundenreklamationen (Zusammenarbeit von Kunden, Service-Anbietern, Händlern und Produzenten)

▶ Servicedienstleistungen als Self-Service-Angebot (Zusammenarbeit von Kunden, Produzenten und Service-Unternehmen)

4.3 Analytisches CRM

Unter dem Begriff *analytisches CRM* werden Data Warehouse- und OLAP-(Online-Analytical-Processing-)Dienste sowie Analyse-, Planungs- und Optimierungswerkzeuge für das Kundenbeziehungsmanagement zusammengefasst. Analytisches CRM hat die Aufgabe, alle relevanten Daten über Kunden, ihre Interaktionen mit dem Unternehmen und ihr Verhalten auszuwerten und darzustellen, um so

▶ Ein besseres Verständnis über Kundenzufriedenheit und mögliches zukünftiges Kundenverhalten zu gewinnen

▶ Entscheidungsgrundlagen für Marketing, Vertrieb, Service und Unternehmensführung zu liefern

▶ Kundenbezogene Planungen zu unterstützen

▶ Operative Prozesse wie z.B. Marketing- und Promotion-Aktivitäten zu optimieren

Analytisches CRM entwickelt sich gegenwärtig von einer eher abteilungsorientierten Initiative hin zu einer Managementaufgabe mit unmittelbarem Einfluss auf strategische Unternehmensentscheidungen. Folgende Kennzahlen sind typische Basisinformationen, die das analytische CRM als Grundlage für die zielgerechte Steuerung von Marketing- und Vetriebsaktivitäten liefert:

▶ *Satisfaction Index* (Kennzahl für die Kundenzufriedenheit)

▶ *Loyalty Index* (Kennzahl für die Kundenloyalität)

▶ *Retention Rate* (auf Kundensegmentebene ermittelter Anteil von Kunden, die wiederholt kaufen)

▶ *Share of Wallet* (Anteil der Gesamtausgaben für eine bestimmte Produktgruppe, die ein Kunde bei einem bestimmten Anbieter ausgibt)

▶ *Response Rate* (Anteil der Empfänger, die auf bestimmte Marketingmaßnahmen reagieren)

▶ *Customer Lifetime Value* (Gesamtwert, der mit einem Kunden über den gesamten Customer Lifecycle erwirtschaftet werden kann)

Weitergehende Detailfragestellungen an das analytische CRM sind z. B.:

▶ Welche Kunden sind die profitabelsten über die gesamte Dauer der Kundenbeziehung hinweg?

▶ Mit welchen Leistungen können Kunden langfristig an das Unternehmen gebunden werden?

▶ Mit welchen Leistungen können neue Kunden gewonnen werden?

▶ Wie kann ein differenziertes Leistungsangebot für unterschiedliche Kundengruppen gestaltet werden?

5 mySAP.com – Die E-Business-Plattform der SAP

mySAP CRM stellt ein Kernelement der E-Business-Plattform mySAP.com dar. Die Rolle von mySAP CRM im Rahmen dieser Gesamtlösung wird durch den nachfolgenden Überblick deutlich.

5.1 Elemente von mySAP.com

Um in der vom Internet geprägten Geschäftswelt profitabel und wettbewerbsfähig operieren zu können, müssen Unternehmen in die Lage versetzt werden, über traditionelle Unternehmensgrenzen hinweg zusammenzuarbeiten und innerhalb virtueller Netze zu agieren.

Mit mySAP.com stellt SAP ein umfassendes Lösungs- und Serviceangebot für alle Geschäftsprozesse im Internet zur Verfügung. Drei Jahrzehnte Entwicklungserfahrung auf dem Gebiet integrierter Unternehmens-Software werden in mySAP.com mit dem weitreichenden Innovationspotenzial von E-Business, M-Business, Unternehmensportalen, elektronischen Marktplätzen und globalen, kollaborativen Geschäftsabläufen kombiniert. Diese Ausrichtung spiegelt sich in der folgenden Definition von mySAP.com wider:

> Die E-Business-Plattform mySAP.com ist eine Software- und Service-Familie, die Kunden, Partnern und Mitarbeitern die Mittel an die Hand gibt, um von jedem Ort aus und zu jedem Zeitpunkt erfolgreich zusammenzuarbeiten. (Vergleiche z.B. [Kimbell 2001])

Mit mySAP.com finden Anwender eine auf ihre jeweiligen Bedürfnisse zugeschnittene, personalisierbare Arbeitsumgebung vor, über die sie sowohl firmeninterne als auch unternehmensübergreifende, kollaborative Geschäftsprozesse abwickeln können. Die traditionellen Grenzen zwischen Unternehmen verwischen dabei zunehmend.

Die wesentlichen Merkmale von mySAP.com sind:

▶ Komfortable Benutzungsumgebung durch browser- und rollenbasierte, personalisierbare Unternehmensportale

▶ Integration von beliebigen Anwendungen, Services und Informationen über Portale (benutzerorientiert) und Marktplätze (prozessorientiert)

▶ Einbindung von Kunden, Partnern und Mitarbeitern in kollaborative Geschäftsnetzwerke mySAP.com bietet eine umfassende Abdeckung aller E-Business-Geschäftsprozesse, sowohl innerhalb von als auch zwischen Unternehmen. Zu mySAP.com gehören folgende Lösungen:

▶ **Cross-Industry Solutions** (branchenunabhängige, betriebswirtschaftliche Anwendungslösungen)

  ▷ mySAP Customer Relationship Management (mySAP CRM, Optimierung der Kundenbeziehungen)

  ▷ mySAP Supply Chain Management (mySAP SCM, Optimierung der Logistikketten vom Zulieferer bis zum Endabnehmer)

  ▷ mySAP Product Lifecycle Management (mySAP PLM, Optimierung des Produktdaten-Managements)

  ▷ mySAP E-Procurement (Lösung für die Beschaffung im Internet)

  ▷ mySAP Business Intelligence (mySAP BI, Management und Auswertung von Wissen und Informationen)

  ▷ mySAP Human Resources (mySAP HR, Personalwirtschaft)

  ▷ mySAP Financials (mySAP FI, Finanzwirtschaft)

  ▷ mySAP Mobile Business (M-Business, mobile Anwendungen für Laptop- und Handheld-Geräte)

▶ **Portal- und Marktplatzlösungen**

  ▷ mySAP Enterprise Portals (rollenbasierte Enterprise-Portale)

  ▷ mySAP Exchanges (elektronische Marktplätze)

▶ **mehr als 20 Branchenlösungen**

  ▷ mySAP Industry Solutions (branchenspezifische Business-Szenarien)

▶ **Infrastruktur- und Servicelösungen**

  ▷ mySAP Technology (Plattform-Technologie für alle mySAP.com-Lösungen)

  ▷ mySAP Services (Dienstleistungsangebot um mySAP.com herum)

  ▷ mySAP Hosted Solutions (Outsourcing und Application-Service-Provider-Dienste)

Im Folgenden werden alle genannten Elemente von mySAP.com kurz vorgestellt.

5.2   Cross-Industry Solutions

Die branchenübergreifend einsetzbaren, betriebswirtschaftlichen Anwendungslösungen von mySAP.com sind eng miteinander integriert, um eine breite Vielfalt von Geschäftsprozessen zu unterstützen. Eine zentrale Rolle spielt das Kundenbeziehungsmanagement (mySAP CRM), das als Ausgangspunkt nahezu aller

Kernabläufe im Unternehmen eine enge Integration mit der Produktentwicklung (mySAP PLM) und den operativen Anwendungen (mySAP SCM, mySAP FI) pflegt.

Customer Relationship
Aufbau und Pflege einer dauerhaften, intensiven Kundenbeziehung

Product Leadership
Herstellung von Spitzenprodukten, die den Kundenanforderungen entsprechen

Operational Excellence
Optimierung von Preis-/ Leistungsverhältnis und Prozessen

Abbildung 5.1 Kundenbeziehungsmanagement, Produktinnovation und operative Auftragsabwicklung im Zusammenspiel

Die Cross-Industry Solutions von mySAP.com sind folgendermaßen strukturiert:

▶ **mySAP CRM**
Kundenorientierte Dienste für die Planung, den Aufbau und die Pflege von Kundenbeziehungen unter spezieller Berücksichtigung der neuen Möglichkeiten von Internet, mobilen Geräten und Multi-Channel-Interaktion. mySAP Customer Relationship Management unterstützt die Kundeninteraktion in allen Phasen des Customer Interaction Cycles – vom ersten Kontakt über den Vertragsabschluss bis hin zur Auftragsabwicklung und zu nachgelagerten Serviceleistungen. Für analytische Auswertungen ist mySAP CRM eng mit mySAP BI verbunden und integriert die Funktionen von SAP Business Information Warehouse (SAP BW).

▶ **mySAP SCM**
Mit mySAP SCM (Supply Chain Management) können Kunden, Geschäftspartner und Lieferanten in unternehmensübergreifende Logistikketten eingebunden werden. mySAP SCM schafft Transparenz für Lagerbestände, Aufträge, Prognosen, Produktionspläne und Leistungskennzahlen und verbessert so Kundenservice (Termintreue, Online-Abruf von Auftragsstatusinformationen etc.), Produktionsleistung, Reaktionsfähigkeit auf Nachfrageänderungen, Auftragsbearbeitungszeiten und die Auslastung von Fertigungskapazitäten. Die Planungs- und Optimierungskomponente SAP APO (Advanced Planner and Optimizer) ist ein Kernelement von mySAP SCM.

▶ **mySAP PLM**

mySAP PLM (Product Lifecycle Management) ist SAPs Lösung für unternehmensübergreifende Produktplanung, Produktentwicklung und Anlagenmanagement auf der Basis gemeinsamer Produkt- und Projektdaten. Allen an Produktentwicklung, Service und Instandhaltung beteiligten Parteien wie Produktdesignern, Lieferanten, Herstellern und Kunden wird ein schneller, einheitlicher Zugriff auf alle für sie relevanten Produktinformationen ermöglicht.

▶ **mySAP E-Procurement**

mySAP E-Procurement ist eine umfassende und durchgängige Lösung sowohl für die Ad-hoc- als auch für die strategische Beschaffung im B2B-Bereich. Auf der Basis von Enterprise Buyer, der gemeinsamen Beschaffungslösung von SAP-Markets und Commerce One, liefert mySAP.com Funktionen für den Einkauf direkter und indirekter Güter. Mit Enterprise Buyer können Einkäufer Produkte und Dienstleistungen direkt vom PC über das Internet bestellen. Eine einfache Anbindung an elektronische Marktplätze ist ebenfalls sichergestellt.

▶ **mySAP BI**

mySAP Business Intelligence ist SAPs Lösung für die Zusammenführung und das Management interner und externer Daten mit dem Ziel, diese durch Nutzung von Data-Warehouse- und Analysewerkzeugen in entscheidungsunterstützendes Unternehmenswissen zu transformieren. Komponenten von mySAP BI sind das Data Warehouse SAP BW (SAP Business Information Warehouse) sowie SAP SEM (Strategic Enterprise Management) für die strategische Unternehmensführung und SAP KM (Knowledge- bzw. Content Management) für das Wissensmanagament. Die Komponenten von mySAP BI sind eng mit der mySAP CRM-Lösung integriert.

mySAP BI wird unter anderem in den folgenden Geschäftsszenarien genutzt:

▷ Customer Relationship Analytics (Messen und Optimieren von Kundenbeziehungen)

▷ Enterprise Analytics (Bewerten der Leistungsfähigkeit des Unternehmens)

▷ Supply Chain Analytics (Messen und Optimieren von Logistikketten)

▷ Marktplatz- bzw. E-Commerce Analytics (Analyse von Online-Kundenerfahrungen und Verbesserung der Wettbewerbsfähigkeit im E-Business)

▶ **mySAP Human Resources und mySAP Financials**

mySAP Human Resources (mySAP HR) und mySAP Financials (mySAP FI) sind die bekannten Standardlösungen der SAP für alle Anforderungen der Personalwirtschaft und des Finanzwesens (vgl. z.B. [Brinkmann 2000], [Lübke 2001]). Beide sind eng mit mySAP CRM verbunden, z.B. wenn es um Workforce Management oder die Fakturierung geht.

► **mySAP Mobile Business**

mySAP Mobile Business steht für die Weiterentwicklung von mySAP.com über die Welt der Desktop-PCs und der Festnetze hinaus. Mobile Geräte gestatten Anwendern jederzeit und von jedem Ort den Zugriff auf alle mySAP.com-Lösungen. mySAP Mobile Business ist die Grundlage für die mobilen mySAP CRM-Anwendungen. Beispiele für mySAP Mobile Business sind:

▷ Mobile CRM (Außendienstmitarbeiter in Vertrieb und Service)

▷ Mobile Business Intelligence (mobiler Zugriff auf Analyse- und Data-Warehouse-Informationen)

▷ Mobile Procurement (Direkteinkauf für Mitarbeiter im Außendienst)

▷ Mobile Travel Management (Zugriffsmöglichkeit für mobile Mitarbeiter auf zentrale Reisemanagement-Dienste)

5.3 mySAP Enterprise Portals – Benutzerorientierte Integrationsplattform

mySAP Enterprise Portals verkörpern SAPs personalisierbare, rollenbasierte Unternehmensportale für alle Anwender entlang der Wertschöpfungskette. Eine leicht zu verstehende, zu nutzende und anzupassende Browser-Oberfläche bietet Anwendern Zugang zu allen unternehmensinternen und -externen Informationen sowie zu Anwendungen und Services, die sie in ihrer persönlichen Arbeitsumgebung benötigen. Das Bildschirm-Layout von mySAP Enterprise Portals ist auf die jeweiligen Rollen des Benutzers in seiner Firma bzw. an seinem Arbeitsplatz zugeschnitten. Jeder Benutzer kann mehrere Rollen verkörpern, zwischen denen er beliebig umschalten kann.

Unternehmensgrenzen verlieren mit mySAP Enterprise Portals ihre Bedeutung – zumindest soweit es im Rahmen der Geschäftsabläufe und Berechtigungskonzepte gewünscht ist. Jeder an das Internet angeschlossene Ort der Welt kann von mySAP Enterprise Portals aus über einen URL (Uniform Resource Locator) erreicht werden. Beispiele für adressierbare Objekte sind:

► Geschäftstransaktionen

► Reports und Auswertungen

► Knowledge-Warehouse-Informationen

► Internet- bzw. Intranet-Informationen

► Marktplätze

5.3.1 Funktionalität

mySAP Enterprise Portals sind die zentralen Einstiegspunkte zu sämtlichen Lösungen von mySAP.com sowie zu externen Werkzeugen und Informationen, auch zu beliebigen Internet-Informationen und zu Altsystemen. Durch ihre Skalierbarkeit stellen mySAP Enterprise Portals sicher, dass nicht nur einige wenige, sondern bei Bedarf auch sehr große Benutzerzahlen Zugriff auf alle benötigten Informationsquellen, Anwendungen und Dienste erhalten.

Im Einzelnen bieten mySAP Enterprise Portals folgende Funktionen:

▶ Unterstützung von Rollen und Personalisierung; zentrale Benutzerverwaltung

▶ Navigationswerkzeuge für das Aufsuchen und Aufrufen von Anwendungen, Diensten und Daten. Pro Benutzer können mehrere Rollen mit entsprechender Arbeitsumgebung aktiviert werden.

▶ *iViews* (integrated Views, ehemals *MiniApps*) als Fenster zu beliebigen Anwendungen. Benutzern werden automatisch, ihrer Rolle, ihren Bedürfnissen und Vorlieben entsprechend, wichtige Inhalte zur Verfügung gestellt, z.B. E-Mail, Kalender, Web-News etc.

▶ *Drag&Relate* als Werkzeug, mit dem betriebswirtschaftliche Aufgaben durch einfaches Bewegen von Objekten im Browser ausgeführt werden können. Z.B. kann ein Benutzer eine überfällige Bestellung im Browser mit der Maus auf das Symbol des Spediteurs verschieben, um sich automatisch die entsprechenden Lieferinformationen anzeigen zu lassen.

▶ *Single Sign-On (SSO):* Benutzer können auf interne und externe Anwendungen und Inhalte zugreifen, ohne sich mehrfach mit verschiedenen Passwörtern anmelden zu müssen. Nach der einmaligen Anmeldung stehen alle benötigten Dienste, Anwendungen und Daten ohne weitere Sign-On-Vorgänge zur Verfügung. Single Sign-On in mySAP Enterprise Portals unterstützt zwei Authentifizierungskonzepte (siehe auch Kapitel 17.1.4):

  ▷ Single Sign-On mit Benutzer-ID und Kennwort

  ▷ Single Sign-On mit X.509-Client-Zertifikat

▶ Integration von Nicht-SAP-Lösungen und externen Inhalten

▶ Integriertes *Knowledge Management* mit Web Content Management, Text-Retrieval- und Extraktions-Funktionen

▶ *Mobile Portal:* Zugriff auf mySAP Enterprise Portals über internetfähige, mobile Geräte (siehe auch Kapitel 11.3.1)

Weitere Details folgen in Kapitel 17.1.1 im Zusammenhang mit der Darstellung von mySAP Technology.

5.3.2 Rollenkonzept

Als rollenbasierte Unternehmensportale liefern mySAP Enterprise Portals maßgeschneiderte Inhalte und Services für Mitarbeiter, Partner, Kunden und Lieferanten.

Eine Rolle definiert eine Gruppe von Aktivitäten mit den zugehörigen Daten und den Funktionen, die eine Person ausführt, um ein gewünschtes Geschäftsziel zu erreichen. Eine Rolle und nicht eine Person legt fest, wie ein Geschäftsprozess ausgeführt wird und wie der Geschäftsprozess seinerseits zum Erreichen eines bestimmten Geschäftsziels führt. Im Gegensatz zu Prozessen sind Rollen flexibel und schnell änderbar. Viele Unternehmen, die in der Vergangenheit funktions- oder prozessorientiert organisiert waren, wechseln heute zu rollenbasierten Organisationsformen [Vering 2001].

Durch die rollenbasierte Architektur können mySAP Enterprise Portals z. B. einem Bereichsleiter eine Arbeitsumgebung anbieten, die in Teilbereichen ganz anders aussieht als die eines Produktentwicklers. Andererseits verkörpern sowohl Bereichsleiter als auch Produktentwickler die Rolle eines Mitarbeiters im Unternehmen, mit gleichen Verwaltungsfunktionen z. B. für die im mySAP HR als Employee Self Service (ESS) realisierte Urlaubsbeantragung. mySAP Enterprise Portals adressieren diese Forderung und unterstützen mehrere Rollen pro Benutzer.

Über die Rollen wird das Layout der mySAP Enterprise Portals für jeden Benutzer definiert. Außerdem werden die für die jeweilige Arbeitsumgebung benötigten Dienste, Informationen und Anwendungen festgelegt.

Folgende Objekte können in einer Rollendefinition berücksichtigt werden:

▶ Transaktionen
▶ Reports
▶ iViews
▶ Links zu allgemeinen Web-Sites
▶ Ausführbare Dateien
▶ Links zum Knowledge Warehouse
▶ Links zu externen Systemen

mySAP Enterprise Portals bieten standardmäßig über 200 vordefinierte Rollen an – vom Arbeitsvorbereiter bis hin zum Vertriebsbeauftragten – die zudem an die spezifischen Bedingungen und Anforderungen im jeweiligen Unternehmen angepasst werden können. Für mySAP CRM stehen z. B. folgende Rollen zur direkten Nutzung zur Verfügung:

Marketing

▶ Marketing Manager

▶ Marketing Analyst

▶ Campaign Manager

▶ Product Manager

▶ Brand Manager

▶ Category Manager

Vertrieb

▶ VP Sales

▶ Sales Manager

▶ Sales Representative

▶ Sales Assistant

▶ Business Sales Analyst

▶ Field Sales Representative

E-Selling

▶ Web Shop Manager

▶ E-Selling Administrator

Service

▶ Contact Center Manager

▶ Contact Center Agent

▶ Customer Service Representative

▶ Customer Service Manager

▶ Knowledge Engineer

▶ Resource Planner for Interaction Center

▶ Field Service Engineer

▶ Contract Administrator

Das Verständnis über die vom Inhaber einer bestimmten Rolle auszuführenden Funktionen unterliegt einem kontinuierlichen Vereinheitlichungsprozess und ist darin kongruent zur zunehmenden Standardisierung von betriebswirtschaftlichen Geschäftsabläufen. Dieser Trend zur Vereinheitlichung trägt dazu bei, dass die Entwicklung von kollaborativen Geschäftsszenarien, die Unternehmensgrenzen überschreiten, zukünftig immer einfacher wird.

5.4 mySAP Exchanges – Plattform für internet- basierte Geschäftstransaktionen

Elektronische Marktplätze dienen als Plattform für internetbasierte Geschäfts- transaktionen zwischen virtuellen Käufer- und Verkäufergemeinschaften. Sie schaffen die Voraussetzungen für dynamische n:m-Geschäftsbeziehungen an Stelle statischer 1:1-Kontakte zwischen vordefinierten Geschäftspartnern.

mySAP Exchanges liefern eine vollständige Infrastruktur für den Aufbau virtueller Märkte, mit deren Hilfe Unternehmen ihren Ein- und Verkauf sowie weitere unternehmensübergreifende Prozesse abwickeln können. Die Grundlage ist das Produkt *MarketSet*, eine gemeinsame Lösung der SAP-Tochter SAPMarkets und Commerce One mit folgenden Funktionen:

▶ MarketSet Supply Chain Collaboration (Unterstützung kollaborativer Planung, Vorhersage und Bestandsmanagement unter Einbeziehung von Lieferanten, Herstellern und Händlern)

▶ MarketSet Lifecycle Collaboration (Unterstützung kollaborativer Produktent- wicklung)

▶ MarketSet Analytics (Analytische Anwendungen zur Auswertung von Informa- tionen aus internen und externen Quellen als Entscheidungshilfe für Käufer, Verkäufer und Service-Anbieter)

▶ MarketSet Catalog (Content-Management-Werkzeuge für die Erstellung und Nutzung elektronischer Kataloge)

▶ MarketSet Procurement (Anwendungen für die Beschaffung im Internet)

▶ MarketSet Order Management (Anwendungen für das Auftragsmanagement im Internet)

▶ MarketSet Dynamic Pricing (Methoden zur dynamischen, verhandlungsbasier- ten Preisermittlung inklusive Auktionen, Börsen etc.)

▶ MarketSet Bulletin Board (Informationssystem zum schnellen Zugriff auf unter- nehmensübergreifend relevante Informationen wie z.B. Auktionen, Ausschrei- bungen etc.)

Benutzer greifen auf mySAP Exchanges über mySAP Enterprise Portals zu. Die mit mySAP Exchanges verbundenen Einkaufs- und Verkaufssysteme werden über offene Schnittstellen auf XML-Basis (Extensible Markup Language) angeschlossen.

5.4.1 Beispiel: Der B2B-Marktplatz EMARO

Die EMARO AG wurde im Jahr 2000 als Tochter der Deutschen Bank (60 %) und von SAPMarkets (40 %) gegründet, um einen branchenübergreifenden Markt- platz für die elektronische Beschaffung von MRO-(Maintenance-, Repair-, Operation-) Gütern auf der Basis von SAP-Marktplatztechnologie. Heute bietet der EMARO-Marktplatz außer Büromaterialien, Büromöbeln und Produkten aus dem Hard- und Software-Bereich auch Industriebedarf, Werkzeuge und Normteile. Prinzipiell können alle in elektronischen Katalogen geführten Produkte und Dienstleistungen per Mausklick bestellt werden.

Mit dem EMARO-Marktplatz werden Warenwirtschaftssysteme von Käufern und Lieferanten nahtlos miteinander verbunden. Auf der Käuferseite kann entweder ein eigenes Einkaufssystem wie z.B. mySAP E-Procurement installiert werden, von dem aus Einkäufer direkt auf den elektronischen Katalog bei EMARO zugreifen. Alternativ besteht für Unternehmen, die über kein eigenes elektronisches Beschaffungssystem verfügen, die Möglichkeit, das auf dem EMARO-Marktplatz als Hosting-Lösung betriebene E-Procurement-Beschaffungssystem zu nutzen. In diesem Fall müssen Unternehmen ihren Einkäufern lediglich einen Web-Browser zur Verfügung stellen.

Lieferanten können ihre Unternehmensanwendungen ebenfalls direkt mit dem EMARO-Marktplatz integrieren. Falls dies nicht gewünscht wird, steht auf dem Marktplatz alternativ eine Web-Anwendung für das Order Management zur Verfügung, die es den Lieferanten z.B. ermöglicht, Vertriebsdokumente wie Aufträge und Auftragsbestätigungen zu verwalten, zu bearbeiten und an Kunden zu versenden.

Neben der technischen Anbindung von Kunden und Lieferanten sind elektronische Kataloge eine entscheidende Voraussetzung für die Geschäftsabwicklung über einen Marktplatz. EMARO bietet für die Katalogerstellung umfassende Werkzeuge und Dienstleistungen an.

EMARO ist über *www.emaro.com* erreichbar.

5.5   mySAP Industry Solutions

Zu mySAP.com gehören spezielle Lösungen für über 20 Branchen (*Industry Solutions*), die die branchenneutralen mySAP.com-Lösungen um industriespezifische Funktionalitäten und Ausprägungen ergänzen.

Folgende Branchenlösungen stehen gegenwärtig zur Verfügung:

▶ **Fertigungsindustrie (Discrete Industries)**
  - mySAP Aerospace & Defense
  - mySAP Automotive
  - mySAP Engineering & Construction
  - mySAP High Tech

▶ **Prozessindustrie (Process Industries)**

  ▶ mySAP Chemicals

  ▶ mySAP Mill Products

  ▶ mySAP Pharmaceuticals

  ▶ mySAP Oil & Gas

  ▶ mySAP Mining

▶ **Finanzdienstleister (Financial Services)**

  ▶ mySAP Banking

  ▶ mySAP Financial Service Provider

  ▶ mySAP Insurance

▶ **Konsumgüterindustrie (Consumer Industries)**

  ▶ mySAP Consumer Products

  ▶ mySAP Retail

▶ **Dienstleistungsindustrie (Service Industries)**

  ▶ mySAP Media

  ▶ mySAP Service Providers

  ▶ mySAP Telecommunications

  ▶ mySAP Utilities

▶ **Öffentliche Dienste (Public Services)**

  ▶ mySAP Healthcare

  ▶ mySAP Higher Education & Research

  ▶ mySAP Public Sector

Eine detaillierte Beschreibung zum Angebot der SAP für spezielle Industrien findet sich z.B. bei [Kagermann 2001].

5.6   mySAP Technology

Alle mySAP.com-Lösungen basieren auf mySAP Technology, der robusten und skalierbaren SAP-Plattform für Geschäftsanwendungen im Internet. Die wesentlichen Elemente von mySAP Technology sind:

▶ Portal-Infrastruktur

▶ Exchange-Infrastruktur

▶ SAP Web Application Server

▶ Infrastruktur-Services

mySAP Technology erfüllt alle technologischen Anforderungen an betriebswirtschaftliche Anwendungslösungen, die im Internet-Zeitalter auch über Unternehmensgrenzen hinausreichen. Für mobile Geschäftsabwicklung, portalgestützte
Systemzugriffe, personalisierbare Oberflächen und kollaborative Geschäftsnetzwerke steht eine Technologie zur Verfügung, die unterschiedlichste Plattformen
unternehmensübergreifend integrieren kann. Die Grundlagen dafür werden
durch anerkannte Internet-Standards geschaffen, wie z. B.:

- HTTP (Hypertext Transfer Protocol: Anwendungsprotokoll für den Datenaus-
  tausch im Internet)
- HTML (Hypertext Markup Language: Beschreibungssprache für Internet-Sei-
  ten)
- XML (Extensible Markup Language: Standard-Informationsformat im Internet)
- SOAP (Simple Object Access Protocol: systemübergreifende, auch Firewalls
  überschreitende Programm-zu-Programm-Kommunikation im Internet auf der
  Basis von HTTP und XML)
- Java (Programmiersprache für die verteilte Umgebung des Internets)
- .NET (Microsofts Plattform für Internet-Anwendungen)

Weitere Details zu mySAP Technology folgen in Kapitel 17.1.

5.7 mySAP Services

Installation und Betrieb von mySAP.com-Lösungen werden durch ein umfangreiches Dienstleistungsangebot begleitet. mySAP Services bietet alle Dienste, die
Unternehmen für die Transformation ihrer konventionellen Geschäftsabläufe in
das unternehmensübergreifende E-Business benötigen. Dazu gehören:

- Erarbeitung der für das jeweilige Unternehmen optimalen, branchenspezifi-
  schen E-Business-Lösung (Business Solution Consulting)
- Implementierungsstrategie zur Steuerung des Gesamtprojektes und Optimie-
  rung des Produktivbetriebs (Solution Operations Services)
- Anwenderschulung (Education)
- Umfassender Service zur Laufzeit (Service Infrastructure)

mySAP Services basiert auf drei umfassenden Werkzeugen:

- SAP Solution Architect (Portal zur betriebswirtschaftlichen Planung und Einführung von mySAP.com-Lösungen)
- SAP Solution Manager (Portal zur technischen Einführung und zum Betrieb von
  mySAP.com-Lösungen)

▶ SAP Service Marketplace (Internet-Plattform für Kunden, die Dienstleistungen von SAP oder von Partnerunternehmen suchen, auf diese zugreifen oder sie bestellen wollen)

In Kapitel 15 werden Serviceangebote der SAP im Zusammenhang mit der Einführung von mySAP CRM im Unternehmen vorgestellt.

5.8 mySAP Hosted Solutions

Für manche Unternehmen stellen die Kosten der Implementierung und der Veränderung ihrer technischen Infrastruktur ein erhebliches Hindernis auf dem Weg ins E-Business dar. mySAP Hosted Solutions bietet diesen Firmen die Möglichkeit, die für mySAP.com-Lösungen benötigte Hard- und Software von SAP oder von Partnerunternehmen betreiben, warten und verwalten zu lassen.

Das Angebot von mySAP Hosted Solutions erstreckt sich vom individuell angepassten Application Hosting über den Betrieb schlüsselfertiger Anwendungen nach dem One-to-Many-Modell durch ASP-(Application-Service-Provider-) Dienstleister bis hin zum Marketplace Hosting.

▶ **Application Hosting**
Application Hosting ist ein Angebot für Unternehmen, die eine ihren individuellen Anforderungen entsprechende, voll konfigurierte Lösung benötigen, ohne in eine umfangreiche technische Infrastruktur investieren zu wollen. Die Anwendungen werden in einer zentralen Einrichtung betrieben und gewartet. In der Regel besitzt der Kunde die Anwendungslizenz.

▶ **Application Service Provider (ASP)**
Application Service Provider bieten Software-, Infrastruktur- sowie Service-, Support- und Implementierungsleistungen als schlüsselfertige Lösung. Mehrere ASP-Kunden nutzen im One-to-Many-Modell dieselbe browserfähige Software und reduzieren so ihren Kostenanteil für Hard- und Software-Infrastruktur. Der Konfigurationsaufwand wird minimiert. Die einzelnen Kunden besitzen keine Lizenz für die Anwendung.

▶ **Marketplace Hosting**
Beim Marketplace Hosting werden elektronische Marktplätze für Gemeinschaften von Geschäftspartnern betrieben, ggf. auch unter Einbeziehung individuell konfigurierter Anwendungen, die auf dem Marktplatz ablaufen.

mySAP Hosted Solutions werden von SAPHosting bereitgestellt, einem SAP-Tochterunternehmen, das die Entwicklung von Hosting-Lösungen für SAP-Kunden und -Partner anbietet.

6 Grundprinzipien der Lösung mySAP CRM

6.1 Überblick

mySAP CRM stellt den Unternehmen eine Plattform für das Kundenbeziehungs-management zur Verfügung, die sowohl Frontend-Dienste für die Kunden-interaktion als auch alle erforderlichen Integrationsschnittstellen – etwa zu Produktion, Lieferanten und Finanzwesen – umfasst. Als *die* zentrale Unterneh-mensfunktion ist mySAP CRM Ausgangspunkt für viele Kernabläufe in mySAP PLM (Product Lifecycle Management), mySAP SCM (Supply Chain Management) und mySAP FI (Financials).

Folgende grundlegende Ziele und Prinzipien sind für die Entwicklung von mySAP CRM maßgebend:

▶ An realen Geschäftszenarien aus der Praxis orientierte Produktentwicklung

▶ Unterstützung kollaborativer Geschäftsabläufe mit Kunden, Geschäftspartnern und Lieferanten über Unternehmensgrenzen hinweg

▶ Bereitstellung analytischer Verfahren zur Entscheidungsunterstützung in Fach-abteilungen und Unternehmensführung

▶ Nutzung des Internets als Katalysator für das neue Kundenbeziehungsmanage-ment

▶ Nutzung von Marktplätzen als Grundlage für innovative Formen des Kaufens, Verkaufens und der Zusammenarbeit zwischen Geschäftspartnern

▶ Individuelle Arbeitsumgebungen durch personalisierbare, auf unterschied-lichste Rollen im Kundenbeziehungsmanagement vorbereitete Benutzer-Por-tale

▶ Enge Integration der CRM-Anwendungen mit Microsofts Office-Produktivi-täts-Tools

▶ Multi-Channel-Betrieb mit konsistenter Unterstützung aller zur Verfügung ste-henden Interaktionskanäle

▶ Integration von Mobile Business – der Zusammenführung von Internet, draht-loser Kommunikation und E-Business – in das Kundenbeziehungsmanagement

▶ Offene, standardisierte Schnittstellen zur Integration der CRM-Lösung mit beliebigen externen Anwendungen

▶ Möglichkeit zur Anbindung mehrerer unterschiedlicher Backend-Systeme, wobei sich mySAP CRM auch im Verbund mit Nicht-SAP-Systemen im Backend betreiben lässt.

SAP bietet mySAP CRM speziell ausgeprägt für die verschiedensten Branchen an (siehe auch Kapitel 5.5). Abläufe, Formulare und Dokumente in Marketing, Vertrieb und Service entsprechen damit stets den branchenspezifischen Anforderungen der Unternehmen.

6.2 Portalbasiertes mySAP CRM

mySAP CRM wurde von Anfang an als portalbasierte Lösung konzipiert. Dies zeigen die verschiedenen portalbezogenen Eigenschaften von mySAP CRM:

▶ Vorgefertigte Inhalte (Content): mehr als 20 standardmäßig angebotene CRM-Rollen sowie vorgefertigte iViews zur parallelen Darstellung verschiedener CRM-Teilanwendungen in korrespondierenden Anzeigebereichen des Portals.

▶ Bereitstellung von CRM-relevanten strukturierten oder unstrukturierten Informationen im Portal.

▶ Web-Fähigkeit der CRM-Anwendungen

Die Portal-Fähigkeiten von mySAP CRM werden kontinuierlich unter Nutzung der aktuellsten Technologien von SAP Portals weiter ausgebaut (siehe auch Kapitel 5.3 und 17.1.1).

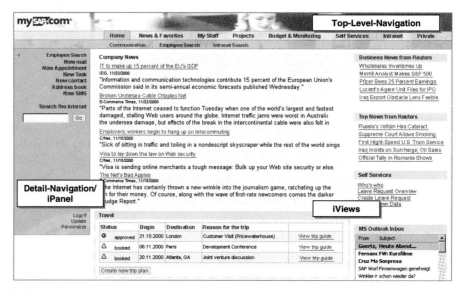

Abbildung 6.1 Beispiel für portalbasiertes mySAP CRM

6.3 Rollenspezifische Arbeitsplätze

Hoch integrierte CRM-Lösungen umfassen verschiedene Teilanwendungen. Jeder Benutzer hat ganz bestimmte Aufgaben und betreut einzelne Schritte oder auch verschiedene Teilprozesse innerhalb der CRM-Lösung. Dazu muss er in der Regel auf verschiedene (Teil-)Anwendungen, auf das Internet und auf das firmeneigene Intranet zugreifen. Um für jeden Mitarbeiter eine komfortable Arbeitsumgebung zur Erfüllung seiner konkreten Aufgaben zu schaffen, ist es wichtig, individuelle Funktions- und Informations-Umgebungen zu schaffen. Dies wird über Rollen gewährleistet (siehe auch Kapitel 5.3.2). Für jede Rolle wird ein spezielles Anwender-Portal definiert, das nur die Funktionen umfasst, die für die entsprechende Rolle im Unternehmen relevant sind.

Jede Person im Unternehmen hat mehrere Rollen. Allen gemeinsam ist die Rolle *Mitarbeiter*. Hinzu kommen die jeweils aufgabenspezifischen Rollen. Beispiele für von SAP ausgelieferte CRM-Anwender-Portale (Rollen) werden im Folgenden kurz beschrieben.

Vertriebsleiter

Der Vertriebsleiter leitet eine Vertriebseinheit. Er organisiert den Vertrieb und führt seine Vertriebsbeauftragten. Der Vertriebsleiter führt die operative Planung durch. Er unterstützt die strategische Vertriebsplanung und muss dafür sorgen, dass seine Vertriebsziele mit den Unternehmenszielen harmonieren. Wesentliche Aufgaben sind die Analyse und die Kontrolle aller Vertriebsaktivitäten sowie die Vertriebsprozesssteuerung. Budgetplanung und -verantwortung fallen ebenfalls in seinen Bereich.

Vertriebsbeauftragter

Der Vertriebsbeauftragte vertreibt die Produkte und/oder Dienstleistungen. Er initiiert Kundenkontakte, betreibt Neukundenakquise und betreut bestehende Kunden. Er begleitet den gesamten Vertriebsprozess, angefangen mit einer Interessentenadresse oder einer potenziellen Verkaufschance (Lead) bis hin zum Abschluss inklusive Vertragsvereinbarungen. Die Planung seiner Vertriebsaktivitäten, die Analyse seiner Opportunities (qualifizierte Verkaufschancen) und die Auftragsverfolgung müssen in seinem Anwender-Portal ebenfalls unterstützt werden.

Serviceleiter

Der Serviceleiter ist für den Umsatz und die Rentabilität der Servicemaßnahmen verantwortlich. Er trägt die Personalverantwortung für die Servicemitarbeiter und führt die Personalplanung durch. Sein Aufgabengebiet umfasst darüber hinaus die strategische Planung des Services. Er initiiert und koordiniert die Kundenbindungsmaßnahmen im Service, entwickelt Serviceprodukte und Serviceverträge und analysiert die Zufriedenheit mit Produkten, Serviceangeboten und Maßnahmen. Bei Bedarf übernimmt der Serviceleiter auch die Bearbeitung besonderer Kundenanfragen.

Anwendungsübergreifende Rollen

Ergänzend zu den anwendungsspezifischen Rollen gibt es auch Rollen, die keiner bestimmten Anwendung zuzuordnen sind. Beispiele für solche anwendungsübergreifende Rollen sind bei SAP:

▶ ESS (Employee Self Service)

▶ Erfassen und Bearbeiten von Problemmeldungen

▶ Anlegen und Anzeigen von Klassifizierungen. Für Standardisierungsaufgaben im Unternehmen, z. B. in der Normenstelle

▶ Anlegen, Bearbeiten, Anzeigen und Suchen von Dokumenten

ESS ermöglicht es dem Mitarbeiter, eigenständig die ihn betreffenden Daten im System anzuzeigen und zu pflegen, so z. B. Adressdaten, Daten der Zeitwirtschaft und des Vergütungsmanagements, Inventurdaten zu genutzten Arbeitsgeräten etc.

6.4 Integration von Office-Funktionen

mySAP CRM wurde von Anfang an für eine enge Einbindung von Microsoft Office-Produkten ausgelegt. Diese Produkte kommen in diversen mySAP CRM-Anwendungen zum Einsatz – z. B. für das Aktivitätenmanagement – und können direkt aus der jeweiligen mySAP CRM-Anwendung heraus aufgerufen werden.

Microsoft Project und Microsoft Excel werden z. B. im Marketing-Management genutzt (vergl. Kapitel 7.2.2). Der Marketing-Manager kann Marketingkampagnen in mySAP CRM planen und diese in einem Microsoft Project-Projektplan abbilden. Eventuelle Änderungen oder Ergänzungen – z. B. Einfügen erforderlicher Aktivitäten – können anschließend in Microsoft Project vorgenommen und zu einem späteren Zeitpunkt mit mySAP CRM synchronisiert werden. Das gleiche Prinzip gilt für die Einbindung von Microsoft Excel. Hier kann der Anwender in einer Excel-Tabelle die Budgetplanung für Marketingaktivitäten vornehmen. Diese von ihm eingeplanten Budgets sind automatisch als Soll-Zahlen in mySAP CRM verfügbar und können zu jedem Zeitpunkt gegen die im Rahmen der Ausführung der Marketingaktivitäten auflaufenden Ist-Kosten aus dem Finanzsystem verglichen werden.

Auch die geplante Integration von mySAP CRM mit Microsoft Outlook folgt ganz dem SAP-Prinzip, das Arbeiten mit den Systemen so einfach und intuitiv wie möglich zu gestalten. mySAP CRM ermöglicht dem Anwender, die für seine Tätigkeit erforderlichen Informationen – wie zum Beispiel Adressdetails und Geschäftsdaten von Geschäftspartnern, Aktivitäten und Aufgaben sowie Termine – in einer ihm bekannten und gewohnten Arbeitsumgebung zu nutzen. Die bereitgestellten Daten sind im Online-Betrieb zu jeder Zeit mit den in mySAP CRM gehaltenen Informationen synchronisiert und ermöglichen dem Anwender eine ganzheitliche und aktuelle Sicht auf Kundeninformationen.

Die Integration von Microsoft Outlook mit Microsoft Excel und Microsoft Project ermöglicht es in einem weiteren Schritt, komplette Geschäftprozesse im Offline-Modus zu bearbeiten und zu einem späteren Zeitpunkt mit mySAP CRM zu synchronisieren. Zum Beispiel kann ein Marketing-Manager im Rahmen der Kampagnenplanung die Budgetierung in Form einer Microsoft Project-Task im Projektplan einplanen und diese im Anschluss an den verantwortlichen Mitarbeiter über Microsoft Outlook weiterleiten. Der zuständige Mitarbeiter wird durch eine Task in seiner Inbox informiert und nimmt die Budgetplanung in Microsoft Excel vor. Bei der nächsten Online-Verbindung werden die Daten aus Microsoft Excel in mySAP CRM geladen und die Task erhält den entsprechenden Status. Der Marketing-Manager wird automatisch über den Abschluss der Budgetierung durch einen Eintrag in seiner Inbox informiert. Gleichzeitig wird der Projektplan in Microsoft Project aktualisiert.

Zusammenfassend gilt, dass die Integration von Office-Produkten mit mySAP CRM erhebliche Produktivitätsgewinne ermöglicht: durch leichte Bedienbarkeit, die hierdurch entfallende Notwendigkeit für aufwendiges Training sowie durch die erhöhte Akzeptanz seitens der Anwender aufgrund ihnen bekannter und einfach zu bedienender Systemumgebungen.

7   mySAP CRM – Umfassende Funktionalität entlang des gesamten Customer Interaction Cycles

7.1   Die Phasen des Customer Interaction Cycles

mySAP CRM führt Mitarbeiter, Geschäftspartner, Geschäftsprozesse und Technologien zu einem optimierten Kundenbeziehungsmanagement zusammen – und zwar über alle vier Phasen des Customer Interaction Cycles hinweg [Siemers 2001]. Diese Phasen sind:

▶ **Customer Engagement**
  Erkennen potenzieller Kunden und deren Weiterentwicklung zu (erstmaligen) Käufern

▶ **Business Transaction**
  Abschluss von Geschäftsvereinbarungen

▶ **Order Fulfillment**
  Auftragsabwicklung, d. h. Erfüllung der aus den Geschäftsvereinbarungen (Aufträgen) entstandenen Lieferverpflichtungen und Abrechnung der Leistungen

▶ **Customer Service**
  Bereitstellung von nachgelagerten Serviceleistungen

Die nachfolgenden Kapitel stellen die einzelnen Funktionen von mySAP CRM für alle Phasen des Customer Interaction Cycles dar.

Abbildung 7.1 Customer Interaction Cycle

7.2 Customer Engagement

7.2.1 Überblick

Niemand kennt die Kunden eines Unternehmens besser als seine Marketing-Abteilung. Richtig oder falsch?

Marketing-Manager, die mit überzeugter Spontaneität zu *richtig* tendieren, mögen sich zwei Fragen beantworten. Erstens: Warum ist mein Wettbewerber erfolgreicher? Der Marktführer – und es kann nur einen geben – kann sich die Beantwortung dieser ersten Frage selbstverständlich schenken, nicht aber die Antwort auf die zweite: Kenne ich diejenigen, die Kunden meines Unternehmens sein *könnten*?

Bei einer kritischen Betrachtung der Marktsituation stellen sich weitere Fragen: Wie stellt ein Unternehmen sicher, dass seine Kunden von heute auch die von morgen sind? Wie kann es frühzeitig auf die sich verändernden Bedürfnisse seiner Kunden reagieren? Wie können neue Kundengruppen identifiziert, gewonnen und langfristig gehalten werden? Dies sind allesamt keine grundsätzlich neuen Fragen im Marketing-Business. Dramatisch kleiner geworden ist jedoch die Zeit-spanne, die Unternehmen für eine strategisch-schlüssige Antwort bleibt.

Die Konsequenz daraus lautet: Entweder ein Unternehmen *kann* schnell genug reagieren oder der Kunde findet ein anderes, das es kann. Produkte oder Dienst-leistungen *von der Stange* sind out – gefragt sind Waren und Services, die dem Anforderungsprofil der Kunden möglichst vollständig entsprechen. Längst ist *die Kundschaft* keine homogene Gruppe mehr. Sie setzt sich vielmehr aus einzelnen Gruppen mit unterschiedlichen Präferenzen und Prioritäten zusammen. Ein effizi-entes Marketing vermag diese Gruppen zu identifizieren und mit einem bedarfsadäquaten Angebot zufrieden zu stellen. Mehr noch: Es ist auch in der Lage, potenzielle Interessenten im Markt aufzuspüren, um auf diesem Weg neue Kundengruppen zu gewinnen.

Marketing in mySAP CRM

mySAP CRM-Marketing unterstützt drei wesentliche Zielsetzungen:

▶ Die Gewinnung neuer Kunden

▶ Die Weiterentwicklung und Vertiefung vorhandener Kundenbeziehungen

▶ Die Identifizierung besonders chancenreicher Kunden und Interessenten

Die Tatsache, dass das Marketing stets *an vorderster Front* agiert, unterstreicht die Bedeutung einer Software-Lösung, die es den Verantwortlichen gestattet, auf

Marktveränderungen frühzeitig, rasch, flexibel und effizient zu reagieren und welche es den Verantwortlichen darüber hinaus ermöglicht, in einer globalen Kundschaft die Zielgruppen zu identifizieren und persönlich anzusprechen, die für das Unternehmen wichtig sind. Dazu stehen sechs Hauptkomponenten zur Verfügung, die im Folgenden näher beschrieben werden:

▶ Marketingplanung und Kampagnenmanagement

▶ Lead-Management

▶ Geschäftspartnersegmentierung

▶ Mengenaufteilung

▶ Produktvorschläge

▶ Personalisierte Kommunikation

7.2.2 Marketingplanung und Kampagnenmanagement

Mit Hilfe dieser Komponente können Marketingaktivitäten geplant und Kampagnen gestartet werden. Das zentrale Werkzeug zur Bearbeitung von Marketingplänen und -kampagnen ist der Marketing-Planer. Er ermöglicht einen reibungslosen Datenaustausch nicht nur innerhalb des CRM-Systems, sondern auch mit anderen SAP-Komponenten und Fremdanwendungen.

Marketingpläne können hierarchisch, zum Beispiel nach Ländern oder Produkten, strukturiert und im Marketing-Planer mit Start- und Endterminen versehen werden. Ein wesentlicher Teil der Lösung ist die Offenheit gegenüber Standard-Office-Produkten. So können zur grafischen Terminbearbeitung in einem Online/Offline-Szenario Marketingprojekte in Microsoft Project exportiert und anschließend wieder ins CRM-System importiert werden. Schließlich werden der Kampagne Produkte, eine Zielgruppe und Konditionen zugeordnet.

Beim Sichern wird die Kampagne automatisch im Business Information Warehouse gespeichert, sodass eine Kennzahlplanung (Plankosten versus Planerlöse) erfolgen kann. Sofern eine Kostenkontrolle gewünscht wird, kann die Kampagne in das Projektsystem von SAP R/3 transferiert werden, wo sie als Kontierungsobjekt zur Verfügung steht. Ist-Kosten und Erlöse können dann direkt in mySAP Financials verbucht werden.

Schließlich wird die Kampagne an den gewählten Kommunikationskanal übergeben und die Zielgruppe via E-Mail, Fax, SMS (Short Message Service), Brief, Mobile-Sales-Anwendung oder über das Interaction Center angesprochen. Dabei berücksichtigen alle Kommunikationskanäle bei der Preisfindung automatisch die für die Kampagne festgelegten Konditionen.

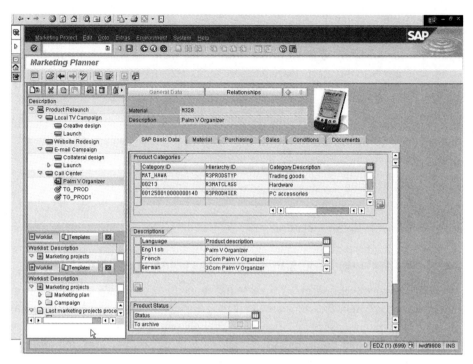

Abbildung 7.2 Planung einer Marketingkampagne

▶ **(E-)Mail**

Der Kunde erhält eine personalisierte E-Mail, eine SMS, ein Fax oder einen Brief mit einem – optionalen – Link zu einem Web Shop. Die Produktauswahl des Shops kann durch den der Kampagne zugeordneten Produktkatalog bestimmt werden. Bei Auftragserteilung wird über den Link eine Verknüpfung zwischen dem Auftrag und der Kampagne hergestellt. Dies ist hilfreich für die spätere Analyse der Kampagne.

▶ **Mobile Sales**

Die Kampagne wird auf die mobilen Laptops der Außendienstmitarbeiter repliziert, wodurch ihnen alle notwendigen Informationen zur Verfügung stehen. Gleichzeitig wird für jeden Kunden der Zielgruppe eine Aktivität erzeugt. Resultiert aus einer Aktivität ein Auftrag, so wird automatisch ein Bezug zur Kampagne hergestellt.

▶ **Interaction Center**

Bei Übergabe der Kampagne an das Interaction Center wird eine Anrufliste erzeugt, deren Positionen auf die Agenten verteilt werden. Diese arbeiten die ihnen zugeordneten Anrufe ab. Bei einer Auftragserfassung wird wiederum ein Bezug zur Kampagne hergestellt.

7.2.3 Trade Promotion Management

Direkt angesprochen wird der Kunde auch im Rahmen von Kampagnen oder Aktionen zur Verkaufsförderung, die für jeden Konsumgüterproduzenten eine kostenintensive Pflichtübung darstellen. Im Rahmen solcher Promotions wird der Kunde dort angesprochen, wo er seine Kaufentscheidung trifft: am Point of Sale (POS). Was er bei seinem Besuch im Geschäft letztlich vorfindet – das Waschmittelpaket mit der roten Jubiläumsschleife, ein pfiffig gestaltetes Display als Blickfang, eine lilafarbene, lebensgroße Kuh oder einen Stand mit kostenlosen Probehäppchen – ist das Ergebnis eines außerordentlich komplexen Prozesses. Seinen Ausgangspunkt hat der Prozess – als Idee – im Marketing, und wenn er den Kunden im Geschäft erreicht, dann waren in diesen Prozess alle Glieder der Wertschöpfungskette eines Konsumgüterherstellers involviert.

Keine andere Branche bietet ein breiteres Produktspektrum als die Konsumgüterindustrie: Es erstreckt sich von Nahrungsmitteln und Getränken über Haushaltswaren, Pflegeprodukte und Drogerieartikel bis hin zu Schuhen oder elektronischen Geräten. Der Wettbewerb in diesen Märkten ist intensiv, und der Kampf um den Kunden wird auch am Point of Sale ausgetragen. Verlässlichen Schätzungen zufolge investiert die Konsumgüterindustrie weltweit zwischen 130 und 160 Milliarden Dollar *jährlich* in ausgeklügelte Maßnahmen zur Absatz- und Verkaufsförderung. Dabei wird der Kunde auf drei Wegen angesprochen:

- ▶ Über Medien (Radio, TV, Plakate, Zeitungsbeilagen, Busbeschriftungen)
- ▶ Persönlich als Verbraucher (Mailings, Produktpräsentationen zu Hause mit Freunden oder Nachbarn)
- ▶ Im Rahmen von POS-Promotions (Displays, Vorführaktionen, Probierstände, Preis-Events)

Die im Folgenden skizzierte, zum Entstehungszeitpunkt dieses Buches noch in der Entwicklung befindliche SAP-Lösung wird den gesamten Prozess der Verkaufsförderung (*Trade Promotion Management*) unterstützen.

Wie andere mySAP CRM-Komponenten bildet auch das Trade Promotion Management einen geschlossenen Kreislauf ab. Es unterstützt:

- ▶ Die strategische (Gesamt-)Planung im Unternehmen
- ▶ Die Planung im Außendienst (Field Planning)
- ▶ Die Verkaufsverhandlungen mit dem Handel (Customer Sell-In and Negotiation)

▶ Die Durchführung einer Kampagne und ihre Bestätigung (Execution and Validation)

▶ Die analytische Auswertung (Evaluation) der Kampagne. Hier schließt sich der Kreis, und der Planungszyklus für eine neue Kampagne kann beginnen.

Das Trade Promotion Management beinhaltet folgende wesentliche Prozessschritte:

▶ **Strategische Planung**
Festlegung aller relevanten Parameter wie etwa Budgetgröße und Absatzvolumina einer Verkaufsförderung: Der Absatz welchen Produktes soll in welcher Region, in welchen Geschäften und in welchem Zeitraum gefördert werden? Die Angebote an den Handel beinhalten den Zahlungsausgleich und die Zahlungsmodalitäten.

▶ **Außendienstplanung**
Auf Basis der vorliegenden Zielsetzungen für Auftragsvolumina, Budgetrahmen und Handelsstruktur kann der Außendienst offline eine Umsatzprognose für jeden Händler unter Berücksichtigung beworbener und nicht beworbener Produkte erstellen. Der Außendienst hat Zugriff auf Liefer- und Konsumdaten, um ein optimales Timing und passende Volumina festzulegen.

Die entstehenden Kosten aus Verkaufsförderungsaktivitäten werden den erzielten zusätzlichen Erlösen gegenübergestellt.

▶ **Volumen-Prognose**
Wie wird sich die Promotion auf die Verkaufszahlen des Produktes beim Händler auswirken? Beeinflusst sie die Lieferzeit vom Hersteller zum Handel? Wirkt sich die Maßnahme auch auf Produkte des Herstellers aus, die nicht promotet werden? Antworten auf diese Fragen machen die Einbeziehung von zuvor gewonnenen Point-of-Sale-Daten erforderlich und ermöglichen es, den Einfluss verschiedener Aktionen auf den Verbrauch und die Profitabilität zu vergleichen, bevor den entsprechenden Produkten Budgets zugeordnet werden. Die Prognose für das Gesamtvolumen gibt einen Überblick über die monatlichen Verkaufszahlen und fließt in die Absatzplanung ein.

Auf Basis der Prognosedaten erstellt das SAP-System Standard-Charts und -Grafiken, die den Key Account Manager bei der Absatzförderung unterstützen. Außerdem verfügt das System über Vorlagen zur Analyse der Auswirkungen von Verkaufsförderungsmaßnahmen. Auf diese Weise kann stets der optimale Absatzzeitpunkt für eine Aktion bestimmt werden. Dieser Schritt zum *faktenbasierten Vertrieb* leistet einen Beitrag zur Optimierung der Absatzförderung.

► **Klare Rechnungen**

Klar formulierte Rechnungen sind oft schon die halbe Analyse. Die transparente Darstellung einer Rechnung mit »sauberen« Fakturen und übersichtlich dargestellten Rabatten, Discounts und Rechnungskürzungen ist für den Verkäufer ein wichtiges Analysewerkzeug.

► **Ausführung**

Aus der Planung heraus werden Aktivitäten für die Außendienstmitarbeiter generiert und deren Kalender aktualisiert. Dieser Kalender ermöglicht es dem Außendienst, den Absatz vor Ort zu fördern, beispielsweise indem er die Produkte im Geschäft besser platziert oder darauf hinarbeitet, dass die Händler für eine geplante Aktion rechtzeitig größere Produktmengen bestellen.

Nachdem die Planung und Validierung abgeschlossen ist, beginnt der normale Geschäftsprozess. Aufträge werden entgegengenommen und ausgeführt. Dies umfasst die Logistic Execution, d.h. die Kunden werden beliefert, der Warenausgang wird gebucht und anschließend fakturiert. Nach der Fakturierung werden die Daten an die Kostenrechnung, Finanzbuchhaltung und das SAP Business Information Warehouse weitergeleitet.

Mit der Überleitung an das SAP BW stehen die Daten wieder für die Planung zukünftiger Kampagnen zur Verfügung.

► **Bewertung und Analyse**

Was hat die Verkaufsförderungsaktion unter dem Strich gebracht? Wie sehen die aktuellen Zahlen für die verkauften Mengen und wie sieht die Profitabilität gegenüber den Planzahlen aus? Welche Zahlen bzw. Werte konnten im Verlauf der Kampagne ermittelt werden? Welche Schlussfolgerungen sind daraus zu ziehen? Machen sie Änderungen bei der Planung der nächsten Kampagne erforderlich?

Das Trade Promotion Management in mySAP CRM unterstützt den gesamten Kreislauf des Promotion-Prozesses. Es ermöglicht eine Verkürzung des Planungszyklus, die gezieltere Zuordnung von Ausgaben, präzisere Absatzprognosen und die Vermeidung von Lagerleerständen. Zudem bindet Trade Promotion Management alle Parteien ein, die in einer Absatz- oder Verkaufsförderungsaktion eine Rolle spielen.

7.2.4 Lead Management

Kein Kunde ist statisch. Er verändert sich unmerklich, aber fortwährend im Laufe der Zeit. Und mit ihm verändern sich seine Gewohnheiten und Vorlieben, sein Einkommen und seine Ansprüche. Diese Veränderungen sind auch für den Lebenszyklus einer Kundenbeziehung bedeutsam – sie bieten einem Unternehmen Chancen.

Auch die Geschäftswelt ist in stetigem Wandel begriffen: Buchhändler fragen beim Verlag Sprech-Bücher nach – noch vor wenigen Jahren kaum bekannt –, Einzelhandelsketten setzen verstärkt auf Bio-Produkte, Versicherungsmakler bieten Kombi-Policen zur Altersvorsorge an, Apotheken entdecken Wellness-Produkte.

Solche Veränderungen in der Kundenstruktur, die sich täglich zu Zigtausenden einstellen, bieten einem Unternehmen neue Absatzchancen – wenn es sie denn erkennt. Dieses Ziel – das Aufspüren von Marktchancen – unterstützt das Lead Management in mySAP CRM-Marketing. Mit Hilfe des Lead Managements können potenziell wertvolle *vorhandene* Kunden oder *neue* Interessenten identifiziert werden. Lead Management ermöglicht einem Unternehmen, vorhandene Kunden im Auge zu behalten, neue Kunden zu gewinnen und deren Interesse am Produkt oder der Dienstleistung zu qualifizieren. Lead Management bereitet den Boden für den Vertrieb.

Leads sind die potenziellen Kunden von morgen oder die Kunden von heute, die man für ein anderes Produktsortiment interessieren möchte. Sobald Kunden über einen Kommunikationskanal (Händler, Telefon, Fax oder Internet) mit dem Unternehmen in Verbindung treten, können sie als Leads identifiziert werden. Ein Lead ist beispielsweise:

▶ Die Besitzerin eines Kompaktklasse-Wagens, die mit ihrem Kfz-Händler eine Probefahrt mit einem Mittelklasse-Modell vereinbart

▶ Der Strom-Kunde eines Versorgungsunternehmens, der via Internet ein Angebot für Wasser-Lieferungen wünscht

▶ Der Sportartikel-Händler, der sich beim Hersteller nach einem neuen Produkt erkundigt

▶ Der Bankkunde, der eine Vermögensberatung wünscht

▶ Eine mittelständische Firma, die ihre Dienstwagen zukünftig kaufen statt leasen möchte

Leads können jederzeit angelegt werden – wann immer ein Kunde oder Interessent mit einem Unternehmen in Kontakt tritt. Darüber hinaus können Leads auch für bestimmte Kunden einer Zielgruppe (umsatzträchtige *High Potentials*) im Rahmen einer Marketingkampagne angelegt werden. Stets jedoch signalisiert der Lead den Mitarbeitern des Unternehmens: Dieser Kunde muss im Auge behalten und »gepflegt« werden, denn er bietet eine *potenzielle* zusätzliche Verkaufschance.

Bevor ein Lead zur Opportunity, zur *konkreten* Verkaufschance wird, durchläuft er einen Qualifizierungsprozess, in dessen Verlauf ihm verschiedene Status zugewiesen werden: *verloren*, *in Bearbeitung* oder *gewonnen*. Diese Qualifizierung kann auf der Grundlage von Indizes, durch eine direkte Befragung oder bereits bei Erzeugung eines Leads vorgenommen werden. Sobald ein Lead, der sich in Bearbeitung befindet, eine bestimmte Qualifizierungsstufe erreicht hat, kann er in eine Opportunity umgewandelt und zur weiteren Bearbeitung an den Vertrieb abgegeben werden. Über das im CRM-Marketing integrierte Monitoring kann der Interessent auch weiterhin im Auge behalten werden. Mit Hilfe strategischer Reports kann der Erfolg von Leads gemessen und können somit mittel- und langfristige Entscheidungsprozesse unterstützt werden.

7.2.5   Geschäftspartnersegmentierung (Segment Builder)

In Zeiten von Internet und Mobilfunk steht dem Marketing ein ungleich größeres (und kostengünstigeres) Instrumentarium für die Kundenansprache zur Verfügung: E-Mail und SMS sind gleichsam über Nacht zu neuen und intensiv genutzten Kommunikationskanälen geworden. Webformulare und Clickstream-Analyse (Analyse des Navigationsverhaltens auf Internet-Sites) liefern dem Marketing zusätzliche und zum Teil sehr präzise Informationen über den Kunden. Marketingabteilungen setzen alles daran, so viele kundenrelevante Informationen wie möglich zu gewinnen, um sie für personalisierte Marketingaktivitäten zu nutzen. Denn die *gezielte* Ansprache eines Kunden erhöht die Verkaufswahrscheinlichkeit, steigert seine Zufriedenheit und stärkt seine Bindung an das Unternehmen. Zudem reduziert sie Kosten, indem sie Streuverluste minimiert.

Überaus hilfreiche Unterstützung zur Auswahl der für eine Kampagne geeigneten Zielgruppe bietet die *Geschäftspartnersegmentierung* (Segment Builder) in mySAP CRM Marketing. Mit dieser Anwendung können Zielgruppen aus dem Kundenstamm herausgefiltert werden, deren (jeweils gemeinsame) Merkmale sie für den Kauf bestimmter Produkte sozusagen prädestinieren.

Beispiel zur Kundensegmentierung

Ein fiktives, gleichwohl praxisnahes Beispiel mag die Arbeit mit dem Segment Builder verdeutlichen: Ein Automobilhersteller hat festgestellt, dass Fahrer seiner Kompaktklasse-Wagen am häufigsten zu einem Mittelklasse-Modell wechseln, wenn sie zwischen 38 und 45 Jahre alt sind. 85 Prozent dieser Fahrer sind männlich, 15 Prozent weiblich. Zudem entscheiden sich zwei Drittel der Kunden beim Modellwechsel für ein Automatikgetriebe und knapp die Hälfte für eine Klimaanlage – beides Ausstattungen, die üblicherweise gegen Mehrpreis geliefert werden. Erstaunlicherweise ist die automobile Umsteigermentalität bei den Kunden in Süd- und Westdeutschland signifikant stärker ausgeprägt als bei denjenigen, die in Nord- und Ostdeutschland leben. Die Marketingabteilung plant nun, die potenziell wechselwilligen Kunden direkt anzusprechen. Dabei werden mit dem

ansonsten frei konfigurierbaren Mittelklasse-Fahrzeug die Ausstattungskompo-
nenten *Automatikgetriebe* und *Klimaanlage* als Paket offeriert, das gegenüber dem
regulären Preis für diese Sonderausstattungen einen 15-prozentigen Preisvorteil
bietet.

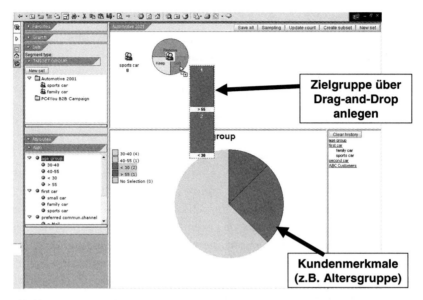

Abbildung 7.3 Grafische Interaktion mit dem Segment Builder

Der Marketing-Mitarbeiter ruft den Segment Builder direkt aus dem Marketing-
Planer heraus auf. Sodann legt er die Merkmale und ihre Ausprägungen fest,
anhand derer die Zielgruppe aus der Datenbank selektiert werden soll. Diese
Merkmale können prinzipiell aus verschiedenen Quellen stammen:

▶ Aus den Kundenstammdaten (Alter, Geschlecht)

▶ Aus dem mySAP CRM Marketing selbst, wenn sie eigens zu Marketingzwecken
   dort angelegt wurden (z. B. Hobbies)

▶ Aus dem SAP Business Information Warehouse, wenn es sich um veränderliche
   Daten handelt (z. B. Anzahl der monatlich verkauften Pkw)

Denn die Marketingkampagne – mithin auch die Segmentbildung – kann sich
sowohl an die Endkunden als auch an die Händler oder Vertriebspartner eines
Unternehmens wenden. Sie alle werden unter dem Begriff *Geschäftspartner*
zusammengefasst.

Modellierung eines Kundenprofils

Aus den Merkmalen bzw. ihren Ausprägungen wird nun ein Marketing- bzw. Kundenprofil modelliert. Dies geschieht auf denkbar einfache Weise mittels Drag&Drop auf dem Bildschirm: Die relevanten Merkmale werden angeklickt und mit der Maus in den Profil-Modellierungsbereich gezogen. Die in einem Profil kombinierten Merkmale beschreiben dann den Geschäftspartner.

In unserem Beispiel fließen *alle* Merkmale in das Kundenprofil ein. Vorstellbar ist jedoch auch eine längere Liste von Merkmalen, die im Segment Builder in *beliebiger*, selbstverständlich sinnvoller Kombination zu mehreren Kundenprofilen modelliert werden könnten. Die Marketingabteilung könnte sich entschließen, das Angebot zu einem Modellwechsel ausschließlich Frauen in Süddeutschland zu unterbreiten: Dieses zweite Kundenprofil würde sich dann hinsichtlich der Merkmalsausprägungen *Geschlecht* und *Postleitzahl* vom ersten unterscheiden. Die aus dem Datenbank-Abgleich resultierenden Zielgruppen, die letztlich die Adressaten der Marketingkampagne sind, könnten zudem über unterschiedliche Kommunikationskanäle angesprochen werden: Während Männer vom Interaction Center bzw. den Vertragspartnern des Autoherstellers persönlich angesprochen werden, erhalten Frauen einen wohl formulierten Brief des Vertriebsvorstands zusammen mit einem Give-away.

Größe von Kundensegmenten mit Samples testen

Die Marketingabteilung des Automobilherstellers ist unschlüssig, ob die Zielgruppe *Frauen* überhaupt und – wenn ja – über einen vergleichsweise kostenträchtigeren Weg angesprochen werden soll. Lohnt sich dieser Aufwand im Hinblick auf die zahlenmäßig zu erwartende Größe der Zielgruppe? Das Marketing definiert deshalb zur Modellierung des Frauen-Kundenprofils ein Sample, eine Stichprobe. mySAP CRM Marketing bietet standardmäßig eine ganze Reihe von Sampling-Regeln, die im Bedarfsfall durch firmenspezifische Regeln ergänzt werden können. Üblicherweise jedoch basiert ein Sample auf einer absoluten Zahl oder einem Prozentwert aus der Grundgesamtheit.

Jede Stichprobe ist ein Ausschnitt aus allen Elementen der Zielgruppe, die auf Basis des modellierten Kundenprofils zu erwarten sind. Beträgt die Stichprobe 1000 Datensätze, von denen 25 Prozent mit dem Kundenprofil übereinstimmen, dann wird im gesamten Kundenstammdatensatz schätzungsweise ein Viertel aller Kunden dem modellierten Profil entsprechen. Wird eine Stichprobe von beispielsweise 2 Prozent als vorgegebenem Wert gezogen, dann wird die für die Kampagne adressierbare Zielgruppe – entsprechend dem Prozentwert des Samples – ungefähr fünfzigmal größer sein.

Das Arbeiten mit Samples, die sowohl in den Segment Builder als auch in das SAP Business Information Warehouse integriert sind, kann vor der eigentlichen Profilbildung – bei der die Merkmale gegen den *gesamten* Datenbankinhalt abgeglichen werden – beispielsweise die Frage beantworten, ob dem Kundenprofil überhaupt ausreichend viele Kunden entsprechen. Wenn in einem 2-Prozent-Sample (basierend auf einer Grundgesamtheit von 5.000.000 Einheiten) lediglich 25 Prozent der Sample-Datensätze (25.000 Einheiten) die festgelegte Merkmalskombination besitzen, dann würden dem modellierten Profil hochgerechnet etwa fünfzigmal so viele (1.250.000) Kunden entsprechen. Vielleicht erscheint diese Zahl potenzieller Kunden der Marketingabteilung als zu gering für eine Kampagne; sie hat dann die Möglichkeit, ein verändertes Kundenprofil zu modellieren.

Vorhersage der Rücklaufquote mit der RFM-Methode

Mittels der bekannten RFM-(Recency-, Frequency-, Monetary-)Analyse (siehe Kapitel 13.3.3) kann eine Vorhersage über die zu erwartende Rücklaufquote getroffen werden, allerdings nur dann, wenn für eine ähnliche Kampagne bereits Erfahrungswerte vorliegen. In diesem Fall ermöglicht die RFM-Analyse Vorhersagen zur Profitabilität und zum Return on Investment (ROI) einer Marketingkampagne (siehe Abbildung 7.4). Einschränkend für die Aussagekraft von RFM-Analysen muss festgestellt werden, dass sie aus einem *in der Vergangenheit* gemessenen Kundenverhalten A-priori-Aussagen für eine *gegenwärtige* Kampagne ableiten. Je nach Geschäftsumfeld kann dieser unterstellte Zusammenhang signifikant vorhanden oder aber auch gar nicht existent sein. mySAP CRM bietet deshalb Möglichkeiten, die Signifikanz von RFM-Analysen zu überprüfen.

Vor allem dem Marketing von Unternehmen mit zahlenmäßig großen Kundendatenbanken – wie Buchverlagen oder Versicherungen, Banken oder Versorgungsunternehmen, Versandhäusern oder Reiseveranstaltern – ermöglicht die Geschäftspartnersegmentierung das Aufspüren profitabler Kundengruppen, denen dann ein maßgeschneidertes Angebot gezielt unterbreitet werden kann.

7.2.6 Mengenaufteilung (Allocation Planning)

Mengenaufteilung (Allocation Planning) ist eine Anwendung in mySAP CRM Marketing, die speziell für den Business-to-Business-Sektor entwickelt wurde. Sie leistet Unterstützung bei der Verteilung begrenzter Mengen (etwa Produkte) auf eine bestimmte Anzahl von Geschäftspartnern (etwa Einzelhändler).

Die Mengenaufteilung ist mit dem Marketing-Planer und der Geschäftspartnersegmentierung (Segment Builder) ebenso verbunden wie mit dem Interaction Center, dem Business Information Warehouse sowie den mobilen Anwendungen.

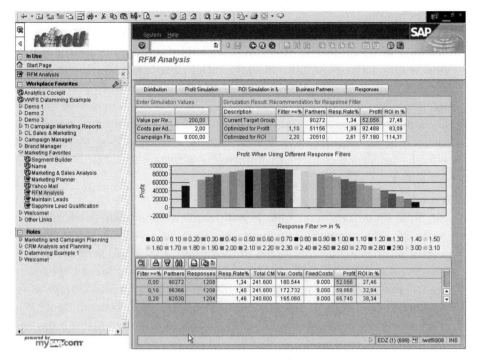

Abbildung 7.4 Vorhersage der Profitabilität einer Marketingkampagne mit der RFM-Methode

In der Regel sind Beginn und Ende eine Marketingkampagne festgelegt. Für den Zeitraum ihrer Dauer steht neben dem Budget auch die erforderliche Anzahl von Produkten zur Verfügung. Dabei werden die Produkte im Rahmen der Kampagne in einer – auch mit Blick auf die Kosten – zuvor festgelegten Menge erstmalig oder zusätzlich zur laufenden Produktion bereitgestellt. In beiden Fällen jedoch wird es eine begrenzte Menge sein, die auf die Geschäftspartner der Zielgruppe verteilt werden muss – und zwar mit größtmöglichem Nutzen. Es ergibt wenig Sinn, dem Rundfunkhändler in einer Kleinstadt 50 TV-Geräte der neuesten Generation im Rahmen einer Produktpromotion zu liefern, wenn dieser gerade mal zehn Geräte im Monat verkauft.

Allocation Planning verteilt die begrenzt verfügbare Produktmenge auf der Grundlage standardmäßig angebotener Aufteilungsmethoden:

▶ **Fester Wert**
Die Aufteilungsmenge wird ohne Beachtung weiterer Faktoren auf einen festen Wert festgelegt. Stehen im Rahmen einer regionalen Promotion für 100 Agenten 20.000 Produkte zur Verfügung, dann erhält jeder Sales-Agent 200 Einheiten. Denkbar wäre eine solche Vorgehensweise, um die Akzeptanz eines neuen Produktes generell oder in einer bestimmten Region zu testen.

► **Attributmethode**

Die Aufteilungsmenge wird von einem Attribut im Geschäftspartnerstammsatz abhängig gemacht. Solche Attribute können der Standort, die Geschäftsgröße oder der monatliche Umsatz sein – mithin *Eigenschaften* des Geschäftspartners, die eine höhere Verkaufswahrscheinlichkeit nahe legen. So wird ein Fernsehgeräthersteller für einen Innenstadt-Händler mit 500 Quadratmeter Verkaufsfläche eine ungleich größere Zahl der neuen TV-Geräte vorsehen als für ein 100-Quadratmeter-Geschäft in Randlage. Die Berechnung dieser Mehrzuteilung erfolgt – bei vorgegebener Gesamtmenge – automatisch auf Grundlage eines Attributes.

► **Visibility-Methode**

Mit Hilfe dieser Methode kann gewährleistet werden, dass durch ständiges Auffüllen abnehmender Produktmengen während der Dauer der Kampagne immer eine bestimmte Menge des Produkts verfügbar – also *sichtbar* – ist. Die Visibility-Methode basiert auf vorhandenen Verkaufszahlen, denen ein zusätzlicher Prozentsatz hinzugefügt wird: Dieser *Liftfaktor* berücksichtigt einen infolge der Kampagne zu erwartenden Anstieg der Verkaufszahlen. Denkbar ist die Anwendung dieser Methode bei einem eingeführten Produkt, für das eine Kampagne gestartet wird, um den Absatz auszuweiten oder um rückläufigen Absatzzahlen entgegenzuwirken.

Über so genannte Business Add-Ins können Unternehmen zusätzlich auch eigene Aufteilungsmethoden definieren.

Mit der ergänzend einsetzbaren Funktion *Ranking* kann Geschäftspartnern eine Priorität zugewiesen werden. Dadurch lässt sich z.B. garantieren, dass wichtigere Kunden besser berücksichtigt werden – und Kunden mit geringeren Umsätzen bei beschränkten Mengen dann eventuell leer ausgehen.

Sowohl die Mengenaufteilung als auch das Ranking basieren auf Methoden und Regeln, die in der Standardfunktionalität von mySAP CRM Marketing praxisnah vorgegeben sind. Beide Anwendungen können jedoch mit einer ganzen Reihe von Business Add-Ins den spezifischen Anforderungen eines Unternehmens angepasst werden. Die Ergebnisse der Mengenaufteilung wie auch des Rankings können manuell jederzeit verändert werden.

7.2.7 Produktvorschläge

Für Marketingfachleute ist die Welt des elektronischen Handels ein Dorado. Der Einzugsbereich von Web Shops ist stets global, die Zahl ihrer potenziellen Kunden misst sich in Zigmillionen. Unternehmen, die in der Lage sind, ihrer Zielgruppe ein scharfes Profil zu geben, können ihre Kunden direkt und persönlich ansprechen und ihnen ein maßgeschneidertes Angebot machen. Damit hat sich für das Unternehmen das Potenzial des Kunden bis zur nächsten Bestellung jedoch keineswegs erschöpft.

Im Gegenteil: Jetzt gilt es, den gewonnenen Kunden zu halten, zufriedener zu machen, langfristig zu binden und sein Umsatzpotenzial auszuloten. Diese Ziele – alle zugleich – unterstützt die Anwendung *Produktvorschläge (Product Proposals)* von mySAP CRM Marketing, und zwar auch über die Kommunikationskanäle Telesales, Interaction Center und Mobile Services. Sie automatisiert nicht nur Cross-Selling-Szenarien sowie Up- und Down-Selling-Aktivitäten, sondern stellt auch eine bestimmte Zahl (*n*) von Produkten in *Top-n-Produktlisten* zusammen.

Produktassoziationsregeln

Wie funktioniert diese automatische Produktvorschlagsfunktion, die sich vor allem in Online-Szenarien und im Interaction Center als höchst effektives Werkzeug erwiesen hat? Das Verhältnis zwischen verschiedenen Produkten kann mit Hilfe so genannter *Produktassoziationsregeln* definiert werden. Dabei enthalten die Regeln auf der einen Seite diejenigen Produkte, *für die* ein oder mehrere andere vorgeschlagen werden sollen, auf der anderen Seite enthalten sie diejenigen abhängigen Produkte, *welche* vorgeschlagen werden sollen. Mittels dieser unsichtbaren Verknüpfung können zusätzlich zu einem ausgewählten Produkt weitere Produktvorschläge gemacht werden.

▶ **Cross-Selling**
Ein Kunde bestellt einen Computer. Ihm wird zusätzlich ein Drucker oder ein nützliches Softwarepaket angeboten: Vielleicht braucht er gerade einen neuen Drucker.

▶ **Up- bzw. Down-Selling**
Ein Kunde bestellt ein Faxgerät. Ihm wird der Kauf eines teureren Faxgeräts mit Scannerfunktion vorgeschlagen. Vielleicht wusste er gar nicht, dass es solche multifunktionalen Faxgeräte gibt oder das Faxgerät ist ihm zu teuer. Um den Kunden nicht zu verlieren, wird ihm dann ein einfacheres (und billigeres) Gerät vorgeschlagen: Besser ein Kunde mit weniger Umsatz als einer, der sich einem Wettbewerber zuwendet.

Produktassoziationsregeln können frei definiert werden, sind in ihrer Anwendung jedoch stringent. Die am häufigsten verwendete Regel ist wahrscheinlich: Wird A gewählt, dann wird auch B vorgeschlagen. Aber auch anspruchsvollere Varianten sind möglich: Werden A und B gewählt, nicht aber zugleich C, dann wird lediglich Produkt F vorgeschlagen.

Zur automatischen Erzeugung von Cross-Selling-Vorschlägen können mehrere Produktassoziationsregeln in einem Methodenschema kombiniert werden. Sie werden dann automatisch gelesen und ausgewertet, und die ermittelten Produkte werden in einem speziellen Verfahren kombiniert. Die Cross-Selling-Vorschläge werden, sobald der Kunde ein Produkt ausgewählt hat, in einem Web-Shop automatisch angezeigt; sie können selbstverständlich auch auf dem Bildschirm eines Telesales-Agenten oder im Handheld-Display eines Vertriebsmitarbeiters erscheinen.

Produktlisten

Eine weitere Möglichkeit, Kunden zusätzliche Produkte zum Kauf vorzuschlagen, sind Produktlisten.

Auf Grund ihrer Zugehörigkeit zu einer Merkmalsgruppe (zum Beispiel: *Alter 20 bis 30 Jahre*) können Geschäftspartner einer oder mehreren Zielgruppen zugeordnet werden, die (unter anderem) dieses Merkmal aufweisen. Durch Auswertung von Vertriebsdaten aus dem Business Information Warehouse kann nun für jede Zielgruppe eine Liste der meistgekauften Top-Produkte (Bestseller-Liste) angelegt und für alle Kunden der jeweiligen Zielgruppe angezeigt werden.

Die Zusammensetzung einer Top-Produktliste – ob nun die Top Ten oder die Top Fifty – scheint willkürlich, basiert de facto jedoch auf realen Verkaufszahlen. Sie spiegelt die Produktpräferenzen aller Kunden einer Zielgruppe wider, die ein bestimmtes Merkmal aufweisen. Zwar mag es auf den ersten Blick abwegig erscheinen, dass einige Männer, die Babywindeln kaufen, zugleich auch einen Sechserpack Bier mit zur Kasse nehmen, doch tatsächlich gemessene Verkaufszahlen unterstellen eine solche Wahrscheinlichkeit. Letztlich ist die Produktkombination in einer Top-Produktliste so zufällig wie der Inhalt eines Einkaufswagens. Da sie aber die Produktpräferenzen einer sehr großen Zahl von Kunden mit mindestens einem identischen Merkmal widerspiegelt, kann ihr zumindest eine tendenzielle Aussagekraft unterstellt werden.

Neben Top-n-Produktlisten, deren Zusammensetzung sich in relativ kurzer Zeit verändert, können auch *permanente* Produktlisten gepflegt werden. Sie können Produkte enthalten, zu denen keine Vertriebsdaten vorliegen, oder Lagerbestände, die verbilligt ausverkauft werden sollen (*Angebot des Monats*).

7.2.8 Personalisierte Kommunikation

»Sehr geehrte Damen und Herren« – angesichts dieser antiquiert-unpersönlichen Anrede dürften sich Marketingprofis die Nackenhaare sträuben. Kaum etwas ist fataler in ihrem Business, als beim Kunden den Eindruck zu erwecken, er sei eine anonyme Größe im Abverkauf industrieller Massenproduktion. Nein: Dem Kunden – ihm höchstpersönlich – gilt die ungeteilte Aufmerksamkeit und Wertschätzung des Unternehmens. In deregulierten Branchen und globalisierten Märkten wird dem Kunden ein ganz neuer Stellenwert beigemessen: Er steht im Mittelpunkt, und zwar uneingeschränkt. Und Marketingprofis wissen: Der Kunde *ist* König, und er will auch königlich behandelt werden.

Die Personalisierung ist als letztes funktionales Glied in der Prozesskette einer Marketing- bzw. Kampagnenplanung von besonderer Bedeutung. Denn nach sorgfältiger Kosten- und Terminplanung, penibler Segmentierung der Geschäftspartner, optimierter Mengenaufteilung und ausgefeilten Produktvorschlägen wird nun die breit angelegte Kampagne gestartet und der Kunde direkt und persönlich angesprochen. Im Marketing-Planer wird festgelegt, über welchen Kommunikationskanal er mit einer Nachricht adressiert werden soll: Telefon oder Fax, Brief, SMS oder E-Mail.

Der Funktionsumfang der personalisierten Kommunikation ist von durchdachtem Nutzen für den Anwender. Dieser kann:

▶ **Mailvorlagen erstellen**
Mit Hilfe verschiedener Tools können solche Vorlagen – angelegt im Plaintext- oder HTML-Format – inhaltlich und optisch nahezu beliebig konfiguriert und als E-Mail, Fax, Brief oder SMS verschickt werden. Mailvorlagen unterstützen eine optisch ansprechende Gestaltung der Nachrichten.

▶ **Mailformulare erstellen (personalisierte Serienbriefe)**
Der Inhalt der Nachricht kann auf das Kundenprofil des Empfängers zugeschnitten werden. Dabei werden den Textblöcken, aus denen eine Nachricht besteht, Platzhalter hinzugefügt, die Merkmale des Kundenprofils repräsentieren. Die den Merkmalen zugrunde liegenden Daten werden erst bei der Ausgabe der Formulare durch die zu diesem Zeitpunkt gültigen Werte ersetzt (»Wir gratulieren Ihnen herzlich zur Ihrem 40. Geburtstag«). Eine typische Personalisierung kann z.B. darin bestehen, jeden Kunden in seiner Korrespondenzsprache anzusprechen – im europaweiten Marketing ein wichtiges Feature.

▶ **Mailings vorschauen und testen**

Mit Hilfe der Vorschaufunktion kann vor dem endgültigen Versand einer Mail überprüft werden, ob sie den inhaltlichen und optischen Anforderungen entspricht. Mit der Test-Mail-Funktion kann festgestellt werden, ob E-Mails korrekt ausgegeben werden.

▶ **Mailings überwachen**

Mit Hilfe von Mailinglisten kann festgestellt werden, ob Mails fehlerfrei übertragen wurden, ob in E-Mails integrierte Links zu anderen Webseiten angeklickt wurden oder ob Mails fehlerhaft waren.

▶ **E-Mails »tracken«**

Bei der Integration eines Links (etwa zu einem Web-Shop) in eine E-Mail kann eine *Tracking Identity* eingefügt werden, mit deren Hilfe festgestellt werden kann, ob der Empfänger die mit dem Link verbundene Website besucht. Beim Besuch der Website kann er dann z.B. namentlich begrüßt werden.

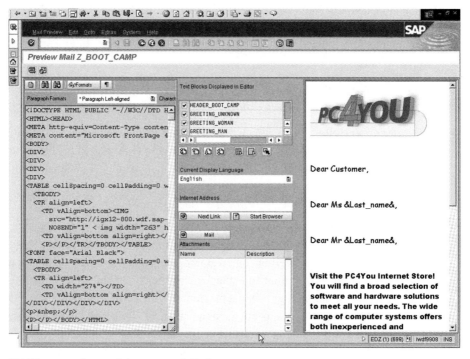

Abbildung 7.5 Personalisierung von E-Mails

7.3   Business Transaction

7.3.1   Überblick

Die *Transact*-Phase, der zweite Schritt des Customer Interaction Cycles, ist dem Vertriebsmanagement und dem eigentlichen Verkaufsprozess gewidmet. In dieser Phase, die eng mit den Phasen *Engage*, *Fulfill* und *Service* verbunden ist, laufen Vertriebssprozesse mit dem Ziel ab, Geschäftsvereinbarungen mit Kunden zu treffen.

Neben den Organisationswerkzeugen

▶ Gebietsmanagement

▶ Aktivitätenmanagement

bietet die Vertriebsmanagement-Lösung von mySAP CRM Unterstützung für alle Planungs-, Durchführungs- und Steuerungsaktivitäten im Vertrieb:

▶ Vertriebsplanung

▶ Geschäftspartner-Management

▶ Opportunity-Management

▶ Auftragsakquise

▶ Sales-Performance-Analyse

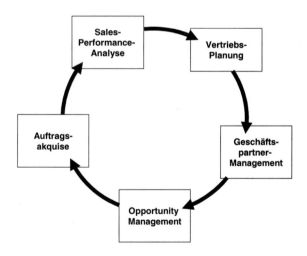

Abbildung 7.6 Transact-Phase im Customer Interaction Cycle

Abbildung 7.6 zeigt, dass die Transact-Phase einen eigenen, geschlossenen Kreislauf innerhalb des Customer Interaction Cycles darstellt. Informationen und Daten zu Interessenten und Aufträgen sowie zu Verkaufsorganisationen, -teams und -gebieten finden direkten Eingang in die Planungsphase. Hier werden – eventuell mit Unterstützung durch die Marketingabteilung – Strategien entwickelt, um den Vertriebsbeauftragten alle notwendigen Instrumente und Informationen für einen erfolgreichen Verkaufsprozess an die Hand zu geben.

In der täglichen Praxis laufen die Schritte eines Vertriebsprozesses nur selten linear ab. Häufig sind komplexe Anforderungen mit Störungen und Abhängigkeiten in den einzelnen Phasen zu berücksichtigen. Zudem gibt es innerhalb jeder Phase eigene Kreisläufe, die ihrerseits auch aus Planung, Aktion und Analyse bestehen. Schnittstellen zwischen dem Vertriebsmanagement und anderen Unternehmensbereichen, aber auch zu externen Partnern und Wettbewerbern müssen ebenfalls berücksichtigt werden.

Nach Vertragsabschluss werden alle Vertragsdetails aufgezeichnet und stehen dann für Analysen und Auswertungen zur Verfügung. Auf dieser Basis können Planer und Entscheider z.B. feststellen, welche Produkte in welchen Regionen erfolgreich waren, wie oft Opportunities zu Aufträgen wurden und in welchen Segmenten zusätzliche Vertriebs-Ressourcen oder -initiativen benötigt werden.

7.3.2 Gebietsmanagement

Gebietsmanagement bedeutet Planen und Strukturieren von Verkaufsorganisationen nach einzelnen Vertriebsgebieten (*Territories*). Ein solches Gebiet ist nicht notwendigerweise ein geografisches Gebiet, sondern beschreibt einen Verantwortungsbereich, der z.B. auch von Kunden und Produkten bzw. Services abhängen kann.

Das Gebietsmanagement unterstützt die Modellierung funktionaler Organisationsstrukturen, etwa um die Hierarchie der Abteilungen, die Berichtsstruktur und die Zuständigkeiten in einer Verkaufsorganisation abzubilden. Mitarbeiter können unterschiedlichen Regionen, Gruppen oder Büros zugeordnet werden. Das Workflow-Management nutzt die Daten des Gebietsmanagements für die automatische Weiterleitung von Geschäftsaktivitäten.

Beispiel In einem bestimmten Vertriebsgebiet wird ein Lead (Interessent) generiert. mySAP CRM verwendet die im Gebietsmanagement definierten Regeln, um aus der Postleitzahl der Firma den zuständigen Telesales-Agenten zu ermitteln. Da es sich um einen wichtigen Kunden handelt, sendet ein automatisch generierter Workflow die Informationen direkt an einen Premium-Telesales-Agenten, der dann den Interessenten anrufen kann, um ihn zu qualifizieren, also zu ermitteln, ob es sich hier um eine echte Verkaufschance handelt.

mySAP CRM bestimmt im positiven Fall automatisch den für diesen Kunden zuständigen Key Account Manager. Dieser erhält den Lead in seiner Inbox und weiß, dass dieser Verkauf priorisiert werden muss. Er kann sehen, wann der letzte Kontakt mit diesem Kunden stattgefunden hat und worüber dabei gesprochen wurde sowie welche Informationen dem Kunden bereits zugeschickt wurden.

7.3.3 Aktivitätenmanagement

Das Aktivitätenmanagement ist eine allgemeine Komponente von mySAP CRM und unterstützt (Vertriebs-)Mitarbeiter bei der Organisation ihrer täglichen Arbeit. Es gibt z.B. Antworten auf Fragen wie:

▶ Welche Termine habe ich nächste Woche?

▶ Für wann soll ich den Besuch bei Frau Müller planen?

▶ Wer kann für den kranken Kollegen im Außenhandel einspringen?

Ein Vertriebsmitarbeiter hat z.B. die Möglichkeit, das Ergebnis eines Telefonanrufs nach dem ersten Kundenbesuch einzusehen. Dem Vertriebsleiter bietet das Aktivitätenmanagement einen schnellen und unkomplizierten Überblick über alle Aktivitäten, die in seiner Abteilung in einem bestimmten Zeitraum stattgefunden haben.

Das Aktivitätenmanagement umfasst folgende Elemente:

▶ **Kalender**
Aktivitäten werden in den Kalendern aller beteiligten Personen, für die dieses vom Geschäftsvorgang her erforderlich ist, als Termin gespeichert.

▶ **Belege für Geschäftsaktivitäten**
Belege enthalten Informationen zu Geschäftspartneradressen, Zeiten und Daten sowie damit verbundene Dokumente wie Produktinformationen, Briefe an den Kunden, Marketing-Broschüren etc.

▶ **Ergebnisse und Gründe von Aktivitäten**
Für Analysezwecke ist es wichtig festzuhalten, was mit einer Aktivität geschehen ist und warum. Daher kann in einer Aktivität festgehalten und ausgewertet werden, warum die Aktivität ausgeführt wurde, welchen Status sie hat und ob und wieso sie erfolgreich war.

In den Geschäftsaktivitäten werden sämtliche Interaktionen zwischen Unternehmen und Kunden aufgezeichnet. Auf der anderen Seite können Mitarbeiter sowohl anstehende Aufgaben als auch private Termine verwalten. Alle Aktivitäten der Mitarbeiter in einer Abteilung können so schnell und unkompliziert mit nur einer Transaktion verwaltet werden.

Aktivitäten können als Folgebelege für eine große Zahl anderer Geschäftsvorgänge angelegt werden, die z.B. Opportunities, Leads, Kundenaufträge oder Kontrakte betreffen. Jede Aktivität bietet außerdem einen Quick Link auf das Geschäftspartner-Cockpit (siehe Kapitel 7.3.5) mit den Kundendaten und der Historie der Interaktionen mit jedem Kunden.

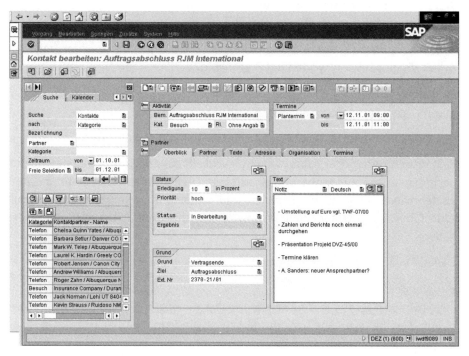

Abbildung 7.7 Beispiel einer typischen Aktivität

Mit Aktivitäten arbeiten

Aktivitäten sind in alle Aspekte der täglichen Verkaufsprozesse eingebunden. Aktivitäten können jederzeit angelegt werden, um eine Interaktion mit einem Kunden zu dokumentieren. Die Aktivitäten erscheinen automatisch im Kalender aller Mitarbeiter, die in der Aktivität als Partner eingegeben sind. So sind alle involvierten Partner jederzeit über Besprechungen, Kundenbesuche und Ereignisse in ihrer Abteilung informiert. Über das Informationsblatt, das in jeder Aktivität verfügbar ist, kann außerdem festgestellt werden, welcher Mitarbeiter wann mit einem bestimmten Geschäftspartner in Kontakt getreten ist und welchen Status diese Aktivitäten haben.

Überwachung von Aktivitäten

Zusammen mit weiteren Belegen bieten Aktivitäten eine verlässliche Historie der von den Mitarbeitern erzielten Ergebnisse sowie eine Prognosemöglichkeit für zukünftige Aufgaben. mySAP CRM verfügt über Berichtswerkzeuge, mit denen die einzelnen Aktivitäten detailliert verfolgt werden können. Zwei Arten von Berichten stehen zur Verfügung:

▶ **Operativ**
Diese Art von Bericht liefert z. B. alle offenen Geschäftsaktivitäten für einen bestimmten Geschäftspartner. Oder alle Geschäftspartner, mit denen im letzten Monat kein Kontakt stattgefunden hat. Der entsprechende Mitarbeiter kann diese Berichte direkt im System abrufen und in seinem Portal einsehen. So erfährt er, was für die nächsten Wochen geplant werden muss oder wo Handlungsbedarf besteht.

▶ **Analytisch**
Berichte auf dieser Ebene geben Auskunft darüber, wie viel Zeit für das Anwerben eines Kunden aufgewendet wurde und welches Ergebnis dabei erzielt wurde. So lässt sich feststellen, ob sich der Aufwand für die Verfolgung dieses Leads gelohnt hat. Diese Art von Auswertung wird durch das SAP Business Information Warehouse ermöglicht.

7.3.4 Vertriebsplanung

Durch effektive Vertriebsplanung, -simulation und -prognosen können sich Vertriebsorganisationen auf gewinnbringende Kunden, Kundengruppen und Produkte konzentrieren. Dies hilft dem Vertrieb, existierende Kunden zu profitableren Kunden zu machen und zu entscheiden, welche Interessenten möglicherweise gewinnbringende Kunden werden können.

Folgende Vertriebsplanungsfunktionen stehen mit mySAP CRM zur Verfügung:

▶ Mehrdimensionale Planung mit flexibel gestalteten Planungsebenen für strategische und operative Verkaufsziele

▶ Personalisierte Planungsaufgaben für einzelne Vertriebsmitarbeiter, je nach Zuständigkeitsbereich

▶ Umfassende Toolbox mit Planungsmethoden für die Modifikation und Restrukturierung von Plänen, etwa Top-Down-Verteilung, Bewertungen, Simulationen und Kopierfunktionen

▶ Integration mit anderen Plänen, etwa Strategie- und Finanzplanung

Bottom-Up- und Top-Down-Planungen, ergänzt um individuelle Planungen für einzelne Kundenkontakte und -aktivitäten, schaffen die besten Voraussetzungen für dauerhaften Vertriebserfolg. Bei der Top-Down-Planung werden Vorgaben bis hinunter auf die kleinste Vertriebseinheit spezifiziert. Die Bottom-Up-Planung verdichtet dagegen die Planzahlen entlang der Vertriebsorganisationshierarchie nach oben. Dazu werden Strukturinformationen aus dem Gebietsmanagement genutzt.

Unterstützt wird die Vertriebsplanung durch Zahlen der Vertriebsanalyse. Z.B. kann ermittelt werden, welche Produkte in welchen Regionen erfolgreich waren und welche Kunden den größten Beitrag zum Gewinn geleistet haben. Auf Basis dieser Informationen sind zukünftige Umsatzzahlen vorhersagbar und Entscheidungen über den Einsatz einzelner Vertriebsmitarbeiter möglich.

Im Sinne einer möglichst unkomplizierten Vertriebsplanung bietet die mySAP CRM-Benutzungsoberfläche je nach Aufgabenbereich angepasste Sichten. Hierzu gehören ein Microsoft Office-Frontend, das genau auf die Bedürfnisse im Verkauf zugeschnitten ist, ein Web-Frontend sowie spezielle Planungsbildschirme. Ein besonderes Augenmerk gilt auch den Gelegenheitsnutzern, die lokal mit der Planungsfunktion arbeiten. Speziell für diese Nutzergruppe wurde Microsoft Excel in die Anwendungsoberfläche integriert.

Die Vertriebsplanung ist sowohl mit dem SAP Business Information Warehouse (SAP BW) als auch mit SAP Strategic Enterprise Management (SAP SEM) integriert. SAP BW sorgt für Datenkonsistenz und performante Datenauswertung, während SAP SEM die Unternehmensleitung bei der Planung und Überwachung unterstützt.

Integrierte Vertriebsplanung für Key Accounts

Um den besonderen Anforderungen im Key Account Management gerecht zu werden, liefert SAP die *Integrierte Vertriebsplanung für Key Accounts* aus.

Key Account Manager haben einen guten Überblick über die Absatzchancen der Produkte ihres Unternehmens bei ihren Schlüsselkunden. Vielfach überlegen Key Account Manager und Kunde – z.B. der Einkäufer einer Warenhauskette – gemeinsam, wie sich Umsatz und Absatz entwickeln werden.

Planzahlen, Vergangenheits-, Markt- und Kundendaten sowie Produkthierarchien, Preise und Kampagnen bilden die Basis für die Planung, die offline durchgeführt werden kann. Der Key Account Manager lädt aktuelle Zahlen auf seinen Laptop, um die Planung für das kommende Jahr vor Ort mit seinem Kunden zu besprechen. Die Ergebnisse (Planzahlen, Kampagnen und Preiskonditionen) werden später wieder zurückgeladen.

7.3.5 Geschäftspartner-Management

Das Geschäftspartner-Management von mySAP CRM verwaltet alle relevanten Informationen über Geschäftspartner und unterstützt eine unternehmensübergreifende Kooperation. Alle Mitarbeiter haben Zugriff auf die Informationen und wissen so jederzeit über alle für sie relevanten Kunden Bescheid.

Im Geschäftspartner-Management können Informationen über unterschiedliche am Vertriebsprozess beteiligte Personen verwaltet werden, einschließlich:

▶ Kunden

▶ Interessenten

▶ Lieferanten

▶ Zulieferer

▶ Mitarbeiter

Die Daten werden zentral als Geschäftspartner-Stammdaten gespeichert. Dublettenprüfungen stellen sicher, dass jeder Geschäftspartner nur einmal für eine bestimmte Rolle im System abgelegt wird. Die Informationen in den Stammdaten beinhalten Adressinformationen, Ansprechpartner, Beziehungen zwischen verschiedenen Personen sowie Kredit-, Zahlungs- und Lieferinformationen.

Allen Mitarbeitern stehen bei Interaktionen mit Kunden sämtliche Stammdateninformationen direkt zur Verfügung. Wenn etwa ein Kunde im Interaction Center anruft, dann kann der Agent die Telefon- und Adressdaten dieses Kunden überprüfen und gegebenenfalls direkt aktualisieren. Dazu muss er weder seine persönliche Arbeitsumgebung auf dem Bildschirm verlassen, noch muss er einen anderen Mitarbeiter über vorgenommene Änderungen informieren.

Da sich das Geschäftspartner-Management auch dazu eignet, Informationen über eigene Mitarbeiter zu speichern, kann es jederzeit einen Überblick über Qualifikation, Kenntnisse und Erfahrung der Mitarbeiter bereitstellen. Mit Hilfe des Organisationsmanagements können dann geeignete Mitarbeiter den jeweiligen Kunden, Projekten oder Interaction Centern zugeordnet werden.

Um allen involvierten Mitarbeitern den Zugriff auf für sie relevante Geschäftspartnerdaten zu erleichtern, verfügt mySAP CRM über ein Geschäftspartner-Cockpit.

Geschäftspartner-Cockpit

Das Geschäftspartner-Cockpit verschafft Vertriebsleitern und -mitarbeitern einen komfortablen Zugriff auf die Fülle von Informationen über Geschäftspartner. Dazu stehen folgende Mittel zur Verfügung:

► Liste der wichtigsten Geschäftspartner

► Quick Links zu verwandten Transaktionen, zum Beispiel das Anlegen von Aktivitäten

► Informationsblatt mit Stamm- und Bewegungsdaten zu jedem Geschäftspartner. Beispiele für Bewegungsdaten im Informationsblatt sind:

  ▸ Die letzten für diesen Kunden festgehaltenen Aktivitäten, etwa Telefonanrufe oder E-Mails

  ▸ Offene Kundenaufträge oder Kontrakte

  ▸ Etwaige Probleme, z. B. Lieferverzug

Mit diesen Informationen hat ein Mitarbeiter unmittelbaren Zugang zu allen Vorgängen der Vergangenheit, etwa Lieferungen oder Zahlungen. Bevor er einen Kunden anruft, um ihm ein neues Produkt anzubieten, weiß er so z. B., dass bei diesem Kunden Lieferprobleme aufgetreten sind, und er kann das Gespräch entsprechend vorbereiten.

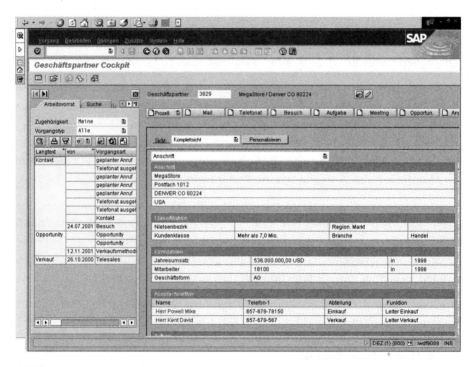

Abbildung 7.8 Das Geschäftspartner-Cockpit

Die im Geschäftspartner-Cockpit abgelegten Informationen können für verschiedene Mitarbeitergruppen je nach deren Informationsbedarf angepasst werden. So erhalten etwa Agenten im Interaction Center Informationen, die bei der Bearbeitung von Fragen oder Problemen anrufender Kunden wichtig sind, während ein Vetriebsleiter das Geschäftspartner-Cockpit eher zu Analysezwecken einsetzt. So sind alle Mitarbeiter, egal, wie oder wo sie arbeiten, jederzeit über die gesamte Interaktionshistorie des betreffenden Kunden informiert.

7.3.6 Opportunity Management – Strukturierte Vertriebs- methodik

Eine Opportunity ist eine *qualifizierte Verkaufschance*, also eine überprüfte Möglichkeit für ein Unternehmen, Produkte oder Dienstleistungen zu verkaufen. Opportunities können aus Leads abgeleitet oder direkt von einem Vertriebsmitarbeiter angelegt werden, etwa als Ergebnis eines Messegesprächs, einer Werbeaktion oder einer Ausschreibung.

> **Beispiel** Ein Vertriebsmitarbeiter wird durch seinen Personal Digital Assistant (PDA) über eine neue, hochinteressante Opportunity informiert, die sofort bearbeitet werden muss. Er sucht im Geschäftspartner-Cockpit den Interessenten und erfährt so, welche Service-, Marketing- und Vertriebstätigkeiten bereits stattgefunden haben. Rasch informiert er sich im Internet über die wichtigsten Wettbewerber. Per E-Mail erfragt er von der Marketing-Abteilung genauere Informationen und legt diese in der Opportunity ab.

In mySAP CRM werden Opportunities vollständig dokumentiert, inklusive:

▶ Beschreibung des Kaufinteressenten

▶ Beschreibung der nachgefragten Produkte und Dienstleistungen

▶ Budget des Kaufinteressenten

▶ Potenzieller Umsatz

▶ Geschätzte Auftragswahrscheinlichkeit

Im weiteren Verlauf des Verkaufszyklus können diese Informationen angepasst, bestätigt, vervollständigt und schließlich zur Auswertung an mySAP Business Intelligence weitergegeben werden.

Nach Analysen der Schweizer Infoteam Sales Process Consulting AG liegen bei acht von zehn Absagen eines Vertriebsprojektes die wirklichen Gründe im eigenen Vertriebsprozess. Häufige Schlüsselprobleme sind:

▶ Die wirklichen Entscheidungsträger werden zu spät identifiziert und kontaktiert

▶ Man konzentriert sich auf die falschen Personen

- Ressourcen werden wegen unzureichender Projektbewertung und Qualifikation verschwendet

- Das Vertriebsteam geht unkoordiniert vor

- Der angebotenen Lösung mangelt es an einer überzeugenden, personenbezogenen Nutzenargumentation und die Kosten dafür sind nicht gerechtfertigt

- Statt aus Fehlern zu lernen, werden Entschuldigungen vorgebracht

Um derartige Qualitätsprobleme im Vertriebsprozess zu vermeiden, implementiert mySAP CRM eine strukturierte Vertriebsmethodik. Mit ihrer Hilfe können Vertriebsprojekte von Anfang an gesteuert und dokumentiert werden und ihr Erfolg kann überwacht werden. Die einzelnen Schritte des Vertriebsprozesses werden von der mySAP CRM-Komponente *Vertriebsassistent* gesteuert.

Vertriebsassistent (Sales Assistant)

Der Vertriebsassistent führt den Vertriebsmitarbeiter durch einen strukturierten Vertriebsprozess und unterstützt ihn bei der Planung seiner Aktivitäten, ohne allerdings dessen Entscheidungsfreiheiten einzuschränken. Er bietet einen Aktivitätenplan inklusive Checkliste mit empfohlenen Aktivitäten und Aufgaben, die der Vertriebsmitarbeiter in jeder Phase ausführen sollte.

Der Vertriebsassistent kann an die spezifischen Vertriebsprozesse im jeweiligen Unternehmen angepasst werden. Wenn beispielsweise verschiedene Vertriebszyklen implementiert sind, einer für Bestands- und einer für Neukunden, dann können mit mySAP CRM für jeden Zyklus spezielle Aktivitätenpläne im System hinterlegt werden.

Der Vertriebsmitarbeiter hat die Möglichkeit, sich für jede Phase die empfohlenen Aktivitäten anzeigen zu lassen und diese in seinen persönlichen Aktivitätenplan für das Verkaufsprojekt zu kopieren. Natürlich kann er auch seine eigenen Ideen in den Plan aufnehmen.

Zu jeder Aktivität stehen dem Vertriebsmitarbeiter Tipps und Hintergrundinformationen zur Verfügung, die sich auf bewährte Vertriebspraktiken stützen. Ein Tipp für die Aktivität *Erstbesuch beim Interessenten* etwa könnte Schlüsselfragen und -themen enthalten, die während des Besuchs angesprochen werden sollten. Im Aktivitätenplan kann festgehalten werden, bis wann eine Aktivität stattfinden soll, welcher Mitarbeiter dafür zuständig ist oder ob die Aktivität bereits erledigt ist. Wenn eine Aktivität überfällig oder noch nicht erledigt ist, wird automatisch ein Erinnerungs-Icon angezeigt.

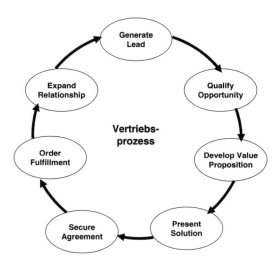

Abbildung 7.9 Durch den Vertriebsassistenten unterstützter Vertriebsprozess

Integration mit dem Aktivitätenmanagement von mySAP CRM

Der vom Vertriebsassistenten bereitgestellte persönliche Aktivitätenplan ist eng mit dem Aktivitätenmanagement von mySAP CRM verknüpft. Alle Aktivitäten aus dem persönlichen Aktivitätenplan (etwa Kundenbesuche, Telefonanrufe, E-Mails oder Besprechungen) können jederzeit aus dem Aktivitätenmanagement heraus aufgerufen und bearbeitet werden. Partnerdaten (etwa Kunde, Ansprechpartner beim Kunden oder zuständiger Mitarbeiter), Anmerkungen oder Texte und Notizen werden automatisch aus der Opportunity in die Aktivität übernommen.

Die Vertriebsmethodik von mySAP CRM

Wesentliche Bestandteile der Vertriebsmethodik von mySAP CRM sind:

▶ Projektzielbeschreibung

▶ Projekt-Organigramm (Buying Center)

▶ Wettbewerbsanalyse

▶ Opportunity-Bewertung (Assessment)

▶ Opportunity-Plan

▶ Analyse und Reporting

Alle genannten Elemente werden im Folgenden beschrieben.

Projektzielbeschreibung

Um herauszufinden, ob und wie ein Kunde von einem Verkaufsangebot profitieren kann, ist es wichtig zu verstehen, wie die Anforderungen des Kunden aussehen und welche Ergebnisse er erwartet. Außerdem muss der Vertriebsmitarbeiter seine kurz- und langfristigen Ziele bezüglich dieses Kunden klar definieren. Beide Zielsetzungen – aus Kunden- und Vertriebssicht – können erfasst werden und sind dann allen in den Vertriebsprozess involvierten Mitarbeitern zugänglich.

Projekt-Organigramm (Buying Center)

Um erfolgreich verkaufen zu können, müssen die Organisationsstrukturen sowie alle wichtigen Entscheidungsträger des Kunden frühzeitig bekannt sein. Viele Verkaufsprojekte scheitern, weil dieser Faktor unterschätzt wird. Die Projekt-Organigramm-Funktion des mySAP CRM Opportunity Managements bietet Unterstützung bei der Beantwortung von Fragen wie:

▶ Wer trifft beim Kunden die endgültige Entscheidung?

▶ Von wem hängt die Genehmigung des Projektes ab? Wie sieht das Beziehungsnetzwerk aus?

▶ Wer profitiert von der angebotenen Lösung?

▶ Schlüsselattribute für jeden einzelnen Beteiligten, etwa seine Meinung zur angebotenen Lösung und eine persönliche Nutzenargumentation

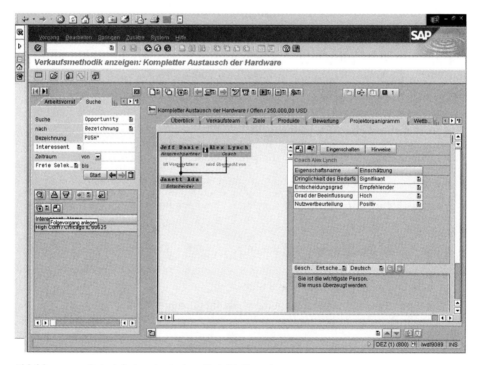

Abbildung 7.10 Beispiel eines typischen Projekt-Organigramms

mySAP CRM bietet standardmäßig eine Reihe vordefinierter Käuferkategorien, die im Vertriebsprozess eine Rolle spielen:

▶ **Genehmiger**
Er erteilt die endgültige Zusage und kann das Budget erhöhen oder senken.

▶ **Entscheider**
Er empfiehlt dem Genehmiger, welche der angebotenen Alternativlösungen gekauft werden sollten. Er ist für den Erfolg des Projektes und für das Einhalten des Budgets verantwortlich.

▶ **Anwender**
Er profitiert von der Kaufentscheidung. Er beurteilt die angebotene Lösung im Hinblick auf den Nutzen für seine Arbeitsprozesse.

▶ **Prüfer**
Er bewertet Alternativlösungen aus technischer Sicht.

▶ **Coach**
Er unterstützt und er leitet durch den Vertriebsprozess. Er liefert Hinweise und Informationen, die wichtig für den Vertriebserfolg sind, etwa ob wichtige Personen übersehen wurden.

Zusätzlich können eigene, kundenspezifische Kategorien definiert werden.

Neben den am Vertriebsprozess beteiligten Personen sind auch die Beziehungen zwischen diesen Personen von hoher Relevanz. Um erfolgreich verkaufen zu können, muss dieses Beziehungsgeflecht – das weit über die offizielle Hierarchie hinausgehen kann – verstanden werden. Folgende Beziehungstypen sind für die einzelnen Personen im Projekt-Organigramm definierbar:

▶ Formelle Beziehungen, basierend auf der Unternehmensstruktur (Person A informiert Person B)

▶ Informelle Beziehungen, basierend auf persönlichen Beziehungen und Einflüssen (Person A beeinflusst Person B)

Im Customizing können Beziehungstypen den individuellen Firmenanforderungen entsprechend definiert werden.

Sobald die Hauptentscheidungsträger und deren Einfluss auf die Kaufentscheidung bekannt sind, gilt es, im nächsten Schritt für den Kunden den Mehrwert der angebotenen Lösung herauszuarbeiten. Häufig wird hier der Fehler begangen, die Funktionalität in den Vordergrund zu stellen, anstatt eine personenbezogene Nutzenargumentation aufzubauen.

Entscheidende Grundlage für eine überzeugende Nutzenargumentation sind folgende Kenntnisse:

▶ Wichtigkeit und Dringlichkeit des Projekts aus der Sicht der jeweiligen Person

▶ Persönliche und geschäftliche Ziele und Entscheidungskriterien aller Personen

▶ Kenntnisse darüber, wie die einzelne Person die Lösung beurteilt

Alle genannten Informationen können für jede Person in der Opportunity-Beschreibung festgehalten werden, um so Lücken oder Handlungsbedarfe schon frühzeitig zu erkennen. Zusätzlich sind weitere, für den Verkaufsprozess wichtige Beurteilungskriterien definierbar. Risiken und Informationsdefizite können durch Warnzeichen hervorgehoben werden. Diese Informationen erlauben es, Verkaufskampagnen exakt an die Erwartungen der Kunden anzupassen. Kenntnisse über die Geschäftsziele und Entscheidungskriterien sind z.B. bei der Erstellung kundenspezifischer Präsentationen äußerst wertvoll.

Wettbewerbsanalyse

Ein Vertriebsmitarbeiter sollte seine Wettbewerber, deren Stärken und Schwächen kennen. Zur Unterstützung im konkreten Vertriebsprojekt können im Opportunity Management folgende Informationen zu Wettbewerbern erfasst und für die Entwicklung einer Gegenstrategie genutzt werden:

▶ Lösungsangebote der Wettbewerber

▶ Strategie der Wettbewerber

▶ Coach beim Kunden, der offene Fragen zu Wettbewerbern beantworten kann

Opportunity-Bewertung (Assessment)

Bevor ein Unternehmen größere Vertriebsaufwendungen für ein konkretes Projekt tätigt, muss klar sein, ob der erwartete Umsatz und die Erfolgschancen in einem vertretbaren Verhältnis zu den notwendigen Investitionen stehen. Wenn diese Frage bereits früh im Verkaufsprozess geklärt wird, können Risiken im Vorfeld erkannt und ggf. ausgeschlossen werden, noch bevor in ein kostenintensives Vertriebsprojekt investiert wird. Abbildung 7.11 zeigt ein Beispiel zur Bewertung einer Opportunity.

Für die Ermittlung der Erfolgschance eines Projekts ist ein rechnergestütztes Fragebogen-Werkzeug, das *Survey Tool*, in mySAP CRM integriert. Mit seiner Hilfe können die Fragen und Antworten zur Opportunity-Bewertung gewichtet und, basierend auf den Antworten des Vertriebsmitarbeiters, die Erfolgschance und eine Prognose ermittelt werden. Der Mitarbeiter hat alternativ auch die Möglichkeit, eine eigene Prognose einzugeben, die auf seiner persönlichen Einschätzung des Projektes basiert.

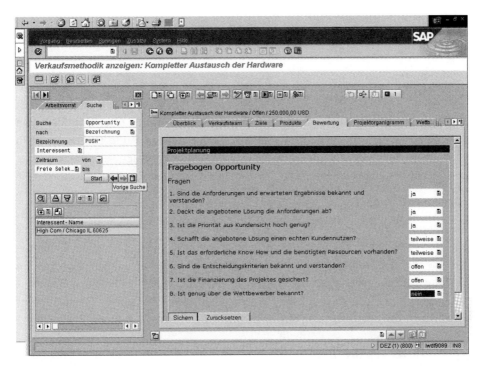

Abbildung 7.11 Bewertung einer Opportunity

Opportunity-Plan

Zu jeder Opportunity kann ein Opportunity-Plan angelegt werden. Dieser vereint alle gewonnenen Schlüsselinformationen zu einer Opportunity:

▶ **Projektüberblick**

Erwarteter Umsatz, Budget des Kunden, Erfolgschancen, aktuelle Phase im Verkaufzyklus, Abschlussdatum, Verkaufsteam, Projektziele des Kunden, Verkaufsziel

▶ **Produktübersicht**

Produkte, Mengen, erwarteter Produktwert

▶ **Projekt-Organigramm**

Organigramm des Kunden bzw. Interessenten. Schlüsselpersonen mit beschreibenden Attributen wie Einfluss, Meinung, Entscheidungskriterien, persönliche Nutzenargumentation

▶ **Wettbewerbsanalyse**

Stärken, Schwächen, Strategien der Wettbewerber

► **Opportunity-Bewertung**

Einschätzung der Erfolgschance durch den Vertriebsmitarbeiter, vom System errechnete Erfolgschance

► **Aktivitätenplan**

Übersicht über alle Aktivitäten, zuständige Mitarbeiter, Erledigungsgrad

Der Opportunity-Plan bietet einen umfassenden Überblick über den aktuellen Stand eines Projektes. Er dient als Basis für Präsentationen und Diskussionen in internen Projektbesprechungen und kann jederzeit angezeigt, ausgedruckt oder per E-Mail versendet werden.

Analyse und Reporting

Das Opportunity-Management nutzt das SAP Business Information Warehouse für Analyseaufgaben. Dort stehen vorgefertigte Abfragen (*Queries*) zur Verfügung, die einen umfassenden Überblick über alle Opportunities ermöglichen und so die Basis für eine detaillierte Vertriebsplanung und -simulation bilden. Die Opportunity-Pipeline liefert z. B. Informationen zum aktuellen Status aller Opportunities und erlaubt die Überwachung der kurz- und langfristigen Umsatzmöglichkeiten.

7.3.7 Auftragsakquise

Diese Phase des Vertriebsprozesses betrifft den Austausch von Verkaufsbelegen zwischen Anbieter und Kunde, sobald der Kunde sich zu konkreten Kaufverhandlungen entschlossen hat. Sie folgt in der Regel auf eine erfolgreichen Opportunity-Management-Phase.

Wurde nicht schon zuvor eine Opportunity angelegt, so kann am Anfang der Auftragsakquise eine Anfrage oder ein Angebot zum Kauf von Produkten oder Dienstleistungen stehen. Sobald man sich über die Bedingungen geeinigt hat, kann zum Abschluss des Vertriebsprozesses das Angebot in einen Kundenauftrag oder Kontrakt kopiert werden.

Anfragen, Angebote und Aufträge werden unter dem Begriff *Verkaufsbeleg* zusammengefasst und können über beliebige Kommunikationskanäle erfasst werden, etwa von einem Agenten im Interaction Center, einem Vertriebsmitarbeiter beim Kunden oder vom Kunden selbst über das Internet. Sobald sich ein Kunde für den Kauf eines Produktes entschieden hat, können alle Kundendaten nahtlos in die erforderlichen Belege eingefügt werden. Da alle Belege in einem einzigen Geschäftsablauf verbunden sind, ist es möglich, Informationen aus einem Beleg automatisch in einen anderen zu übertragen. Dabei kann individuell festgelegt werden, welche Daten übernommen werden, etwa Organisations- und Partnerdaten oder Produkt- und Preisinformationen.

Die Integration mit Backend-Systemen ermöglicht Kredit- und Produktverfügbarkeitsprüfungen in Echtzeit und sorgt für die Weiterleitung relevanter Informationen an die zuständigen Mitarbeiter. Preise, Steuern und Produktverfügbarkeit werden automatisch aus den erfassten Daten ermittelt und im Geschäftsvorgang angezeigt und gespeichert.

> **Beispiel** Kunde X erteilt per Telefon einen Auftrag für die Menge Y eines bestimmten Produktes. Im *SAP Internet Pricing and Configurator (SAP IPC)* ist hinterlegt, dass Kunde X einen Nachlass von 10 % erhalten soll. Sobald der Auftrag im Interaction Center erfasst wird, holt das System die Daten aus dem IPC und errechnet automatisch den Nachlass auf die vom Kunden bestellten Waren.

Inhalt eines Verkaufsbelegs

Ein Verkaufsbeleg ist in die zwei folgenden Abschnitte gegliedert, die jeweils weiter in Registerkarten unterteilt werden können:

▶ **Kopf (Header)**
Dieser Abschnitt enthält alle wichtigen Daten, die den gesamten Beleg betreffen, z. B. Art (Angebot, Kundenauftrag oder Servicevertrag), Nummer und Status des Vorgangs. Er kann auch Informationen zu der Kampagne enthalten, durch die der Geschäftsvorgang ursprünglich initiiert worden ist. Dadurch besteht die Möglichkeit zu ermitteln, wie viele Kundenaufträge durch eine bestimmte Kampagne gewonnen wurden. Im Kopf sind außerdem Informationen zu Versand-, Zahlungs- und Lieferbedingungen und Steuerdaten sowie Organisations- und Verwaltungsdaten, Partnerinformationen und Texte abgelegt.

▶ **Positionen**
Dieser Abschnitt enthält Details zu jeder einzelnen Position, einschließlich Zeitplänen, Preisen, Konditionen, Texten, Bestellinformationen sowie Partner-, Liefer-, Zahlungs- und Organisationsdaten. Auf Positionsebene können Produkte mit Hilfe des *SAP Internet Pricing and Configurators (IPC)* konfiguriert werden. Die Positionsdetails bieten einen umfassenden Überblick über alle bestellten Produkte, deren Preise und Lieferbedingungen.

Allgemeine Funktionen für Belege

Für die Verkaufsbelege (Geschäftsvorgänge) steht eine Reihe von allgemeinen Funktionen zur Verfügung. Diese sind im Folgenden in der Reihenfolge ihrer Nutzung im Verkaufsprozess aufgelistet:

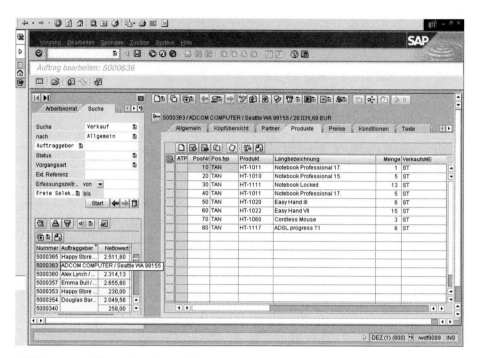

Abbildung 7.12 Beispiel eines Verkaufsbelegs

▶ **Finden von Organisationsdaten**

Wenn die Organisationsstruktur der verkaufenden Firma im System hinterlegt ist und Regeln für die Ermittlung der zuständigen Organisationseinheit definiert sind, können diese Informationen für die Komplettierung der Verkaufsbelege genutzt werden. Wenn z.B. ein Kundenauftrag angelegt und der Name des Kunden eingegeben wird, kann mySAP CRM automatisch das für diesen Kunden zuständige Verkaufsbüro ermitteln.

▶ **Partnerfindung**

In der Partnerverarbeitung wird festgelegt, welche Partnerrollen für welche Vorgänge wichtig sind und was die Aufgabe jeder einzelnen Rolle ist (z.B. Warenempfänger, Regulierer oder Ansprechpartner). Es kann definiert werden, welche Partnerrollen in einem Beleg erscheinen sollen und ob diese obligatorisch oder optional sind. Sobald diese Einstellungen vorgenommen wurden, trägt mySAP CRM die notwendigen Partner automatisch in die Belege ein. Ein Kundenauftrag kann z.B. einen Auftraggeber, einen Ansprechpartner und einen Warenempfänger enthalten. Die Felder für die Eingabe dieser Personen erscheinen automatisch auf dem Bildschirm, sobald ein Verkaufsbeleg angelegt wird. Wenn der Name eines Ansprechpartners eingegeben wird, ermittelt mySAP CRM die Namen des Auftraggebers und des Warenempfängers. Diese können – falls nötig – manuell geändert werden.

► **Partner/Produkt-Auswahl**

Eine Partner/Produkt-Auswahl ist eine Kombination aus Geschäftspartnern und Produkten, die in vordefinierten Szenarien für einen bestimmten Zeitraum gültig ist. Sie kann eine Liste mit den für einen bestimmten Kunden wichtigen Produkten und Serviceleistungen enthalten, oder aber Produkte, die nicht an einen bestimmten Kunden verkauft werden sollten, etwa weil der Preis für diesen Kunden nicht angemessen ist. Eine Partner/Produkt-Auswahl kann einzelnen Geschäftspartnern, Geschäftspartnerhierarchien oder Marketingsegmenten zugeordnet werden und auf Produkten, Produktkategorien oder Produkthierarchien basieren.

► **Produktfindung**

Für die zeitsparende Erfassung von Produkten können Produktschlüssel im System hinterlegt werden. Sobald diese Schlüssel im Geschäftsvorgang eingeben werden, ermittelt mySAP CRM automatisch das gewünschte Produkt und ergänzt relevante Felder wie Produktnummer, Beschreibung und Partner/Produkt-Auswahl.

► **Preisfindung**

Die Preisfindungsfunktion errechnet automatisch alle relevanten Preisbedingungen in einem Geschäftsvorgang. Es stehen verschiedene Arten von Preiselementen zur Verfügung, etwa Materialpreis, Zuschläge oder Rabatte. Bei Bedarf stehen Informationen zu Brutto- und Nettopreis, Steuern, Währungen und Umrechnungskursen zur Verfügung. Die Preisfindung wird im CRM-System zentral durch SAP IPC implementiert und an den betreffenden Geschäftsvorgang gesendet, sodass für den gesamten Verkaufsprozess konstante und verlässliche Preisinformationen zur Verfügung stehen.

► **Verfügbarkeitsprüfung**

Die Verfügbarkeitsprüfung bietet folgende Dienste im Verkaufsvorgang:

  ► Überprüfen der Lieferfähigkeit für ein Produkt

  ► Reservieren von Produkten in der gewünschten Menge

  ► Weiterleiten des Bedarfs an die Produktions- oder Einkaufsabteilung

Die Verfügbarkeitsprüfung läuft im *SAP Advanced Planner and Optimizer* (SAP APO) ab. Details zur Verfügbarkeitsprüfung werden in Kapitel 7.4.2 dargestellt.

► **Terminverwaltung**

Mit Hilfe der Terminverwaltung kann eine beliebige Zahl von Terminen in den Belegen abgelegt werden, z. B. geplante und tatsächliche Termine von Aktivitäten oder Beginn, Ende und Gültigkeitszeitraum eines Kontraktes. Termine können auch nach Regeln festgelegt werden wie z. B. »Der Gültigkeitszeitraum für einen Kontrakt beträgt immer 12 Monate ab Beginn der Laufzeit«.

▶ **Kreditprüfung**
Durch die Kreditprüfung werden finanzielle Risiken schon während der Bearbeitung des Verkaufsvorgangs begrenzt. Diese Prüfung findet nicht in mySAP CRM selbst statt, sondern wird über einen Funktionsaufruf im Backend-System angestoßen.

▶ **Textverwaltung**
In der Textverwaltung können Vorgänge oder Objekte detailliert beschrieben und separate Notizen oder Dokumente erstellt und mit dem eigentlichen Geschäftsvorgang verbunden werden. Diese Texte beziehen sich entweder auf den gesamten Geschäftsvorgang – dann wird er mit dem Beleg auf Kopfebene verbunden – oder nur auf eine bestimmte Position.

▶ **Anlagen**
Zusätzliche Dokumente – auch in speziellen Formaten wie etwa Präsentationen, Produktbeschreibungen, Informationsbroschüren oder Hyperlinks auf das Internet – können als Anlagen an einen Vorgang angehängt werden, entweder auf Kopf- oder auf Positionsebene. Jeder Geschäftsvorgang verfügt über eine eigene Liste mit Anlagen.

▶ **Ausgabe (Output)**
Das Ausgabeformat für Dokumente über die verschiedenen Ausgabekanäle (Druck, Fax, E-Mail) ist frei wählbar. Jedes Dokument enthält ausgewählte Informationen aus dem Geschäftsvorgang wie z. B. Adresse, Warenempfänger, betriebliche Daten, Vertriebstexte und Auftragspositionen.

Verkaufsbelege im Prozessablauf

Verkaufsprozesse werden mit Hilfe der folgenden Funktionen abgewickelt:

▶ Aktionen anlegen
▶ Verkaufsbelege kopieren
▶ Belegfluss anzeigen
▶ Status verwalten

Diese Funktionen stoßen bei Bedarf ganze Ereignisketten automatisch an und erleichtern den Vertriebsmitarbeitern so die effektive Betreuung ihrer Kunden.

Aktionen

Aktionen unterstützen das Einplanen und Auslösen von Folgeschritten im Geschäftsablauf als Reaktion auf bestimmte Bedingungen und dienen der Automatisierung von Verkaufs- und Serviceprozessen. Sie werden automatisch gestartet, sobald die entsprechenden Bedingungen erfüllt sind. So können etwa automatisch Folgebelege erzeugt oder gerade bearbeitete Belege geändert, ausgedruckt oder per Fax oder E-Mail versendet werden. Art und Zeitplan von Aktionen können den Bedürfnissen der Kunden sowie den eigenen Unternehmensabläufen entsprechend ausgelegt werden.

Aktionen sind manuell in dem Beleg zu einem Geschäftsvorgang einplanbar. Jeder Beleg (Geschäftsvorgang) verfügt über eine Registerkarte *Aktionen*, auf der dem Anwender angezeigt wird, welche Aktionen geplant, gestartet oder abgeschlossen sind.

Die Einplanung von Aktionen kann auch automatisch durch die Ausführung einer Methode erfolgen. In der Methode *Anlegen eines Angebots* kann z.B. festgelegt werden, dass das System zwei Wochen später automatisch eine Aktivität für den zuständigen Vertriebsmitarbeiter generiert, damit dieser den betreffenden Kunden telefonisch an das Angebot erinnert und eventuell aufgetretene Fragen beantwortet.

Für komplexere Prozesse, etwa das Anlegen von genehmigungspflichtigen Folgebelegen, können Aktionen auch *Workflows* anstoßen. Z.B. besteht die Möglichkeit festzulegen, dass das System einem Kunden vier Wochen vor Auslauf eines Kontraktes automatisch ein Angebot für einen neuen Kontrakt zusendet, der dem auslaufenden Kontrakt entspricht. Vorher soll der Kontrakt mit Hilfe von *WebFlow* – der Workflow-Komponente von mySAP Technology – an den zuständigen Kreditbearbeiter weitergeleitet werden, damit dieser prüft, ob der Kreditstand des Kunden in Ordnung ist.

Belege kopieren und Belegfluss

Sowohl Anwender als auch das mySAP CRM-System können Geschäftsvorgänge – d.h. die zugehörigen Belege – kopieren oder Folgebelege für bestimmte Vorgänge anlegen. Auf diese Weise wird sichergestellt, dass bestimmte Informationen stets konsistent an andere Belege weitergegeben werden, sodass Daten nur einmal in das System eingegeben werden müssen. Dadurch wird Arbeitszeit gespart und die Fehlerwahrscheinlichkeit minimiert.

Das *Kopieren* von Belegen bedeutet, dass während der Arbeit in einem Geschäftsvorgang ein neuer Vorgang derselben Art und mit denselben Kopf- und Positionsdetails angelegt werden kann, etwa ein neuer Auftrag aus dem ursprünglichen Auftrag heraus. Dabei stellt das System keinen Bezug zwischen den beiden Belegen her.

Mit der Hilfe von *Folge-Geschäftsvorgängen* können Daten aus einem oder mehreren Vorgangsbelegen kopiert werden. Nach Auswahl der Vorgangsart für den Folgebeleg kopiert das System die Kopfdaten. Dann können zu verwendende Positionen ausgewählt oder neue Positionen hinzugefügt werden. Der neue Beleg ist mit dem Original über einen *Belegfluss* verbunden, der es erlaubt, die Verbindung zwischen den Geschäftsvorgängen anzuzeigen. Wenn z. B. eine Opportunity mit zwei Aktivitäten und einem abschließenden Kundenauftrag angelegt wurde, so werden alle vier Belege im Belegfluss aufgelistet.

Wie bereits unter *Aktionen* erwähnt, kann das mySAP CRM-System auch selbst Belege kopieren oder Folgebelege erzeugen. Dies hilft den Vertriebsmitarbeitern bei der Erstellung automatischer Workflows, die ihnen die erfolderlichen Belege zum richtigen Zeitpunkt zur Verfügung stellen.

Statusverwaltung

mySAP CRM unterscheidet zwischen Systemstatus und Anwenderstatus.

Ein *Systemstatus* wird einem Geschäftsvorgang intern und automatisch vom System zugeordnet. Er informiert darüber, dass bestimmte betriebswirtschaftliche Prozesse abgeschlossen sind, z. B. dass ein neuer Beleg angelegt wurde oder dass ein Beleg fehlerhaft ist.

Ein *Anwenderstatus* wird einem Beleg hingegen manuell vom Benutzer zugeordnet und bietet bestimmte Zusatzinformationen wie *freizugeben*, *freigegeben*, *abgelehnt* oder *geliefert*.

Über den Status können Workflows oder Aktionen ausgelöst werden. Wenn z. B. ein Kontrakt den Status *gekündigt* erhält, kann automatisch eine Aktivität in Form einer E-Mail angelegt werden, die den Vertriebsleiter über diesen Vorfall informiert.

Kontraktverwaltung

Kontrakte sind langfristige Vereinbarungen, die es einem Kunden erlauben, Produkte oder Dienstleistungen zu besonderen, vorher ausgehandelten Konditionen zu erwerben, etwa zu bestimmten Preisen. Kontrakte sind ein wichtiges Mittel zur Kundenbindung, da sie helfen, Kundenzufriedenheit und Kundentreue zu steigern. Außerdem können mit ihrer Hilfe Kenntnisse über Wünsche und Verhalten der Kunden gewonnen werden. Für Kunden sind derartige langfristige Vereinbarungen ebenfalls vorteilhaft, da sie die Waren oder Dienstleistungen zu günstigeren Konditionen erwerben können.

Das E-Business hat die Wettbewerbssituation zwischen Verkäufern verschärft. Die Kontraktverwaltung in mySAP CRM hilft Unternehmen, sich auf diese Veränderungen einzustellen, indem Sie eine flexible und intuitive Lösung für das Erstellen und Aktualisieren kundenspezifischer Vereinbarungen bietet. Folgende Kontraktarten stehen zur Verfügung:

- Verkaufskontrakte
- Serviceverträge
- Leasingverträge (geplant)

Verkaufskontrakte basieren auf derselben Belegart wie Kundenaufträge und sind daher gleich in Funktionen und Struktur. Drei Arten von Verkaufskontrakten werden unterstützt:

- **Mengenkontrakte**
  Vereinbarung, dass ein Kunde eine bestimmte Menge eines Produkts innerhalb eines bestimmten Zeitraums erwirbt
- **Wertkontrakte**
  Vereinbarung, dass ein Kunde Produkte für einen bestimmten Wert innerhalb eines vereinbarten Zeitraums bestellen wird
- **Kombination aus Mengen- und Wertkontrakten**

Arbeiten mit Kontrakten

Kontrakte mit Dauer- und Preisbedingungen werden in der Regel zwischen Verkaufsteam und dem Kunden über eine gewissen Zeitraum verhandelt. Während der Verhandlungen behalten die Positionen im Kontrakt, auch wenn dieser bereits als Beleg (Geschäftsvorgang) in mySAP CRM angelegt ist, den Status *offen* oder *in Bearbeitung* und können daher nicht vom Kontrakt abgerufen werden.

Erst wenn die endgültigen Kontraktbedingungen feststehen, kann der Kontrakt freigegeben werden. Die Freigabe bedeutet, dass der Kunde jetzt Produkte vom Kontrakt abrufen kann. Autorisierte Mitarbeiter legen dazu Kundenaufträge als Folgebeleg für den Kontrakt an. Dadurch sind alle relevanten Belege stets miteinander verbunden. Mitarbeiter können jederzeit den Belegfluss im System abrufen und behalten so den Überblick über die Anzahl der Produkte oder den Wert, der bereits vom Kontrakt abgerufen wurde.

Wenn ein Kunde über den von ihm gewählten Kommunikationskanal einen Auftrag erteilt, prüft mySAP CRM automatisch, ob für diesen Geschäftspartner ein Kontrakt existiert. Ist ein entsprechender Kontrakt vorhanden, so werden die vereinbarten Konditionen aus dem Vertrag als Basis für den Auftrag genommen und die bestellte Menge oder der Wert automatisch im Kontrakt erfasst. Es kann individuell festgelegt werden, ob ein Kunde die festgelegte Zielmenge oder den Zielwert überschreiten darf und ob das System den Status des Kontraktes automatisch auf *erledigt* setzen soll, sobald Zielmenge oder Zielwert erreicht sind.

Spezielle Funktionen und deren Anwendung in Verkaufskontrakten

Der Verkaufskontrakt gleicht in Struktur und Funktionen einem Kundenauftrag. Verkaufskontrakte haben jedoch zusätzliche Merkmale, die für das Arbeiten mit Kontrakten wichtig sind:

▶ **Terminprofile und -regeln**

mySAP CRM bietet Terminprofile und -regeln, mit denen Gültigkeitszeiträume in Kontrakten definiert und kontrolliert werden können. Die wichtigsten Termine in einem Kontrakt sind:

 ▶ Kontraktbeginn

 ▶ Kontraktende

 ▶ Kontraktlaufzeit

Zusätzlich können eigene Terminregeln festgelegt werden, z. B. eine Voreinstellung für Beginndatum und Kontraktdauer, sodass alle Kontrakte am 1. Januar starten und für mindestens zwei Jahre laufen müssen. Auf diese Weise wird sichergestellt, dass alle Mitarbeiter konsistente Informationen an die Kunden weitergeben. Wenn ein Mitarbeiter einen neuen Kontrakt anlegt, sind diese Daten bereits voreingestellt – das System errechnet automatisch das Enddatum des Kontrakts. Der Mitarbeiter kann bei Bedarf – und wenn er die Berechtigung dazu hat – die voreingestellten Daten manuell ändern.

▶ **Aktionsprofile**

Der Status aktuell laufender Kontrakte kann mit Hilfe von Aktionsprofilen verfolgt werden. Z.B. besteht die Möglichkeit, automatisch eine Aktivität für einen bestimmten Mitarbeiter zu erzeugen, die ihn daran erinnert, mit einem Kunden Kontakt aufzunehmen, dessen Kontrakt in Kürze abläuft. Auch wenn ein Kunde die vereinbarte Produktmenge vermutlich nicht rechtzeitig abrufen wird, kann eine automatisch generierte Aktivität den zuständigen Mitarbeiter darauf hinweisen. Diese Warnfunktion hilft, die Kundenzufriedenheit zu steigern und sorgt dafür, dass Kundenbeziehungen aktiver gestaltet werden.

▶ **Kündigungsregeln**

Für den Fall, dass ein Kunde seinen Kontrakt kündigen möchte, bietet mySAP CRM ein Kündigungsschema, mit dem die unterschiedlichen Gründe und Regeln für eine Kündigung definiert und ausgewertet werden können.

▶ **Abrufbare Produkte**

Beim Anlegen eines Mengen- oder Wertkontraktes können die zugehörigen Produkte manuell eingegeben werden. mySAP CRM bietet jedoch auch eine vordefinierte Produktauswahl, Produktkategorien oder eine Kombination aus beidem. Diese Funktion sorgt dafür, dass alle Mitarbeiter leicht feststellen können, welche Produkte von welchem Kunden abgerufen werden dürfen.

▶ **Vereinbarungen**

In Kontrakten können bestimmte Liefer- und Zahlungsbedingungen sowie spezielle Preise und Abschläge vereinbart werden. Diese Vereinbarungen werden automatisch beim Kontraktabruf ermittelt.

Abbildung 7.13 Beispiel eines Verkaufskontrakts

7.3.8 Sales-Performance-Analyse

Alle Daten aus Aktivitäten- und Opportunity-Management sowie aus der Auftragsakquise werden gesammelt und gespeichert und können später analysiert werden. mySAP Business Intelligence bietet flexible Data-Warehouse-Funktionalität, mit der exakt festgelegt werden kann, wie und wann welche Daten ausgewertet werden sollen. Die Auswertung kann aus unterschiedlichen Perspektiven erfolgen:

▶ Operativ

▶ Analytisch

Mit Hilfe *operativer* Reports wird der Status der aktuellen Verkaufsvorgänge überprüft. Z.B. kann festgestellt werden, wie viele Kundenaufträge offen sind, welche Kontrakte bald ablaufen oder ob Lieferverzug besteht. Außerdem können Informationen aus vergangenen Verkäufsvorgängen für Produktempfehlungen genutzt werden.

Beispiel Ein Verkaufsleiter erfährt aus einem Report, welche Kunden welche Produkte kaufen. Je nachdem, wie viel Geld ein Kunde ausgegeben oder welche Art von Produkten er gekauft hat, kann der Verkaufsleiter entscheiden, ihm ein zusätzliches Produkt (*Cross-Selling*) oder ein teureres Produkt (*Up-Selling*) anzubieten. Diese Informationen kann der Verkaufsleiter in einer Partner/Produkt-Auswahl als Produktvorschlag eingeben. Wenn der Kunde das nächste Mal Kontakt mit einem Vertriebsmitarbeiter aufnimmt, erhält dieser automatisch den Hinweis, dass er die jetzt ausgewählten Produkte dem Kunden zum Kauf vorschlagen soll.

Mit Hilfe *analytischer* Reports können die Leistungen des Verkaufsteams und der Erfolg der Verkaufsstrategie gemessen werden. Dazu bietet die Sales-Performance-Analyse von mySAP Business Intelligence vielfältige verkaufsspezifische Analysen, etwa Pipeline- und Gewinn-/Verlustanalyse sowie Auswertungen der Effizienz des Verkaufszyklus.

Die Sales-Performance-Analyse ist in folgende vier Bereiche unterteilt:

▶ **Finanzen**
Pipeline-Analysen für Opportunities und offene Kontrakte geben einen Überblick über aktuelle und erwartete Entwicklungen. Mit Hilfe von Kundenauftragsanalysen können offene und eingehende Auftragswerte und somit der potenzielle Umsatz ausgewertet werden.

▶ **Kunden**
Mit Hilfe einer ABC-Analyse können verschiedene Kunden miteinander verglichen und nach ihrer Wichtigkeit kategorisiert werden. Außerdem stehen Analysen für Kundenwert und -profitabilität zur Verfügung.

▶ **Interne Verkaufsprozesse**
Hier können die vom Verkaufsteam angelegten Geschäftsvorgänge verfolgt werden, etwa Opportunity-Mengen, Erfolgsraten, Gewinn-Verlustvergleiche, Angebotsanalysen und der Zusammenhang zwischen Angeboten und tatsächlich gewonnenen Kontrakten oder Kundenaufträgen.

▶ **Mitarbeiterentwicklung**
Hier werden Prozesse untersucht, die die Mitarbeiter und deren Zufriedenheit und Produktivität betreffen. Möglich sind u.a. Analysen der Personalfluktuation, der Anzahl und Kosten von Schulungen sowie deren Teilnehmerzahlen, Analysen von Krankheits- und Überstundenquoten und Mitarbeiterzufriedenheit (gemessen anhand von Umfragen).

Die meisten der genannten Analysen können detailliert für einzelne Verkaufsregionen mit Hilfe eines webbasierten geografischen Informationssystems (GIS) dargestellt werden, das eine komfortable visuelle Wiedergabe von Informationen und Kennzahlen für einzelne Regionen ermöglicht.

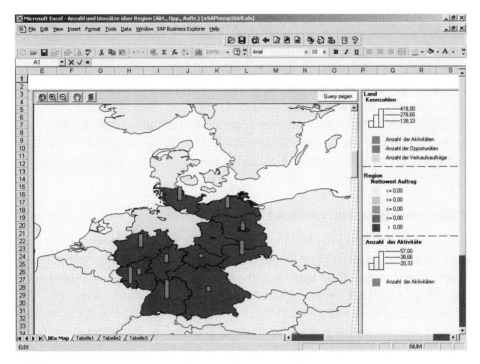

Abbildung 7.14 Datenanalyse im GIS-Format: Anzahl der Aktivitäten vs. Umsatz

Die meisten Daten für die Sales-Performance-Analyse stammen aus dem mySAP CRM-System. Eine Extraktion von Daten aus einer SCM- oder HR-Lösung mit Weitergabe an mySAP Business Intelligence ist ebenfalls möglich.

7.4 Order Fulfillment

7.4.1 Überblick

Nach der Unterzeichnung eines Auftrags oder Kontraktes folgt die Auftragsabwicklung (Fulfillment) mit folgenden Schritten:

▶ Verfügbarkeitsprüfung

▶ Zahlungsverarbeitung und Kreditmanagement

▶ Versand

▶ Transport

► Fakturierung

► Überwachung und Analyse der Auftragsabwicklung

Für die Abwicklung eines Kundenauftrags sind Informationen über Produkte, Lieferdaten und Zahlungsdetails unerlässlich. mySAP CRM sammelt alle erforderlichen Produktverfügbarkeitsdaten, es verarbeitet Zahlungsinformationen und prüft den Kreditstatus des Kunden. Sobald der Auftrag bestätigt und gesichert wurde, sendet mySAP CRM alle Informationen an das Backend-System, wo – je nach Bedarf – Materialplanung, Versand und Fakturierung initiiert werden. Sowohl Kunden als auch Mitarbeiter können jederzeit den aktuellen Status des Auftrags abfragen. Die Vertriebsleitung hat außerdem die Möglichkeit, Kundenauftragsdaten zu evaluieren und zu analysieren, um einen Überblick über die Effektivität der Fulfillment-Prozesse zu erhalten.

7.4.2 Verfügbarkeitsprüfung

Bevor ein Verkaufsvorgang bestätigt werden kann, müssen Anbieter und Kunde wissen, ob die erforderlichen Produkte zum gewünschten Datum lieferbar sind. Hierfür bietet mySAP CRM eine Verfügbarkeitsprüfung: die *ATP-(Available-to-Promise-)*Prüfung. Mit diesem Werkzeug können Lagerbestände abgerufen und Waren für eingehende Kundenaufträge reserviert werden. Außerdem können Produktion oder Einkauf, falls erforderlich, flexibel an den Bedarf angepasst werden.

Beispiel In der Abbildung 7.15 hat ein Kunde einen Auftrag für 100 Stück des Produkts 4711 in Auftrag gegeben; die Lieferung soll am 10. Oktober erfolgen.

Abbildung 7.15 Kundenauftrag mit Wunschliefertermin

In diesem Beispiel könnte die Verfügbarkeitsprüfung zu folgenden Ergebnissen für den Auftrag führen:

60 Stück bis 10. Oktober
40 Stück bis 15. Oktober

Abbildung 7.16 Kundenauftrag mit Bestätigungseinteilung

Die Informationen im obigen Beispiel werden als *Bestätigungseinteilung* angezeigt. Sobald der Auftrag gesichert wird, der Kunde also die betreffenden Mengen und Daten akzeptiert hat, werden die entsprechenden Produkte reserviert. Reservierung bedeutet hierbei, dass diese Produkte temporär dem betreffenden Auftrag zugeordnet werden und daher nicht mehr für einen anderen Auftrag zur Verfügung stehen. Produktion, Einkauf und Materialplanung werden jedoch noch nicht gestartet. Erst nachdem der Kundenauftrag von einem Mitarbeiter auf Fehler überprüft und gesichert wurde, wird die temporäre Zuordnung gelöscht und die endgültige Produktzuordnung vorgenommen. Nun kann die Materialplanung starten, der Geschäftsvorgang besitzt von nun an Liefer- und Versandrelevanz.

Simulierte Verfügbarkeitsprüfung (Verfügbarkeitsauskunft)

In manchen Fällen ist es zu Informationszwecken sinnvoll, eine simulierte Verfügbarkeitsprüfung zu verwenden. Dies gilt etwa für Angebote, bei denen man sich bereits auf die Lieferung bestimmter Produkte zu einem bestimmten Termin geeinigt, der Kunde aber noch nicht verbindlich zugesagt hat. In diesem Fall ist es möglich, eine Verfügbarkeitsauskunft für die Produkte aus dem Angebot durchzuführen, um festzustellen, ob diese zur gewünschten Zeit lieferbar wären. Eine Reservierung der Produkte findet hierbei nicht statt, die Prüfung hat auch keinen Einfluss auf die Materialplanung. Erst wenn das Angebot in einen Kundenauftrag umgewandelt wird, werden die oben genannten Folgeprozesse angestoßen. Verfügbarkeitsprüfungen sind auch für wahrscheinliche, noch nicht bestätigte Verkäufe möglich. Hierbei prüft das System die Verfügbarkeit eines Prozentsatzes der Menge im Verkaufsvorgang. Berechnet wird dieser, indem die angefragte Gesamtmenge mit der Auftragswahrscheinlichkeit multipliziert wird. So wird die später tatsächlich benötigte Menge akkurater abgebildet.

Wenn Produkte nicht verfügbar sind

mySAP CRM bietet die Möglichkeit, den weiteren Entscheidungsprozess zu automatisieren, falls ein benötigtes Produkt nicht verfügbar ist:

▶ Wenn ein Produkt nicht in einem bestimmten Werk verfügbar ist, kann mySAP CRM prüfen, ob das betreffende Produkt in einem anderen Werk noch vorrätig ist. So ist es auch möglich, eine Lieferung an einen Kunden zu vervollständigen, indem Produkte aus verschiedenen Lagern an den Kunden gehen, etwa 100 Stück eines Produktes aus Werk A und die restlichen 50 Stück aus Werk B (*Order Split*).

▶ Wenn ein Produkt nicht mehr vorrätig ist, kann es durch ein anderes, evtl. ähnliches oder besseres Produkt ersetzt werden.

Diese Art der Prüfung kann auch für die Optimierung von Werbekampagnen, Saisonverkäufen oder Up- und Cross-Selling verwendet werden. Wenn z.B. eine Werbeaktion der Art »Kaufen Sie einen PC, und Sie erhalten einen CD-Brenner gratis« laufen soll, dann prüft mySAP CRM beim Erhalt einer PC-Bestellung nicht nur, ob der PC verfügbar ist, sondern auch, ob die Kombination aus PC und CD-Brenner lieferbar ist.

Zusammenfassung von Lieferungen

Wie im obigen Beispiel gezeigt, kann die Verfügbarkeitsprüfung zu folgenden Ergebnissen führen:

▶ Es ergeben sich verschiedene Lieferdaten für einzelne Positionen des Kundenauftrags

▶ Es ergeben sich mehrere Lieferdaten für eine Position

Manchmal muss jedoch sichergestellt werden, dass alle Positionen eines Kundenauftrags zur selben Zeit oder dass alle Produkte einer Position gemeinsam geliefert werden. Dies mag aufgrund eines Kundenwunsches nötig sein oder weil zusammengehörige Produkte, etwa auf Grund einer Werbekampagne, zusammen geliefert werden müssen. Um die gemeinsame Lieferung zu garantieren, können diese Positionen in einer *Liefergruppe* zusammengefasst werden. Alle Positionen einer solchen Gruppe werden dann zu dem Termin geliefert, zu dem die Position mit dem spätesten Verfügbarkeitsdatum zur Verfügung steht.

Rückstandsbearbeitung

Wenn die Kundennachfrage das Angebot übersteigt oder wenn ein wichtiger Kunde bevorzugt beliefert werden soll, kann es nötig sein, bereits bestätigte Mengen neu auf die vorhandenen Kundenaufträge zu verteilen. Dies ist mit Hilfe der Rückstandsbearbeitung möglich. Dabei werden alle bereits bestätigten, jedoch noch offenen – d.h. noch nicht ausgelieferten – Mengen wieder zu den verfügbaren Mengen hinzugerechnet. Dann wird eine erneute Verfügbarkeitsprüfung durchgeführt und deren Ergebnis an mySAP CRM gesendet. Die Kundenaufträge werden automatisch angepasst, sodass Mitarbeiter und Kunden jederzeit Zugang zu den veränderten, aktuellen Verfügbarkeitsinformationen haben.

7.4.3 Zahlungsverarbeitung und Kreditmanagement

Zahlungsarten

Abhängig von dem Szenario, in dem ein Verkaufsvorgang angelegt wurde – Business-to-Consumer oder Business-to-Business – erfolgt die Bezahlung gewöhnlich über

- ▶ Zahlungskarte
- ▶ Nachnahme
- ▶ Rechnung

In den ersten beiden Fällen erfolgt eine direkte Bezahlung, wodurch das Risiko für das liefernde Unternehmen minimiert wird. Im dritten Fall liegt das Hauptrisiko bei Annahme eines Kundenauftrags jedoch bei der ausführenden Firma. Ein Kreditmanagement-Prozess kann dieses Risiko reduzieren.

mySAP CRM unterstützt alle oben genannten Zahlungsarten. Folgende Lösungen stehen derzeit zur Verfügung:

Zahlungskartenabwicklung

Die meisten Einmalkunden zahlen, besonders wenn sie über das Internet bestellen, per Karte, sei es Kreditkarte, Kundenkarte oder Einkäuferkarte. Aus Händlersicht verringert die Verwendung von Zahlungskarten das Risiko bei Geschäften mit unbekannten Partnern, da die Zahlung – sobald die Karte autorisiert wurde – garantiert ist.

Autorisierung von Zahlungskartenvorgängen

Unter Autorisierung versteht man einen Prozess, durch den eine Clearing-Stelle die Zahlung eines Vorgangsbetrags garantiert. Wenn ein Kundenauftrag gespeichert wird, stellt mySAP CRM Kontakt zu dem zuständigen Autorisierungsmodul in der Clearing-Stelle her. Die Clearing-Stelle überprüft dann folgende Details:

► Kartennummer

► Name und Adresse des Karteninhabers

► Kartenverifizierungscode
Drei- bis vierstelliger Wert im Unterschriftenfeld oder Magnetstreifen, mit dessen Hilfe die Zugehörigkeit von Karte und Kartenkonto zu einem bestimmten Kunden nachgewiesen werden kann

► Adressverifizierungssystem
Prüft die Übereinstimmung der im Verkaufsvorgang angegebenen Adresse mit den in der Clearing-Stelle gespeicherten Daten sowie ob der Kunde Inhaber der verwendeten Karte ist

Die Antwort der Clearing-Stelle – Autorisierung genehmigt oder Autorisierung abgelehnt – wird im Kundenauftrag vermerkt. Falls die Autorisierung genehmigt wurde, kann der Verkaufsvorgang weiterbearbeitet werden. Andernfalls wird der Vorgang gestoppt.

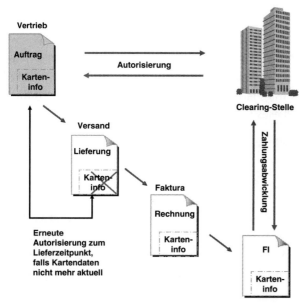

Abbildung 7.17 Autorisierung von Zahlungskartenvorgängen

Kundenauftrag mit Zahlungskarte

Wenn ein Kunde oder Mitarbeiter einen Kundenauftrag anlegt, dann gibt er die Daten der Zahlungskarte im Auftrag ein, z.B. Kartennummer und Name des Karteninhabers. Falls erforderlich, kann eine Vorautorisierungsprüfung durchgeführt werden, bei der die Richtigkeit der Kartendaten überprüft wird. Dazu werden Name, Adresse und Kartennummer an die Clearing-Stelle gesendet und eine Rückmeldung wird empfangen. So kann das Risiko von Problemen bei der späteren, tatsächlichen Autorisierung verringert werden. Es kann sofort entschieden werden, ob die betreffende Zahlungskarte akzeptiert wird oder nicht.

Sobald ein Kundenauftrag gesichert ist, geschieht innerhalb von mySAP CRM Folgendes:

▶ Autorisierung des Vorgangs durch die Clearing-Stelle, einschließlich Verifizierung von Adresse und Zahlungskarte sowie Eintrag der Ergebnisse in den Kundenauftrag

▶ Verschlüsselung der Kartendaten (falls noch unverschlüsselt), sodass sie in der Datenbank nicht als lesbarer Text erscheinen

▶ Versenden des Vorgangs zur weiteren Verarbeitung

Autorisierungshorizont

Wenn Güter erst mehrere Wochen oder Monate nach Anlegen des entsprechenden Verkaufsvorgangs zur Verfügung stehen, dann ist es nicht ausreichend, dass die Zahlungskarte am Tag der Auftragserfassung gültig war. Vielmehr muss sichergestellt werden, dass die Autorisierung der Karte auch noch zum vereinbarten Lieferdatum gültig ist, wenn also die bestellten Waren in Besitz und Eigentum des Kunden übergehen. In mySAP CRM kann festgelegt werden, wie viele Tage vor dem vereinbarten Liefertermin eine Autorisierungsprüfung durchgeführt werden soll. Die Anzahl der Tage zwischen Autorisierungstermin und Liefertermin bildet den Autorisierungshorizont. So wird sichergestellt, dass unmittelbar vor Lieferung der Waren eine aktuelle und gültige Kreditprüfung vorliegt (siehe auch Abbildung 7.17).

Nachnahme

Nachnahme ist ebenfalls eine mögliche Zahlungsweise für Kunden. Sie empfiehlt sich besonders, wenn die bestellten Produkte von einer Versandfirma wie der Post oder einem Paketdienst weitertransportiert werden. Der Kunde erhält die Produkte zusammen mit einer Rechnung, die er bei Lieferung bezahlt.

Natürlich muss sichergestellt werden, dass der Nachnahme-Kunde bar bezahlen kann. Dazu können Geschäftspartner in den Geschäftspartner-Stammdaten als Nachnahmekunden gekennzeichnet werden. Außerdem kann eine bestimmte

Versandfirma als Regulierer für einen bestimmten Kunden angegeben werden. Wenn ein Verkaufsvorgang für einen Geschäftspartner angelegt wird, dessen Regulierer per Nachnahme bezahlen darf, dann wird diese Zahlungsart automatisch im Verkaufsvorgang vorgeschlagen.

Kreditmanagement

Seit Kunden über eine Vielzahl von Kanälen Produkte erwerben oder Serviceleistungen in Anspruch nehmen und dabei weitgehend unbekannt bleiben können, ist das Kreditmanagement zu einem kritischen Faktor geworden. mySAP CRM ermöglicht die Aufzeichnung aller Kreditinformationen in den Kundendatensätzen sowie eine Kreditprüfung in Echtzeit bei Erteilung des Kundenauftrags. Die Integration dieser Daten in das Kundenbeziehungsmanagement erlaubt sowohl das Verfolgen der Kredithistorie eines Kunden als auch die Verwendung von so genannten *Early Warning Lists* oder *Alerts*, Warnungen also, die das System ausgibt, wenn ein Kunde einen Auftrag erteilt, sein Kreditlimit aber bereits überschritten ist. Nicht kreditwürdige Kunden können so erkannt und gesperrt werden. Mittels Analysen können außerdem Zahlungsverhalten und Kreditrisiko geprüft und so Zahlungssicherheit für Firma und Kunde gewährleistet werden.

Kreditprüfung

Eine Kreditprüfung ist möglich, sobald ein Verkaufsvorgang erfasst wurde. Die Kreditprüfung prüft die Bonität des Kunden, also seine Fähigkeit zu bezahlen. Die Prüfung bestimmt unter anderem den Kreditkontrollbereich (Festlegung, wer für die Vergabe und Überwachung von Krediten zuständig ist) sowie das Kreditkonto des Regulierers und die Risikoklasse des Kontos. Danach kann die Bonität des Regulierers ermittelt und der Kreditstatus auf Kopfebene entsprechend gesetzt werden – sowohl für jede einzelne Position als auch als allgemeiner Kreditstatus für den gesamten Beleg. Wenn beim endgültigen Sichern des Vorgangs der Kreditstatus OK ist, dann kann der Vorgang für Lieferung und Fakturierung freigegeben werden.

Mitarbeiter über Kreditprobleme informieren

Um den störungsfreien Ablauf des Kreditmanagements zu gewährleisten, können Mitarbeiter auf verschiedene Arten über potenzielle Probleme informiert werden.

So richten viele Unternehmen einen Workflow-Prozess ein, der alle Verkaufsvorgänge, deren Kreditstatus nicht OK ist, direkt an den zuständigen Mitarbeiter im Kreditmanagement weiterleitet. Der Mitarbeiter kann dann jeden Vorgang einzeln beurteilen und entscheiden, ob er zur Weiterbearbeitung freigegeben oder abgelehnt werden soll.

Kreditinformationen können auch in das Geschäftspartner-Informationsblatt (siehe Kapitel 7.3.5) eingetragen werden, sodass ein Mitarbeiter, der gerade den Auftrag des entsprechenden Partners bearbeitet, sofort auf Kreditprobleme aufmerksam wird.

7.4.4 Versand

Der Versand umfasst alle Vorgänge, die notwendig sind, damit der Kunde die bestellten Produkte erhält. Alle relevanten Verkaufsdaten werden dazu von mySAP CRM an das für den Versand zuständige Logistiksystem gesendet.

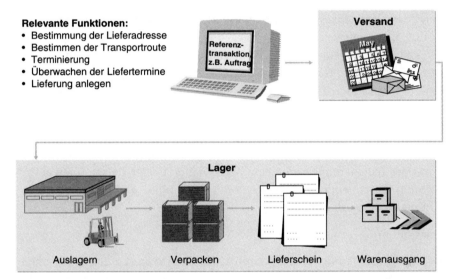

Abbildung 7.18 Der Versandprozess

Falls als Logistiksystem mySAP SCM eingesetzt wird, kann ein effizienter und automatisierter Versandprozess mit folgenden Funktionen initiiert werden:

▶ Überwachen von Fristen für zu beliefernde Verkaufsbelege

▶ Planen und Überwachen von Arbeitsvorräten für Versandaktivitäten

▶ Materialverfügbarkeit überwachen und offene Nachbestellungen bearbeiten

▶ Lagerkapazitäten überwachen

▶ Ausliefern

Die mit der Auslieferung als Teil des Versands verbundenen Aktivitäten werden nachfolgend genauer betrachtet.

Auslieferung

Zur Auslieferung gehören die folgenden Aktivitäten:

▶ Anlegen und Bearbeiten ausgehender Lieferungen

▶ Kommissionierungen durchführen

▶ Lieferungen verpacken

▶ Versandbelege drucken und übermitteln

▶ Warenausgänge bearbeiten

▶ Außenhandelsbedingungen berücksichtigen

Während des Lieferprozesses werden Versandplan-Informationen aufgezeichnet, der Status der Lieferaktivitäten verfolgt und während des Versandprozesses gesammelte Daten dokumentiert. Wenn eine Lieferung angelegt wird, werden Versandaktivitäten wie Kommissionierung oder Lieferplanung initiiert; Daten, die während des Versandprozesses generiert werden, werden in die Lieferung aufgenommen.

Je nach Bedarf können Auslieferungen automatisch über Arbeitsvorräte oder manuell angelegt werden. Mit dem Kunden können Vereinbarungen über Gesamt- oder Teillieferungen oder eine Kombination beider Lieferformen getroffen werden. Ausgehende Lieferungen können zu einer einzigen Liefergruppe zusammengefasst werden.

Kommissionierung

Bei der Kommissionierung werden Waren aus einem Lagerort entnommen und in der richtigen Menge an ein Kommissionierlager weitergeleitet, wo sie für den Versand vorbereitet werden. Dabei kann die Kommissionierung im System den in der entsprechenden Firma üblichen Prozessen angepasst werden:

▶ Automatisch bei Anlegen einer ausgehenden Lieferung

▶ Routinemäßig zu bestimmten Zeiten

▶ Manuell nach Übersicht über die Arbeitsvorräte der Mitarbeiter an einem bestimmten Tag

Verpacken

Das Verpacken stellt den nächsten Schritt im Lieferprozess dar. Hier werden die Lieferpositionen zum Verpacken ausgewählt und bestimmten *Handling Units* zugewiesen. So können z.B. Lieferpositionen in Kartons verpackt, die Kartons zur Lieferung an den Kunden auf eine Palette gesetzt und diese auf einen Lkw geladen werden.

Warenausgang

Sobald die Waren ein Unternehmen verlassen, ist der Geschäftsvorgang aus Versandsicht beendet. In mySAP CRM wird dies durch die Buchung des Warenausgangs festgehalten. Die hierfür erforderlichen Daten werden vom Lieferbeleg in den Warenausgangsbeleg kopiert. Beim Buchen eines Warenausgangs für eine Lieferung werden auf der Basis des Warenausgangsbelegs folgende Funktionen ausgeführt:

▶ Der Lagerbestand des Materials wird um die Liefermenge reduziert

▶ Die Wertveränderung wird auf den Bestandskonten der Materialbuchhaltung gebucht

▶ Die Bedarfe werden um die Liefermenge reduziert

7.4.5 Transport

Effektive und kostengünstige Transportdisposition und Transportabfertigung sind von großer Bedeutung für die Kundenzufriedenheit – man denke nur an termingerechte Lieferungen und die Transportkosten, die eine nicht unbedeutende Rolle bei der Festlegung des Produktpreises spielen.

Ein- und ausgehende Transporte werden geplant, ausgeführt und überwacht. Die dabei entstehenden Kosten werden berechnet und mit den Transportdienstleistern abgerechnet. Es ist außerdem möglich, Frachtkosten direkt an den Kunden weiterzufakturieren.

Ausgehende Transporte werden auf Basis von Auslieferungen (siehe Kapitel 7.4.4) angelegt und disponiert. Im zugehörigen Transportbeleg können folgende Funktionen der Transportdisposition und -abfertigung ausgeführt werden:

▶ Zusammenstellung von verschiedenen Auslieferungen, die gemeinsam transportiert werden sollen

▶ Zuordnung und Beauftragung von Dienstleistern

▶ Organisation von Transportmitteln

▶ Festlegung der Transportroute und der Transportabschnitte

▶ Registrierung des Transportmittels

▶ Laden, Wiegen und Warenausgangsbuchung

▶ Drucken der erforderlichen Transportpapiere

Um sich jederzeit einen Überblick über die geplanten Transportaktivitäten und die bereits laufenden Transporte verschaffen zu können, stehen Listen, ein grafisches Informationssystem und Gantt-Charts zur Verfügung.

Frachtkostenabwicklung

Die Frachtkostenabwicklung umfasst die Berechnung der beim Transport angefallenen Kosten, die Überleitung dieser Kosten an das Rechnungswesen sowie die Abrechnung mit den Dienstleistern bzw. die Übernahme dieser Kosten in die Kundenfaktura.

Zur automatischen Berechnung der Kosten können verschiedene Ausgangswerte und Einflussgrößen herangezogen werden, beispielsweise Entfernung, Gewicht oder Transportzone.

7.4.6 Fakturierung

Rechnungen können heute weit mehr als die reine Zahlungsaufforderung beinhalten. Häufig werden sie als effektive Kommunikationsmöglichkeit mit dem Kunden genutzt, indem sie z. B. ergänzende Produktinformationen oder kundenrelevante Mitteilungen enthalten. Generell müssen moderne Fakturierungslösungen den mit dem erhöhten Wettbewerbsdruck gestiegenen Anforderungen an Kosten, Flexibilität, Systemoffenheit und Kundenorientierung gerecht werden. *CRM Billing*, die mySAP CRM-Lösung für die Fakturierung, ist sowohl für auftrags- als auch für kontraktbezogene Fakturierung ausgerichtet. Sie zeichnet sich durch folgende Eigenschaften aus:

▶ Unterstützung des gesamten Fakturierungsprozesses

▶ Integrierbarkeit mit unterschiedlichen SAP- und Nicht-SAP-Systemen als Quelloder Folgeanwendung

▶ Rechnungsstellung nicht nur für Aufträge aus mySAP CRM, sondern auch aus anderen Lösungen wie mySAP Telecommunications und mySAP Media

Bei der Fakturierung mit CRM Billing können Daten aus verschiedenen versorgenden Quellanwendungen zusammengeführt, mit Preisen bewertet und zu einer gemeinsamen Rechnung kombiniert werden. Alle nicht lieferrelevanten Vorgänge wie Gut- und Lastschriftenanforderungen werden direkt an die Fakturierung übergeben, während die lieferrelevanten Vorgänge erst dann an die Fakturierung weitergeleitet werden, wenn die entsprechende Lieferung stattgefunden hat.

Unterprozesse der Fakturierung

Die Rechnungserstellung mit CRM Billing beinhaltet die folgenden drei Unterprozesse:

▶ Eingangsdatenverarbeitung

▶ Rechnungserstellung

▶ Ausgangsdatenverarbeitung

Außerdem besteht die Möglichkeit zur Stornierung. Die Abbildung 7.19 illustriert den Ablauf für das Anlegen und Verarbeiten von Rechnungen mit CRM Billing.

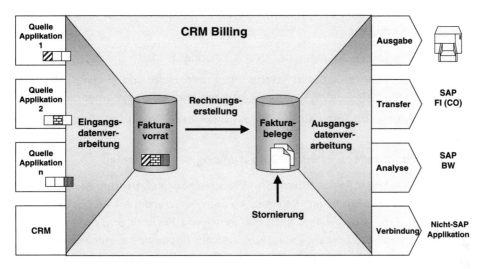

Abbildung 7.19 Ablauf der Fakturierung

Eingangsdatenverarbeitung

Während der Eingangsdatenverarbeitung werden für die Fakturierung relevante Daten in den Fakturavorrat übertragen. Dabei fügt CRM Billing weitere Daten (z. B. Stammdaten) hinzu und startet eine Verarbeitungsprüfung.

Rechnungserstellung

In der Rechnungserstellung erstellt die CRM-Fakturierung aus einzelnen Faktura-vorratspositionen vollständige Fakturen. Es entstehen also *Fakturabelege* (z. B. Rechnungen, Lastschriften, Gutschriften) mit Positionen, die möglicherweise aus unterschiedlichen CRM-Geschäftsvorgängen stammen. Während der Rechnungs-erstellung führt das System möglichst viele Fakturavorratspositionen in einem Fakturabeleg zusammen. Eine solche Zusammenführung ist nicht möglich, wenn dies durch ein oder mehrere Splitkriterien verhindert wird. So kann das System z. B. zwei Fakturavorratspositionen mit gleichem Auftraggeber, aber unterschied-lichen Regulierern nicht in eine gemeinsame Rechnung zusammenführen, da jede Faktura für genau einen Regulierer angefertigt wird. Daher ist der Regulierer als Splitkriterium definiert.

Mit Hilfe der Daten aus dem Fakturavorrat kann der gesamte Fakturaprozess auch simuliert werden. Dies ermöglicht z. B. den Test bestimmter Fakturierungsläufe.

Ausgangsdatenverarbeitung

CRM Billing unterstützt eine Reihe von Ausgabemedien einschließlich Drucker, Fax, E-Mail oder externen Output-Management-Systemen. Folgende Funktionen stehen zur Verfügung:

▶ Erzeugung von Rechnungen per Druck, Fax oder E-Mail

▶ Optische Archivierung von Rechnungen mit Hilfe von *ArchiveLink*®, der Schnittstelle zwischen mySAP.com-Lösungen und Ablagesystemen

▶ Aufbereitung von Fakturadaten für das Internet (elektronische Faktura-Erstellung)

▶ XML-Schnittstelle zu externen Output-Management-Systemen

Mit Hilfe von *Smart Forms*, einem SAP-Werkzeug zur Bearbeitung der grafischen Gestalt von Formularen und Belegen, können verschiedene Layouts für unterschiedliche Arten von Rechnungsformularen – wie Rechnungen, Gut- und Lastschriften – definiert werden. Zusätzlich wird die Anpassung dieser Formulare an unternehmens- oder branchenspezifische Bedürfnisse unterstützt. So können etwa unterschiedliche Layouts für verschiedene Kundenkategorien hinterlegt oder verschiedene Schriftarten und Logos in die Formulare eingearbeitet werden.

Die Rechnungsausgabe kann mit Hilfe von CRM Billing wahlweise manuell oder automatisch angestoßen werden. Die automatische Ausgabe erfolgt direkt nach der Fakturierung oder nach einem bestimmbaren Zeitraum, etwa nach einer Woche oder einem Monat. Darüber hinaus besteht die Möglichkeit, Rechnungskopien – auch zeitverzögert – über einen beliebigen Kanal an andere Empfänger zu senden.

Stornierung

Mit Hilfe von CRM Billing können auch ein oder mehrere Fakturabelege storniert werden. Dabei hat man die Wahl zwischen Vollstorno (die den gesamten Fakturabeleg storniert) oder Teilstorno (hier wird ein bestimmter Teil des Fakturabelegs storniert, etwa eine bestimmte Position). CRM Billing überträgt die Stornodaten an die zuständige Buchhaltungsanwendung, etwa an die Kontraktbuchhaltung in mySAP Financials.

Übertragung der Fakturadaten an nachgeschaltete Anwendungen

CRM Billing stellt Schnittstellen bereit, um Fakturadaten an nachgeschaltete Anwendungen zu übertragen:

▶ Debitorenbuchhaltung

▶ Kontraktbuchhaltung

▶ Controlling

▶ Analyseanwendungen (mySAP BI)

7.4.7 Überwachung und Analyse der Auftragsabwicklung

Um dem Vertriebsleiter und anderen berechtigten Mitarbeitern alle Informationen zu liefern, die sie für den reibungslosen Ablauf des Fulfillment-Prozesses benötigen, bietet mySAP CRM eine Vielzahl von Reports und Analysen, die die gesamte Auftragsabwicklung mit Versand, Zahlungsabwicklung (einschließlich Kreditmanagement) und Fakturierung abdecken. Wie schon bei der Sales-Performance-Analyse können diese Reports sowohl für operative als auch für analytische Zwecke verwendet werden. Alle Reports können mit verschiedenen Warnfunktionen versehen werden, die auf unterschiedliche Probleme hinweisen.

Operatives Reporting ermöglicht die Überwachung aktueller Geschäftsprozesse durch spezialisierte Mitarbeiter, wie folgende Beispiele zeigen:

▶ Eine Kreditsachbearbeiterin kann alle Kunden sehen, deren Kreditstatus so schlecht ist, dass sie für weitere Kundenaufträge gesperrt wurden.

▶ Ein Servicemitarbeiter kann Lieferverzögerungen oder Lagerprobleme im Auge behalten, die eine Änderung von Lieferterminen erforderlich machen.

▶ Ein Sachbearbeiter für die Rechnungsbearbeitung kann eingehende Rechnungen, Gut- oder Lastschriften verfolgen.

Analytisches Reporting bietet umfassende Auswertungsmöglichkeiten zur Bewertung der Auftragsabwicklung im Unternehmen. Der Vertriebsleiter gewinnt einen vollständigen Überblick über alle Fulfillment-Prozesse durch Antworten auf z.B. folgende Fragen:

▶ Wie zuverlässig erfolgen unsere Lieferungen?

▶ Wie oft müssen Rückstände bearbeitet werden?

▶ Wie oft und aus welchen Gründen erhalten wir Retouren?

▶ Wie ist das Verhältnis der geplanten Verkaufszahlen zu den tatsächlich fakturierten Erträgen?

Mit Hilfe dieser Analysen können Problembereiche leicht aufgezeigt und geeignete Lösungen entwickelt werden.

7.5 Customer Service

7.5.1 Überblick

Dem Kundenservice fällt in dem Bemühen um eine langfristige Kundenbindung eine Schlüsselrolle zu. Kein anderer Bereich im Unternehmen steht häufiger in direktem Kontakt mit Kunden als die Agenten eines Interaction Centers oder die Fachleute des Außendienstes. Der Bedeutung des Kundenservices hat SAP deshalb innerhalb der Gesamtlösung mySAP CRM mit einer breit angelegten Funktionalität Rechnung getragen. Die Service-Komponenten von mySAP CRM unterstützen den gesamten Servicezyklus – vom Erstkontakt über die Ausführung von Dienstleistungen oder den Versand von Ersatzteilen bis hin zur Fakturierung.

Als integraler Bestandteil der CRM-Gesamtlösung bietet die Service-Komponente von mySAP CRM:

▶ Alle erforderlichen Tools für eine effiziente Kundenbetreuung (Customer Care and Helpdesk)

▶ Zugriff auf eine »lernfähige« Datenbank für Problemlösungen (Enterprise Intelligence)

▶ Zentrales Management der bestehenden Installationen (Installed Base Management) mit kundenrelevanten Daten

▶ Steuerung und Einsatzplanung des Kundendienstes (Field Service & Dispatch) unter Einbeziehung mobiler Endgeräte

▶ Zielgruppengerechte Planung von Service-Angeboten (Service Planning)

▶ Komfortable Analyse von Serviceleistungen (Service Analytics)

Die Service-Funktionen von mySAP CRM sind eng verknüpft mit den anderen Anwendungskomponenten im Unternehmen:

▶ Die Integration des SAP Business Information Warehouses (SAP BW) in die mySAP CRM-Lösung ermöglicht eine stets aktuelle Analyse der Serviceprozesse hinsichtlich Volumina (z.B. Zahl der Aufträge), Qualität (z.B. Zahl der Beschwerden) und Kosteneffizienz. Weitere Kennzahlen können frei definiert werden.

▶ Die Verbindung zu Finanzanwendungen wie mySAP FI ermöglicht den reibungslosen Transfer von controllingrelevanten Daten zwischen beiden Systemen. Auf diese Weise kann der gesamte Wertefluss eines Serviceprozesses einschließlich Kosten und Einnahmen analysiert werden.

▶ Mit Personalwirtschaftskomponenten wie mySAP HR arbeitet mySAP CRM ebenfalls problemlos zusammen. Mitarbeiterrelevante Daten wie Arbeitszeiten oder Tätigkeitsberichte, die über mobile Endgeräte auch an das CRM-System übermittelbar sind, werden im ERP-System gespeichert und weiterverarbeitet. Letzteres wiederum stellt dem CRM-System urlaubs- oder z.B. krankheitsbedingte Ausfallzeiten bereit, sodass der Disponent in der Einsatzplanung jederzeit einen aktuellen Überblick über die Verfügbarkeit aller Außendienstmitarbeiter hat. Alle Daten müssen somit nur einmal erfasst werden und stehen dann allen integrierten Anwendungen ohne Zeitverzögerung zur Verfügung.

▶ Sofern mySAP CRM mit der Materialwirtschaftskomponente eines ERP-Systems verbunden ist, kann es den Verbrauch von Ersatzteilen, Geräten und Hilfsmitteln durch den technischen Außendienst direkt an das ERP-System melden, das seinerseits im Rahmen eines Workflows Nachbestellungen veranlasst und die Bestandshaltung kontrolliert.

7.5.2 Kundenbetreuung

In großen Unternehmen passiert es viele Male am Tag: Ein Kunde meldet sich. Ob er persönlich vorbeischaut, im Interaction Center anruft, ein Fax oder eine E-Mail schickt, im Internet den Self Service wählt oder dort einen Rückruf verlangt, spielt letztlich keine Rolle. Das Unternehmen ist für ihn präsent – auf allen Kommunikationskanälen und rund um die Uhr. Bei Nutzung eines Unified-Messaging-Systems, das unterschiedliche Kommunikationskanäle (Fax, Telefon, SMS, E-Mail) zu einem gemeinsamen Eingangskanal unter einer einheitlichen Benutzungsoberfläche vereinigt, können Kunden sogar über ihren Computer oder das Internet (*Voice-over-IP*, also internetbasiertes Telefonieren) im Interaction Center anrufen.

Im Wesentlichen sind es die folgenden vier Gründe, die einen Kunden veranlassen, sich mit dem Hersteller eines Produktes oder dem Anbieter einer Dienstleistung in Verbindung zu setzen:

▶ Er hat eine Frage

▶ Er hat ein Problem

▶ Er hat einen Wunsch

▶ Er will sich beschweren

Alle vier Szenarien und die Reaktionsmöglichkeiten, die ein Agent mit dem *mySAP CRM Interaction Center* hat, werden im Folgenden anhand von Beispielen vorgestellt.

Beantwortung von Kundenfragen

Angenommen, ein Kunde ruft bei seinem Energieversorger an, weil ihm eine Position auf seiner letzten Stromrechnung unklar ist. Der Agent erfasst in seiner Interaction-Center-Anwendung den Namen oder die Vertragsnummer des Kunden. Das *mySAP CRM Interaction Center* bietet ihm dazu eine Arbeitsoberfläche, die mit allen erforderlichen Systemkomponenten funktional verbunden ist – vergleichbar etwa mit einem Steuerpult, dessen Bedienung Folgeaktivitäten auslöst.

Der Agent sieht nun auf einen Blick die komplette Vorgeschichte des anrufenden Kunden: wann dieser sich mit einer Frage, einem Problem oder einem Dienstleistungswunsch gemeldet hat, wann er Verträge geändert oder neue abgeschlossen hat, wann er welche Waren oder Geräte bezogen hat, welche Vertragspartner in einen Geschäftsvorgang – zum Beispiel bei der Installation von Geräten – involviert waren und welche Lieferungen und Rechnungen er erhalten hat. Die Historie dieses Kunden ist für den Agenten auf einen Blick ersichtlich. Und er kann mit ihm sachkundig über Vorgänge kommunizieren, die er selbst gar nicht bearbeitet hat.

Damit ist der Agent in der Lage, die Kundenfrage prompt zu beantworten. Darüber mag sich der Kunde zwar wundern, weil er beim letzten Kontakt mit einer Frau statt mit einem Mann gesprochen hat, gleichwohl wird er es zu schätzen wissen, dass er – etwa bei einem technischen Problem oder einer Beschwerde – nicht die gesamte Vorgeschichte bei seiner jetzigen Kontaktaufnahme erneut erzählen muss. Der Agent weiß Bescheid, und die Frage des Kunden zur Stromrechnung kann er sofort und abschließend beantworten.

Alert Modeler

Während des Gesprächs kann der Agent in einem Textfeld zusätzliche Informationen abfragen, z.B.: »Kunde ist auch gewerblicher Stromabnehmer«. Bereitgestellt wird diese Information von einer Assistenzfunktion des mySAP CRM Interaction Centers, dem *Alert Modeler*. Der Agent weiß nun, dass sein Gesprächspartner nicht nur für seinen Privathaushalt Strom bezieht und kann ihn gegebenenfalls auf aktuelle Angebote für Firmenkunden aufmerksam machen.

Der Alert Modeler ist ein unsichtbarer Beobachter im Hintergrund, der den Agenten in bestimmten Fällen warnt, mahnt oder an bestimmte Dinge erinnert. Auf dem Bildschirm des Agenten meldet er sich immer dann mit einer Nachricht, wenn die Daten eines Kunden mit gewissen, zuvor festgelegten Kriterien übereinstimmen. Dem Mitarbeiter eines großen Autohauses beispielsweise könnte der Alert Modeler für alle Kunden, die einen bestimmten Pkw-Typ fahren, den Hinweis geben »Auf Winterreifen-Aktion aufmerksam machen«. Der Agent einer Fluggesellschaft könnte bei allen Kunden, die in einem Jahr mehr als 100.000 Meilen geflogen sind, aber noch nicht an einem Bonusprogramm teilnehmen, die Aufforderung »Bonusprogramm anbieten« erhalten.

Lösung von Kundenproblemen

Kundenfragen zu einer Rechnung lassen sich meist schnell beantworten, die Lösung technischer Probleme hingegen nimmt in der Regel etwas mehr Zeit in Anspruch. Unter Umständen ist sogar die Einbeziehung des technischen Kundendienstes erforderlich. Der Agent im Interaction Center fungiert in jedem Fall als Problemlöser – auch für jenen Kunden, dessen unlängst neu installierte Heizungsanlage nicht anspringt.

Die Einzelheiten der Installation beim Kunden sieht der Agent auf einen Blick in seiner Interaction-Center-Anwendung. Zugleich erkennt er anhand der automatisch aus dem Servicevertrag angezeigten, kundenspezifisch definierbaren Service-Level-Vereinbarung, dass der Kunde für die installierte Anlage einen Servicevertrag mit 24-stündiger Reaktionszeit abgeschlossen hat. Weitere Informationen zur Vor-Ort-Installation und zu den Vertragsmodalitäten werden dem Agenten von der zentralen Datenbank des Installations-Managements (*Installed Base Management*, siehe Kapitel 7.5.4) zur Verfügung gestellt. In dieser Installed-Base-Datenbank sind nicht nur – etwa bei einem Computerproduzenten – physische Installationen (Geräte) der Kunden abgebildet, sondern – etwa wenn der CRM-Anwender eine Versicherung ist – z.B. auch Policen. Allgemein können in der Installed-Base-Datenbank z.B. Verträge oder Konten, Maschinen oder Fahrzeuge, Gebäude oder Inventar abgebildet werden.

Der Agent lässt sich das an der Heizung aufgetretene Problem genau beschreiben, bevor er nach der Lösung sucht. Bei der Lösungsfindung steht ihm das gesamte Unternehmenswissen (*Enterprise Intelligence*, siehe Kapitel 7.5.3) zur Verfügung. Im Display seiner Heizungsanlage werde »Aus 8« angezeigt, berichtet der Kunde, während links daneben die rote Lampe leuchte. Der Agent zieht zunächst die Liste häufig gestellter Fragen (*Frequently Asked Questions, FAQs*) zu Rate, die zwar eine Antwort auf die rot leuchtende Lampe (z.B. »Wasserstand zu niedrig«) gibt, nicht aber auf die »Aus 8«-Meldung.

Lösungsdatenbank und Interactive Intelligent Agent

Daraufhin konsultiert er die *Lösungsdatenbank (Solution Database)*, in der für alle Produkte alle bekannten Fehlerbeschreibungen und ihre Lösungen gespeichert sind. Der *Interactive Intelligent Agent* hilft dem Agenten bei seiner Lösungssuche. Zugleich minimiert er wirkungsvoll überflüssige oder wiederholte Suchvorgänge, indem er sich Fehlerbeschreibungen und die dafür gefundenen, vom Anwender als hilfreich eingestuften Lösungen merkt. Auf diese Weise leistet der Interactive Intelligent Agent einen wertvollen Beitrag zur permanenten Optimierung der Lösungsdatenbank.

Natürlich kennt er auch die eher selten auftretende Meldung »Aus 8« und identifiziert sie als Fehler in der Steuerungselektronik. Der Agent im Interaction Center wird im mySAP CRM-System einen Serviceauftrag anlegen, der automatisch an die Einsatzplanung des technischen Außendienstes weitergeleitet wird. Der dortige Disponent wird dem Kunden umgehend einen Terminvorschlag unterbreiten – vertragsgemäß innerhalb von 24 Stunden.

Erfüllung von Kundenwünschen

Eine Firma hat ein Gebäude mit Großraumbüros gemietet und die Nutzfläche auf den drei Etagen in mehrere abgeschlossene Einheiten unterteilt, die sie weitervermieten will. Da der Strom- und Wasserverbrauch der vermieteten Einheiten separat abgerechnet werden soll, ist die Installation zusätzlicher Verbrauchsmessgeräte erforderlich. Mit diesem Wunsch meldet sich ein Mitarbeiter der Firma über das Internet bei seinem Energieversorger.

Auf der Homepage des Energieversorgers findet er nicht nur aktuelle Produktinformationen, sondern auch verschiedene elektronische Formulare, um einen Wohnsitzwechsel zu melden, neue Lieferverträge abzuschließen, Wartungsarbeiten in Auftrag zu geben oder eben die Installation zusätzlicher Verbrauchsmessgeräte zu beantragen. Der Kommunikationskanal Internet ist für die Kunden dieses Energieversorgers ebenso komfortabel wie jeder andere auch. Genau dies ist auch die Absicht des Strom- und Wasserlieferanten, der seinen (potenziellen) Kunden auch im Internet einen umfassenden, bequemen und für ihn selbst kostengünstigen Service bieten möchte.

Was der Homepage-Besucher nicht sieht, ist die komplexe Funktionalität hinter den Internet-Seiten. Jedes elektronische Formular wurde mit dem mySAP CRM-Werkzeug *Web Requests* erstellt, wobei die einzelnen Felder zunächst mit Hilfe eines XML-Schemas individuell festgelegt werden und anschließend ein vollständiges HTML-Formular generiert werden kann. Ausgefüllte Formulare setzen im CRM-System automatisch Serviceprozesse in Gang, z.B. die Reservierung eines Fahrzeugs bei einer Autovermietung, die Anforderung eines Katalogs bei einem Versandhandelsunternehmen oder die Verlängerung des Reisepasses beim Einwohnermeldeamt.

Im betrachteten Beispiel der untervermieteten Büroflächen trägt der Kunde im Feld *Geräteanforderung* 14 Wasseruhren und ebenso viele Stromzähler ein, im Feld *Terminwunsch* beispielsweise »werktäglich nachmittags« oder »innerhalb einer Woche«. Das Formular wird nun an einen Agenten im Interaction Center des Energieversorgers weitergeleitet, der die Bestellung und den Terminwunsch des Kunden z.B. telefonisch oder per E-Mail bestätigt und die weiteren Prozess-Schritte termingerecht veranlasst.

Allerdings kann der in die mySAP CRM-Lösung integrierte *E-Service* (*Internet Self Service*) weitaus mehr, als lediglich Vertragsdatenänderungen oder Aufträge entgegenzunehmen und deren automatische Erledigung zu veranlassen. Der Self Service über das Internet ermöglicht den Kunden eines Unternehmens nicht nur die Einsicht in Abrechnungen oder erteilte Aufträge, er verschafft ihnen auch Zugriff auf das vernetzte Unternehmenswissen. Im Fall von Problemen können Kunden zu jeder Tages- und Nachtzeit auf einen Katalog häufig gestellter Fragen (FAQs) zugreifen oder mit Unterstützung durch den Interactive Intelligent Agent die Lösungsdatenbank (Solution Database) konsultieren.

Bearbeitung von Kundenbeschwerden

Nach der Installation von zwei neuen Servern für seine CAD-(Computer-Aided-Design)-Anwendungen hat ein Konstruktionsbüro Probleme, wenn mehr als drei Workstations gleichzeitig auf eine Anwendung zugreifen wollen.

Der Agent erfasst den Namen des Kunden und erhält sofort von der Interaction-Center-Anwendung einen Überblick über alle bei dieser Firma installierten Geräte. Er sieht, wann und gegebenenfalls von welchem Vertragspartner die beiden neuen Server eingerichtet wurden und dass das Konstruktionsbüro in den vergangenen vier Monaten bereits zwei mittlerweile behobene Problemfälle gemeldet hat. Ein Großteil der Geräte unterliegt noch der Garantie, und die Service-Level-Vereinbarung im Vertrag sieht eine Fehlerbehebung werktäglich innerhalb von sechs Stunden vor.

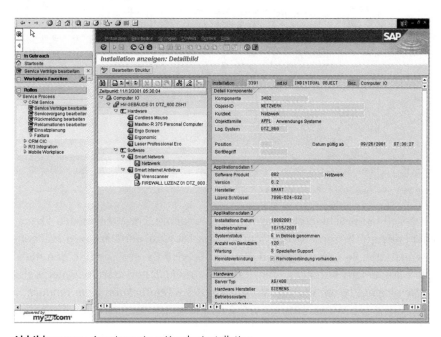

Abbildung 7.20 Anzeigen einer Kundeninstallation

Da der Kunde ungehalten reagiert, legt der Agent nun mit Hilfe der mySAP CRM-Funktion *Reklamationen* einen Beschwerdevorgang an. In die entsprechenden Eingabefelder trägt er unter anderem den Gegenstand der Beschwerde (die beiden Server) und den Beschwerdegrund (unzureichende Server-Performance) ein. Außerdem veranlasst der Agent Maßnahmen, um den Kunden möglichst rasch zufriedenzustellen. Dafür bietet ihm das mySAP CRM Interaction Center eine ganze Reihe von Handlungsoptionen. Der Agent kann beispielsweise für den Kunden eine Gutschrift anweisen, er kann die Rücklieferung einer Ware sowie die gleichzeitige Bereitstellung von Ersatz veranlassen oder – wie in unserem Beispiel – mit dem Anlegen eines Serviceauftrags dafür sorgen, dass sich ein Außendienst-Techniker des Problems annimmt. Von der Einsatzplanung beauftragt, meldet dieser wenige Stunden später über seinen Laptop den Auftrag als erledigt an das CRM-System.

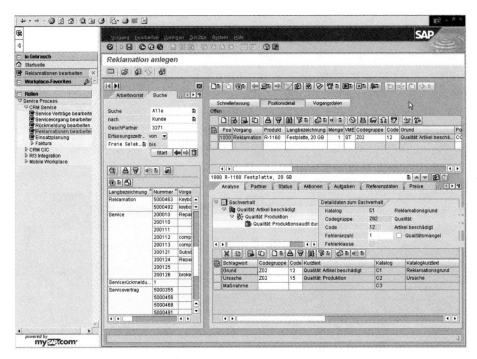

Abbildung 7.21 Anlegen einer Reklamation

Damit hat sich die Beschwerde zwar für den Kunden, nicht aber für den Server-Hersteller erledigt. Dessen CRM-System speichert sowohl den Beschwerdegegenstand als auch den Beschwerdegrund, den der Service-Center-Agent in den meisten Fällen aus einem vorgegebenen Katalog auswählt und dort beispielsweise *unfreundlicher Mitarbeiter*, *verspätete Lieferung* oder *Fehlfunktion beim Produkt xy* markiert. Auf diese Weise können im Rahmen einer späteren Serviceanalyse

Schwachstellen leicht erkannt und durch geeignete Maßnahmen behoben werden. Letztere können eine Mitarbeiterschulung, der Einsatz zusätzlicher Lieferfahrzeuge oder auch ein Auftrag an die Qualitätskontrolle sein. Kein Unternehmen freut sich über Beschwerden, aber ein kundenorientiertes nutzt sie zur Optimierung der eigenen Prozesse. Diese Optimierung wird durch die *Serviceanalyse* von mySAP CRM unterstützt (siehe Kapitel 7.5.8).

7.5.3 Management von Unternehmenswissen

Es ist noch gar nicht so lange her, da arbeiteten in den Support-Zentren der Hersteller anspruchsvoller Softwareprogramme oder komplexer technischer Geräte ausschließlich Spezialisten, die jeweils für eine bestimmte Produktreihe zuständig waren. Das technische Innenleben und die Funktionsweise der von ihnen betreuten Produkte beherrschten sie komplett. Wer als Kunde ein Problem hatte, war glücklich, wenn er an einen dieser Spezialisten geriet – wenn er denn verfügbar war.

Enterprise Intelligence

Heute ist jeder Service-Center-Agent ein Spezialist für alle Fragen, vorausgesetzt, sein Unternehmen arbeitet mit ausgefeiltem Customer Relationship Management. mySAP CRM ermöglicht einem Agenten – wie übrigens auch jedem Kunden über das Internet – den autorisierten Zugriff auf das gesamte Unternehmenswissen. Diese Funktionen werden unter dem Begriff *Enterprise Intelligence* zusamengefasst, einem leistungsfähigen Element von mySAP CRM, das nicht nur Wissen verwaltet, sondern es auch durch das gezielte Sammeln und Kategorisieren von Informationen vermehrt.

Die Suche nach Spezialisten im Unternehmen, die auf knifflige Anfragen kompetent Antwort geben können, ist obsolet geworden. Kein einzelner Mitarbeiter verfügt über ein größeres *lösungsadäquates* Wissen als die in mySAP CRM integrierte Enterprise-Intelligence-Komponente, die für komplexe Probleme präzise, konsistente und im Alltag bewährte Lösungen bietet. Mit Hilfe der Werkzeuge

▶ Lösungsdatenbank (Solution Database)
▶ Interactive Intelligent Agent (IIA)
▶ Liste häufig gestellter Fragen (Frequently Asked Questions, FAQs)

kann ebenso einfach wie kostengünstig ein zentraler Informations-Pool für alle Mitarbeiter, Kunden und Geschäftspartner eines Unternehmens aufgebaut werden.

Solution Database

Das Langzeitgedächtnis im Service-Bereich ist die *Lösungsdatenbank (Solution Database)*. In ihr sind alle bekannten Problembeschreibungen gespeichert. Eingegeben werden sie als Freitext mit Attributen (zum Beispiel Typbezeichnung) und/oder mit definierten Codes, die ein Problem oder einen aufgetretenen Schaden beschreiben. Jeder Problembeschreibung sind eine oder mehrere Lösungen zugeordnet, die Freitext, Codes, Detailzeichnungen, Videoclips oder auch Webseiten beinhalten können. Letztendlich nutzt die Lösungsdatenbank – unterstützt vom Interactive Intelligent Agent – eine Vielzahl von Informationsquellen, um Probleme und deren Lösungsmöglichkeiten zu dokumentieren, zu speichern und beide miteinander zu verbinden.

Interactive Intelligent Agent

Der *Interactive Intelligent Agent* (IIA) ist eine interaktive Suchmaschine, die sich in den vielschichtigen Pfaden der Lösungsdatenbank (Solution Database) bestens auskennt und stets den kürzesten und schnellsten Weg zur Lösung weist. Er optimiert die Suche, indem er redundante oder wiederholte Suchvorgänge wirkungsvoll minimiert. Zudem merkt er sich Problembeschreibungen (Symptome) und die dafür gefundenen, vom Nutzer als hilfreich bewerteten Lösungen. Dieser Lernprozess (*Adaptive Learning*) versetzt ihn nicht nur in die Lage, mit statistischen Reports (z. B. häufigste positiv bewertete Lösung eines Problems) zur permanenten Optimierung der Lösungsdatenbank beizutragen, sondern er gestattet ihm auch, für eine Vielzahl von Problembeschreibungen konkrete Lösungsempfehlungen zu geben.

In das Eingabefeld des Interactive Intelligent Agents kann ein Nutzer als Problembeschreibung jede Kombination von Freitext, Attributen oder problemspezifischen Codes eingeben. Daraufhin empfiehlt der IIA – sofern er die Lösung nicht sogar schon parat hat – dem Nutzer Begriffe oder Codes, die geeignet sind, die Lösungssuche einzuengen. Die schließlich gefundene Lösung kann ausgedruckt oder auch per E-Mail verschickt werden. In diesem Fall wird die E-Mail-Adresse des Kunden, sofern im Kundenstammsatz vorhanden, automatisch angezeigt. Darüber hinaus bietet der IIA dem Nutzer Zugriff auf eine Liste mit kürzlich und/oder häufig gefundenen Lösungen für ein bestimmtes Problem. Thematisch gleiche oder wiederholte Suchvorgänge können auf diese Weise vermieden werden.

Der Interactive Intelligent Agent bietet die Möglichkeit, bei der Eingabe von Freitext auch nach dem Wortstamm, nach einem in einem anderen Begriff enthaltenen Wort oder nach phonetischen Übereinstimmungen zu suchen. Außerdem kooperiert er eng mit zwei weiteren Komponenten, die ihn besonders komfortabel und anwenderfreundlich machen: mit der Lernmaschine (*Learning Engine*) und der Optimierungsmaschine (*Optimization Engine*).

▶ **Die Lernmaschine (Learning Engine)**

Die Lernmaschine analysiert die Genauigkeit eines Suchergebnisses und verbessert umgehend die Qualität und Präzision nachfolgender Suchvorgänge, indem sie die Bedeutung lösungsrelevanter Informationen aufwertet. Diese Information (»besser als bisherige Lösungen«) gibt die Lernmaschine an die Optimierungsmaschine weiter.

▶ **Die Optimierungsmaschine (Optimization Engine)**

Die Optimierungsmaschine unterstützt die für den Inhalt der Lösungsdatenbank verantwortlichen Spezialisten durch statistische Datenaufbereitung anhand von Nutzer-Rückmeldungen, durch Reports aus unterschiedlichen Blickwinkeln und durch automatisch generierte Vorschläge. Auf diese Weise können der Inhalt der Lösungsdatenbank und die Suchqualität kontinuierlich verbessert werden. Die Liste häufig gestellter Fragen und Antworten (FAQs) ist ein inhaltliches Konzentrat des in der Lösungsdatenbank gespeicherten Unternehmenswissens und stellt für die Kunden wie auch für die Mitarbeiter eines Unternehmens eine wichtige Informationsquelle dar.

7.5.4   Management der Kundeninstallationen

Das Management der vorhandenen Kundeninstallationen (*Installed Base Management*) umfasst die Pflege und Verwaltung aller relevanten Informationen. Details werden anhand der nachfolgenden Beispiele deutlich.

Beispiel Installationsübersicht

Ein Werkzeugmaschinenhersteller liefert unter Einbeziehung mehrerer Kooperationspartner einen Großteil der technischen Ausstattung für die neue Produktionshalle eines Automobilzulieferers. Da die Zulieferteile just in time an den Automobilproduzenten geliefert werden, hat der Zulieferer mit dem Werkzeugmaschinenhersteller für produktionswichtige Anlagen Serviceverträge mit extrem kurzen Reaktionszeiten abgeschlossen.

Als Hauptauftragnehmer gewährleistet der Maschinenbauer den Kunden-Service für das von ihm und seinen Partnern gelieferte technische Equipment. In mySAP CRM wird dieses Equipment im Installations-Management grafisch abgebildet.

Für einen Agenten im Interaction Center wie auch für jeden Außendienstmitarbeiter, der über mobile Geräte auf das CRM-System Zugriff hat, ist im Installations-Management auf einen Blick ersichtlich, dass bei dem Automobilzulieferer beispielsweise drei CNC-Drehmaschinen, zwei Vier-Achsen-Fräszentren, eine

Laser-Schneidanlage und vier Handhabungsautomaten installiert sind. Die übersichtliche Baumstruktur lässt auch erkennen, ob die drei Drehmaschinen vom gleichen Typ sind oder ob sie unterschiedliche Ausstattungsmerkmale aufweisen. Der visualisierten Installation kann der Agent gleichfalls entnehmen, welche Anlagen von welchen Partnerfirmen seines Unternehmens geliefert wurden.

Da das Installations-Management in den Serviceprozess integriert ist, kann von dort aus auch auf Verträge zugegriffen werden. Außendienstmitarbeiter können sich somit vor einem Besuch beim Kunden oder vor Ort rasch über die Modalitäten der abgeschlossenen Verträge informieren.

Beispiel: Individuelle Objekte (Individual Objects)

Eine Hausverwaltungsgesellschaft bietet ihren Firmen- und Privatkunden auch Wartungs- und Reparaturdienstleistungen an. Dazu gehört auch der Austausch von Verbrauchsmessgeräten und defekten Thermostaten an Heizkörpern. Für jeden Kunden hat die Hausverwaltung in ihrem CRM-System eine Installationsbeschreibung (*Installed Base*) angelegt. Für das zweistöckige Bürogebäude einer Anwaltssozietät hat sie folgende Struktur:

Installation
- Gebäude
- Stockwerk1
  - Raum 1
    - ■ Heizkörper
    - ■ Heizkörper
  - Raum 2
    - ■ Heizkörper
    - ■ Heizkörper
  - Raum 3
    - □ ZENTRALVERSORGUNG
- Stockwerk 2
  - Raum 1
    - ■ Heizkörper
    - ■ Heizkörper
    - ■ Heizkörper
  - Raum 2
    - ■ Heizkörper
    - ■ Heizkörper

Diese Installationsbeschreibung lässt auf einen Blick erkennen, wie viele Heizkörper sich auf einem Stockwerk und in einem Raum befinden. Zu jedem Heizkörper werden dieselben Informationen angezeigt: Identifikationsnummer, Thermostat-Typ und Typ des Verbrauchsmessgeräts. Ins Auge fällt die Komponente in Raum 3.

Die Zentralversorgung mit integrierter Warmwasseraufbereitung, eine Spezialanfertigung für das Bürogebäude, wurde im Installations-Management als individuelles Objekt (*Individual Object*) abgebildet, für das ungleich mehr Informationen angezeigt werden, beispielsweise Gerätetyp, Baujahr, Leistungsdaten und Wartungsintervalle. Im Fall einer Funktionsstörung der Zentralversorgung würde die Hausverwaltung keinen Monteur, sondern einen ihrer Heizungsspezialisten mit der Reparatur beauftragen und ihm die anlagenspezifischen Daten zur Verfügung stellen.

Jedes Unternehmen kann das Installations-Management im CRM-System flexibel an die eigenen Anforderungen anpassen. So besteht zum Beispiel die Möglichkeit, alle Kundeninstallationen in einer einzigen Installationsbeschreibung abzubilden, mehrere gleichartige Kundeninstallationen in einer Beschreibung zusammenzufassen oder für jeden Kunden und dessen Installation eine separate Installed Base im System anzulegen.

7.5.5 Außendienst und Einsatzplanung

Die von der Service-Komponente in mySAP CRM bereitgestellten Funktionen für den Außendienst und die Einsatzplanung (Field Service & Dispatch) unterstützen den gesamten Service-Zyklus von der Kundenanfrage über die Auftragsausführung bis hin zur Fakturierung.

Bei der Betrachtung von Außendienst und Einsatzplanung sollte *Service* jedoch nicht auf das klassische Aufgabenspektrum des technischen Kundendienstes begrenzt gesehen werden – also auf Wartung, Reparatur, Austausch oder Neuinstallation eines Gerätes. Eine *Service*-Aufgabe erledigt beispielsweise auch der Außendienstmitarbeiter einer Versicherung, der beim Kunden einen Schaden aufnimmt. *Service* nimmt auch der Kunde einer Krankenversicherung in Anspruch, der sich vor einer Rehabilitationsmaßnahme persönlich beraten lässt. Und *Service* bietet auch der Außendienst einer Sicherheitsfirma, wenn er einem Kunden auf Wunsch neue Techniken zur Objektsicherung vorstellt. Ob solche Dienstleistungen im Rahmen bestehender Serviceverträge erbracht, kostenfrei angeboten oder gesondert berechnet werden, ist für den im mySAP CRM-System automatisierten Serviceprozess ohne Bedeutung.

Gleichwohl lässt sich die komfortable Funktionalität der Service-Komponente *Außendienst und Einsatzplanung* anhand eines Auftrags für den technischen Außendienst am besten verdeutlichen:

Beispiel: Technischer Außendienst

Im Haus des Kunden ist die Klimaanlage ausgefallen. Der Kunde ruft morgens um 8.30 Uhr von seinem Büro aus die Hotline-Nummer im Service-Center des Herstellers an, dessen Firmensitz zwar einige hundert Kilometer entfernt ist, der aber ein flächendeckendes Netz von kombinierten Vertriebs- und Servicestützpunkten unterhält. Die Ersatzteilversorgung erfolgt zentral vom Firmensitz aus.

Dem Agenten im Interaction Center gibt der Kunde die Seriennummer des Gerätes und eine Fehlerbeschreibung. Die Überprüfung möglicher Fehlerursachen (Stromsicherung, Kühlmittelstand), um die der Agent den Kunden bittet, ist bereits erfolglos geblieben. »Am besten schicken Sie einen Techniker vorbei«, verlangt der Kunde.

Einsatzplanung (Resource Planning) und Auftragsausführung

Der Agent erfasst die Serviceanforderung mit den erforderlichen Kundendaten (Name, Wohnort, Klimaanlagentyp, Fehlerbeschreibung) in seiner Interaction-Center-Anwendung und erklärt dem Kunden, dass sich in Kürze ein Mitarbeiter zwecks Terminvereinbarung bei ihm melden werde. mySAP CRM gleicht den Wohnort bzw. die Postleitzahl des Kunden ab und übermittelt den Serviceauftrag automatisch an den in der Einsatzplanung (*Resource Planning*) regional zuständigen Disponenten. Dieser verschafft sich daraufhin einen Überblick über die in seiner Region verfügbaren Außendienstmitarbeiter.

Auf seinem Bildschirm sieht der Einsatzplaner, dass potenziell acht Techniker verfügbar sind. Allerdings sind zwei Leute zurzeit im Urlaub, einer ist für den Rest der Woche krank geschrieben, vier Techniker sind an diesem Tag mit Aufträgen bereits ausgelastet; lediglich der fünfte einsatzfähige Mitarbeiter hat noch freie Kapazitäten. Der Disponent sieht, dass der betreffende Techniker an diesem Tag ab 13 Uhr verfügbar ist, ruft den Kunden an und schlägt den Besuch des Technikers zwischen 13 und 16 Uhr vor (siehe Abbildung 7.22).

Dem manuell ausgewählten, an diesem Tag noch verfügbaren Techniker weist der Disponent nun mit einem Mausklick den Auftrag zu, den das CRM-System daraufhin automatisch an das mobile Endgerät des Außendienstmitarbeiters (Laptop, WAP-Handy oder Handheld-Gerät) übermittelt. Der Disponent weiß, dass einige Techniker ihre Service-Rückmeldungen erst abends offline in ihre Mobilgeräte eingeben, sie am nächsten Morgen ins CRM-System übertragen und bei dieser Gelegenheit auch die tagesaktuellen Aufträge entgegennehmen. Das wäre zu spät für den Kunden mit der defekten Klimaanlage. Der Disponent informiert den Techniker deshalb zusätzlich mit einer SMS-Nachricht oder über dessen Pager. Kurze Zeit später bestätigt der Servicemitarbeiter den neuen, mit hoher Priorität versehenen Auftrag.

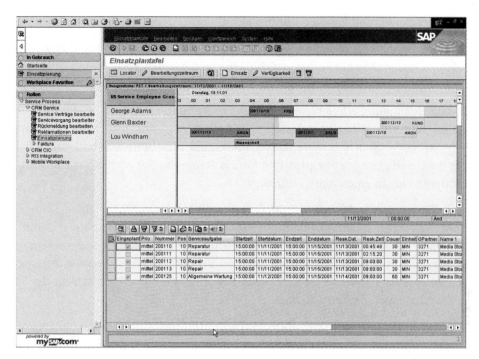

Abbildung 7.22 Mitarbeitereinplanung mit der Einsatzplantafel

Gegen 13 Uhr trifft der Techniker beim Kunden ein und macht sich umgehend an die Arbeit. Den Fehler in der Zentralsteuerung der Klimaanlage findet er schnell mit Hilfe seines Diagnosegeräts. Zwar hat er eine Hauptplatine dieses älteren Typs nicht bei sich, aber er kann den defekten Schaltkreis durch Einbau eines zusätzlichen Schalters überbrücken – eine Notlösung, die den Betrieb der Klimaanlage bis zum baldigen Austausch der Hauptplatine sicherstellt.

Automatisierte Auftragsabwicklung

mySAP CRM Service unterstützt auch eine vollständig automatisierte Auftragsabwicklung. In diesem Fall schlägt der Agent im Interaction Center dem Kunden einen Zeitraum für die Auftragserledigung vor (*Appointment Offering*) – Donnerstag zwischen acht und zwölf Uhr – und legt einen Serviceauftrag mit Fehlerbeschreibung an. Diesen leitet mySAP CRM an einen in dieser Zeit verfügbaren, zur Erledigung der Aufgabe qualifizierten Außendienstmitarbeiter weiter. Diese Form der Auftragsabwicklung wird zum Beispiel von Geräteherstellern mit Massengeschäft bevorzugt.

Servicerückmeldung (Service Confirmation)

Servicerückmeldungen können über unterschiedliche Kommunikationskanäle erfolgen und stoßen bei Bedarf verschiedene, automatisch ablaufende Workflows an.

In sein Handheld-Gerät gibt der Servicetechniker unter der Auftragsnummer die Daten des erst teilweise erledigten Auftrages ein: An- und Abfahrtszeiten, Arbeitszeit, verbrauchtes Material (Schalter). Zusätzlich bestellt er im Ersatzteillager die benötigte neue Hauptplatine für die Steuerung der Klimaanlage und legt für deren Einbau einen neuen Auftrag an.

Alle diese Angaben könnte der Techniker auch telefonisch über einen Service-Center-Agenten, online über das Internet oder auch offline mit späterer Datenübergabe von einem Laptop aus an das CRM-System übermitteln, das sie seinerseits an die entsprechenden Komponenten des ERP-Systems (Personalplanung, Materialwirtschaft) weiterleitet. Die daraus resultierenden Prozess-Schritte im ERP-System laufen automatisch ab:

▶ Die Materialwirtschaftskomponente registriert die Entnahme des Schalters und der Hauptplatine, prüft das Bestands-Soll und veranlasst gegebenenfalls eine (Nach-)Bestellung. Zugleich bucht sie das verbrauchte Material auf den für den Kunden angelegten Serviceauftrag.

▶ Die Fahrt- und Arbeitszeit des Technikers meldet das CRM-System an die anwendungsübergreifende Zeiterfassung – *das Cross-Application Time Sheet (CATS)*. Diese Applikation verbucht die rückgemeldeten Zeiten sowohl auf dem Zeitkonto des Technikers *(mySAP HR Payroll)* als auch im Einzel- oder Sammel-Serviceauftrag des Kunden. Bei der späteren Fakturierung werden alle Rechnungspositionen (Material, Zeit) automatisch in Geldbeträge umgewandelt und übersichtlich ausgewiesen. Der Kunde erhält eine in ihren Einzelpositionen nachvollziehbare Gesamtrechnung.

mySAP CRM Service bietet auch die Möglichkeit, für einen Serviceprozess mehrere Rückmeldungen zu geben, etwa wenn ein Außendienstmitarbeiter wie im Beispiel der defekten Klimaanlage mehr als einen Tag zur Erledigung einer Aufgabe benötigt oder wenn mehr als ein Mitarbeiter mit der Erledigung einer Aufgabe befasst ist. Zudem ist es möglich, gleichzeitig für mehrere Aufträge Rückmeldungen zu geben, beispielsweise wenn sie offline in einen Laptop oder in eine Handheld-Applikation eingegeben wurden und bei der nächsten Online-Verbindung gemeinsam an das CRM-System überspielt werden.

Ganzheitliches Service-Konzept

Das mySAP CRM zugrunde liegende ganzheitliche Konzept ermöglicht es jedem Servicemitarbeiter, auch auf Funktionen des vertrieblichen Außendienstes zuzugreifen. Hätte sich im Beispiel der defekten Klimaanlage der Kunde für eine Erweiterung oder Modernisierung seines hauseigenen Systems entschieden, so hätte ihm der Service-Techniker hierfür sofort konkrete und verbindliche Vorschläge machen können. Nicht der *Vertriebs*-Außendienst, sondern der *technische* Außendienst hätte in diesem Fall – mit der Kundensituation vor Augen – Zusätzliche Umsätze für seine Firma generiert.

Fakturierung

Die Fakturierung (*CRM Billing*, siehe auch Kapitel 7.4.6) stellt alle erforderlichen Funktionen zur Verfügung, um einem Kunden Zeit, Materialien und geleistete Servicedienste in Rechnung zu stellen. Serviceverträge können periodisch abgerechnet werden, wobei im Fakturierungsplan festgelegt werden kann, welcher Betrag oder Prozentsatz jeweils abgerechnet wird. Die Fakturierung *einzelner* Aufträge oder Service-Einsätze ist ebenfalls möglich, und zwar unabhängig von einer im Einzelfall vielleicht nicht erforderlichen Auftragsrückmeldung, nach jeder einzelnen Rückmeldung oder nach vollständiger Erledigung eines Auftrages.

7.5.6 Serviceplanung

Die Serviceplanung (*Service Planning*) von mySAP CRM ist ein flexibles Werkzeug, mit dessen Hilfe Serviceleistungen als *Produkte* definiert und offensiv vermarktet werden können, und zwar sowohl mit Blick auf zuvor definierte Kundenzielgruppen als auch im Rahmen breit angelegter Kampagnen. Die Serviceplanung unterstützt grundsätzlich alle Arten von Dienstleistungen: Kundendienst und technische Installation, Training und Beratung.

Ein Telekommunikationsunternehmen könnte beispielsweise folgende Services planen und über das Internet, sein Interaction Center oder den Außendienst anbieten:

▶ Austausch leitungsgebundener Haustelefonapparate gegen portable Geräte zu einem Festpreis. Dieses Angebot ist auf sechs Monate befristet und gilt nur, wenn der Geräteaustausch an einem Dienstag oder Donnerstag vorgenommen wird, da der technische Außendienst an diesen beiden Tagen zu weniger als 70 Prozent ausgelastet ist.

▶ Allen Kunden mit einem ISDN-Internetzugang bietet der technische Service die Umstellung auf einen breitbandigen, schnelleren Netzzugang zu einem Pauschalpreis an, wenn sie sich dafür in den kommenden sechs Monaten entscheiden. Über dieses Angebot informiert der Telekommunikationsanbieter seine Kunden im Internet, auf der monatlichen Gebührenabrechnung sowie mit landesweit ausgestrahlten Fernsehspots.

Die folgenden Beispiele zeigen, dass solche Serviceprodukte für nahezu jedes Unternehmen denkbar sind, welches Service nicht als produktbegleitende Pflichtleistung versteht, sondern als ein wertschöpfendes Instrument, mit dem die Beziehung zum Kunden gestärkt und ausgebaut werden kann:

▶ Eine Heizungsbaufirma hat festgestellt, dass mehr als 85 Prozent ihrer Kunden in den Monaten November und Dezember eine Inspektion ihrer Heizungsanlage wünschen. Um ihren technischen Service gleichmäßiger auszulasten, bietet die Firma nun eine preislich günstigere Inspektion in den Monaten April bis Juni an, verbunden mit einer »Winter-Garantie«, die eine maximale Ausfallzeit von sechs Stunden vorsieht.

▶ Ein Automobilhersteller bietet seinen Kunden über die Niederlassungen und Vertragshändler einen kostengünstigen Urlaubs-Check ihrer Fahrzeuge an, der allerdings nur Dienstags angeboten wird. An diesem Wochentag ist die Auslastung aller Werkstätten signifikant niedrig.

7.5.7 Serviceabwicklung

In Serviceverträgen finden sich in der Regel besondere Vereinbarungen, die als *Service Level Agreements* oder *SLA-Parameter* bezeichnet werden. In mySAP CRM sind die SLA-Parameter *Bereitschaftszeit* und *Reaktionszeit* standardmäßig integriert, jedoch können zusätzliche, unternehmensspezifische Parameter zur Unterstützung spezieller Geschäftsprozesse frei definiert werden.

Diese Parameter dienen nicht nur der Beschreibung besonderer Vereinbarungen, sie können vielmehr auch zur Steuerung der Abwicklung eines Serviceprozesses herangezogen werden, indem das CRM-System Rückmeldungen mit den vertraglichen Zeitvorgaben vergleicht. Sofern solche Zeitvorgaben voraussichtlich nicht eingehalten werden können, werden zuvor definierte, firmeninterne Eskalationsschritte automatisch veranlasst, um schon im Vorfeld zu vermeiden, dass es zu einer Kundenbeschwerde kommt. Eine solche Eskalationsmaßnahme könnte zum Beispiel die rechtzeitige Benachrichtigung des Kunden über verspätet eintreffende Servicemitarbeiter sein, oder auch die Benachrichtigung über die nicht zeitgerechte Verfügbarkeit von Ersatzteilen oder die Nicht-Berechnung von Arbeitszeit als Ausgleich für solche Unannehmlichkeiten.

Serviceverträge mit besonderen Vereinbarungen

Grundsätzlich repräsentieren Serviceverträge längerfristige Vereinbarungen zwischen Unternehmen und Kunden. Der klassische Fall ist die gesetzlich vorgeschriebene Garantiezeit für ein Produkt, welche in der Regel auch Serviceleistungen umfasst. Mit dem Kauf des Produktes tritt ein standardisierter Garantie- und Servicevertrag mit gleichen Konditionen für alle Käufer in Kraft.

Vielen Kunden ist das Standardangebot indes nicht ausreichend und sie verlangen Serviceverträge, die auf ihre persönlichen Erfordernisse zugeschnitten sind. Sie wünschen zum Beispiel für ihre Klimaanlage einen über zwei Jahre laufenden Servicevertrag mit der Maßgabe, dass der Techniker die periodischen Wartungsarbeiten stets nach 17 Uhr vornimmt und der besonderen Vereinbarung, dass ein auftretendes Funktionsproblem innerhalb von 24 Stunden behoben wird.

In mySAP CRM Service können sowohl Standard- als auch Individualverträge mit SLA-Parametern angelegt und verwaltet werden. Sofern sich ein Vertrag auf ein Gerät oder eine technische Installation bezieht, wird das technische Equipment im Zusammenhang mit dem Vertrag angezeigt. Wann immer ein Serviceprozess, der auf einem Servicevertrag basiert, angestoßen wird, vergleicht das CRM-System automatisch die zur Ausführung anstehenden Leistungen mit den Konditionen des Vertrags. Wenn zum Beispiel in der besonderen Vertragsvereinbarung eines Computernutzers ein Vor-Ort-Service innerhalb von 24 Stunden festgelegt wurde, dieser nun aber wegen eines dringenden Auftrags einen Techniker innerhalb von sechs Stunden anfordert, dann könnte ihm die schnellere Reaktionszeit gesondert in Rechnung gestellt werden. Solche vertraglich nicht abgedeckten Serviceleistungen werden preislich definiert und im CRM-System unter *Konditionen* abgelegt. In ähnlicher Weise könnte in einem Wartungsvertrag vermerkt sein, dass alle Serviceleistungen für eine Kundeninstallation innerhalb eines bestimmten Zeitraums ohne Berechnung erfolgen sollen.

7.5.8 Serviceanalyse

Die Service- und Außendienstmitarbeiter eines Unternehmens stehen, gemeinsam mit ihren Vertriebskollegen, stets in größter Nähe zum Kunden. Aus Sicht des Kunden repräsentieren *sie* das Unternehmen – Menschen, mit denen man reden kann, die Fragen beantworten und bei Problemen weiterhelfen. Die Meinung, die ein Kunde von einem Unternehmen hat, wird maßgeblich durch diejenigen Mitarbeiter geprägt, mit denen er in direktem Kontakt steht. Wo die Qualität eines Produktes oder einer Dienstleistung kaum mehr als Differenzierungsmerkmal dienen kann, wird die Zufriedenheit des Kunden mit dem Service immer häufiger zum wettbewerbsentscheidenden Kriterium.

Kundenorientierte Firmen haben die Zufriedenheit ihrer Klientel nicht nur fest im Blick, sie messen sie auch. Die erforderlichen Daten stellt mySAP CRM zur Verfügung. Um die Auswertung und ihre grafische Darstellung kümmert sich die *Serviceanalyse (Service Analytics)*.

Prinzipiell besteht die Möglichkeit, alle Serviceprozesse (Planung, Prognose, Ausführung) zu überwachen und zu analysieren. Auf Basis der Analyseergebnisse können zielgerichtet neue Kundenbeziehungen aufgebaut und bestehende gestärkt werden. Für die Analyse eines Serviceprozesses können Schlüssel-Kennzahlen definiert werden, die beispielsweise Aussagen über folgende Punkte ermöglichen:

▶ Volumina (Zahl von Aufträgen)

▶ Qualität (Zahl der Beschwerden)

▶ Kosteneffizienz (Kosten im Vergleich zu den Einnahmen)

Auf der Grundlage solcher Basis-Kennzahlen, die das CRM-System dem SAP Business Information Warehouse zur Verfügung stellt, kann das Unternehmen zusätzliche, seinem Informationsbedarf entsprechende Kennzahlen definieren. Die Serviceanalyse liefert zum Beispiel Antworten auf folgende Fragen:

▶ Welche Service Level Agreements (SLAs) werden von den Kunden am häufigsten gewünscht?

▶ In wie viel Prozent aller Fälle konnten die vereinbarten SLA-Zeiten vom Unternehmen *nicht* eingehalten werden? Welche Gründe gab es dafür?

▶ Welche Produkte verursachen die meisten Fehlermeldungen?

▶ Wie viel Prozent aller Beschwerden beziehen sich auf das Interaction Center, den Internet Self Service oder den Außendienst?

▶ In welchem Kundensegment (kategorisiert z.B. nach Alter, Servicevertrag oder privat/gewerblich) ist die Zahl der Reklamationen am niedrigsten?

▶ Welche Kundengruppen nehmen das neue Produkt- oder Dienstleistungsangebot am häufigsten, welche am wenigsten in Anspruch?

▶ Lässt die Kundenzufriedenheit regionale Unterschiede erkennen?

Es gibt kaum eine servicerelevante Frage, die nicht mit Hilfe des Datenbestandes von mySAP CRM durch eine Serviceanalyse beantwortet werden könnte, ggf. auch im Verbund mit weiteren firmeninternen Quellen. Die Analyseergebnisse versetzen das Unternehmen in die Lage, Fehlentwicklungen frühzeitig zu erkennen und mit adäquaten Maßnahmen darauf zu reagieren. Letztendlich dienen alle Analysen dazu, die Serviceprozesse zu optimieren und sie kontinuierlich an den Kundenwünschen auszurichten, um auf diese Weise aus zufriedenen auch loyale Kunden zu machen.

8 mySAP CRM – Funktionale Schlüsselbereiche und Geschäftsszenarien

Neben der ganzheitlichen, im vorherigen Kapitel dargestellten Sicht auf den Customer Interaction Cycle mit den Phasen Engage, Transact, Fulfill und Service orientiert sich mySAP CRM an konkreten Geschäftsszenarien, die aus Kundenanforderungen heraus abgeleitet wurden. Diese Geschäftsszenarien werden zu funktionalen Schlüsselbereichen zusammengefasst und sind Grundlage sowohl für die Produktentwicklung als auch für den Vertriebsprozess und die Einführungsprojekte bei Kunden. Konkret bedeutet dies:

▶ mySAP CRM-Produktentwickler und -Produktmanager identifizieren und analysieren in Zusammenarbeit mit Kunden funktionale Schlüsselbereiche und Geschäftsszenarien. Es folgen Design, Entwicklung, Test und Auslieferung unter durchgängiger Verantwortung jeweils eines Szenario-Zuständigen. Durch dieses Verfahren wird erreicht, dass Geschäftsabläufe, wie sie tatsächlich beim Kunden stattfinden, optimal in der mySAP.com-Software abgebildet werden.

▶ mySAP CRM-Vertriebsmitarbeiter diskutieren konkrete Geschäftsszenarien mit ihren Kunden und können mit Hilfe des *E-Business Case Builders* schon frühzeitig Nutzenpotenziale für den Kunden ermitteln.

▶ mySAP CRM-Berater unterstützen Kunden bei der schnellen Einführung von mySAP CRM unter Verwendung der in *Best Practices* vorkonfigurierten CRM-Geschäftsszenarien.

Die folgende Übersicht listet wichtige funktionale Schlüsselbereiche auf, die durchgängig von Entwicklung, Vertrieb und Beratung unterstützt werden:

▶ Marketing Management
▶ Sales
▶ E-Selling
▶ Field Sales
▶ Interaction Center
▶ Customer Service
▶ Field Service & Dispatch
▶ Integrierte Vertriebsplanung
▶ Leasing & Asset Management (geplant)

Die wesentlichen zu diesen funktionalen Schlüsselbereichen gehörenden Geschäftsszenarien werden im Folgenden skizziert.

8.1   Marketing Management

Marketing Management unterstützt die Planung, Zielgruppenauswahl, Ausführung und Analyse von Marketing-Aktivitäten und -Kampagnen über alle Interaktionskanäle hinweg. Hauptszenarien sind:

▶ **Kampagnenmanagement**
Kampagnenabwicklung von der Marktanalyse über die Kampagnendurchführung bis zur Analyse der Ergebnisse

▶ **Lead Management**
Automatisierung der dem Verkaufsprozess vorausgehenden Schritte, um so der Vertriebsabteilung die Möglichkeit zu geben, sich auf die Interessenten und Opportunities mit den größten Erfolgschancen zu konzentrieren

▶ **Zielgruppenmodellierung**
Ermittlung und Festlegung von Zielgruppen für bestimmte Marketingaktivitäten

▶ **Kundenverhaltensanalyse**
Analyse des Kauf- und Abwanderungsverhaltens der Kunden

▶ **Kundenprofitabilitätsanalyse**
Ermittlung der Profitabilität einzelner Kunden, entweder als Differenz zwischen Erlösen und Kosten pro Kunde oder als detaillierte Kundendeckungsbeitrags-Analyse unter Einbeziehung verschiedener Erlösarten, Produkt- und Vertriebskosten

▶ **Customer-Lifetime-Value-Analyse**
Mit Hilfe des *Customer Lifetime Values (CLTV)* kann pro Kundensegment und pro Lifetime-Periode ermittelt werden, wie sich der Kundenbestand und die Profitabilität entwickelt haben

▶ **Trade Promotion Management**
Mit dem 3.0-Nachfolge-Release verfügbare Lösung zur Planung und Abwicklung von Verkaufsförderungsmaßnahmen.

Mehr Informationen zum Thema *Marketing Management* finden sich in Kapitel 7.2.

8.2   Sales

Sales umfasst alle Schritte des Verkaufsprozesses – vom ersten Kundenkontakt bis hin zum Vertragsabschluss – über alle Interaktionskanäle hinweg. Die Hauptszenarien sind:

▶ **Opportunity Management**
Geschäftsabläufe von der Indentifikation einer Verkaufschance bis zum Kaufvertrag (bzw. vorzeitigen Abbruch)

▶ **Opportunity Management und Mobile Sales**
Unterstützung des Vertriebsmitarbeiters im Außendienst durch automatischen Datenabgleich zwischen seinem persönlichen Laptop und dem CRM Server

▶ **Kundenauftragsabwicklung**
Auftragsbearbeitung inkl. Verfügbarkeitsprüfung und Liefereinplanung. Die Rechnungsstellung erfolgt durch die Billing-Funktion von mySAP CRM oder durch das SAP R/3 Supply Chain Execution System.

▶ **Wertkontraktabwicklung**
Erstellung und Bearbeitung von Wertkontrakten. Immer wenn ein Kunde Produkte von seinem Wertkontrakt abruft, wird die Auftragsabwicklung angestoßen und der verbleibende Wert angepasst.

Weitere Details zum Thema *Sales* sind in Kapitel 7.3 dargestellt.

8.3 E-Selling

E-Selling ist die umfassende SAP-Lösung für den Verkauf von Produkten über das Internet. Alle Phasen des Verkaufszyklus von Marketing über Katalog-Browsing bis hin zu Auftragserteilung, Zahlung, Vertragserfüllung und Kundenunterstützung werden abgedeckt. Die Hauptszenarien von E-Selling sind:

▶ **Bestellvorgang Business-to-Business (B2B) Sales**
Mit diesem Szenario können Geschäftspartner Produkte und Dienstleistungen über das Internet bestellen. Marketing-Aspekte spielen eine geringe Rolle.

▶ **Bestellvorgang Busines-to-Consumer (B2C) Sales**
Mit diesem Szenario können Endkunden Produkte und Dienstleistungen über das Internet bestellen. Marketing-Aspekte spielen eine große Rolle.

▶ **Produktkatalogmanagement und Produktempfehlungen**
Hier wird festgelegt, welche Produkte im Web-Shop angeboten werden, wie der Web-Katalog aufgebaut ist, mit welchen personalisierten oder aktuellen Produktempfehlungen geworben wird und welche Cross- bzw. Up-Selling-Produkte dem Kunden angeboten werden.

▶ **Web-Analyse**
Analyse des Kundenverhaltens auf einzelnen Web-Seiten sowie Auswertung technischer Aspekte wie Verfügbarkeit und Performance von Web-Servern und Web-Seiten mit Hilfe von SAP BW.

Detaillierte Informationen zum Thema *E-Selling* finden sich in den Kapiteln 9 und 13.

8.4 Field Sales

Field Sales erlaubt mobilen Außendienstmitarbeitern, die sowohl vor Ort beim Kunden als auch im Büro agieren, die Nutzung der Möglichkeiten des modernen Kundenbeziehungsmanagements. Hauptszenarien von Field Sales sind:

▶ **Kundenbesuch mit Auftragserfassung**
Unterstützung des Außendienstmitarbeiters im Vertrieb bei der erfolgreichen Planung und Durchführung von Kundenbesuchen inklusive Auftragserfassung

▶ **Durchführung von Kampagnen**
Mit diesem Szenario sind Anbieter in der Lage, im Rahmen von Kampagnen die Massengenerierung von Aktivitäten für Außendienstmitarbeiter anzustoßen.

▶ **Besuchsplanung**
Erstellung effizienter Tourenpläne für Kundenbesuche durch den Außendienstmitarbeiter

▶ **Handheld Sales**
Vertriebsmitarbeiter können über Handheld-Geräte jederzeit aktuelle Vertriebsdaten abrufen und Aufträge eingeben.

▶ **Mobile Sales**
Außendienstmitarbeiter können Kundendaten, Produktinformationen etc. vom CRM Server auf ihren persönlichen Laptop herunterladen und Aufträge bzw. aktualisierte Daten zurückspeichern

Für weitere Informationen zum Thema *Field Sales* sei auf Kapitel 7.3 und speziell auf Kapitel 11 verwiesen.

8.5 Interaction Center

Das Interaction Center für die Kommunikation mit Kunden über unterschiedlichste Interaktionkanäle ist eine Schlüsselkomponente der mySAP CRM-Lösung. Hauptszenarien des Interaction Centers sind:

▶ **Lead- und Opportunity-Qualifizierung**
Planung und Durchführung von Anrufaktionen zur Bewertung des Interesses von Leads und Opportunities

▶ **Inbound Telesales**
Bearbeitung von Kunden- oder Interessenten-Anfragen im Interaction Center

▶ **Outbound Telesales**
Verkaufskampagnen oder periodische Anrufe aus dem Interaction Center heraus, gesteuert über Anruflisten

▶ **Information Help Desk**
Kundenberatung bei Fragen zu Produkten und Dienstleistungen. Unterstützung des Mitarbeiters im Interaction Center durch den Interactive Intelligent Agent (IIA).

▶ **Interaction Center Service**
Bearbeitung von Service-Anfragen und -Aufträgen unter Einbeziehung der Installed-Base-Datenbank und des Interactive Intelligent Agents (IIA).

▶ **Reklamationsbearbeitung**
Bearbeitung von Reklamationen zu Produkten und Serviceleistungen. Reklamationen können produktbezogen sein oder keinen Bezug zu einem bestimmten Produkt haben.

Weitere Informationen zum Thema *Interaction Center* finden sich in Kapitel 10.

8.6 Customer Service

Dieser funktionale Schlüsselbereich von mySAP CRM deckt die zentralen Prozesse in der Serviceorganisation ab, angefangen vom Anlegen von Serviceverträgen über die Erbringung von Serviceleistungen bis hin zu Rückmeldungen. Hauptszenarien sind:

▶ **Reklamationsabwicklung**
Abwicklung des kompletten Reklamationsprozesses von der Annahme einer Reklamation über die technische Analyse bis hin zu Folgeschritten im Service und Vertrieb, z.B. der Erstellung von Gutschriften

▶ **E-Service (Internet Customer Self Service)**
Internetbasierte Self-Service-Funktionen für Kunden und interne Benutzer wie z.B. Zugriff auf Frequently Asked Questions (FAQs) sowie Erfassung und Statusabfrage von Service-Aufträgen

▶ **Servicerückmeldung**
Rückmeldung von Servicemitarbeitern (Aktivitäten, Materialien, Reise- und Arbeitszeiten, Kosten) über unterschiedliche Interaktionskanäle

▶ **Servicevertragsbearbeitung für Installationen**
Vereinbarung über bestimmte Dienstleistungen (z.B. Wartung, Hotline) für eine Kundeninstallation, ggf. konkretisiert durch ein Service Level Agreement

▶ **Retourenabwicklung**
Rückgabe und Umtausch z.B. bei Fehlkauf oder fehlerhaften Produkten

▶ **Serviceabwicklung mit vertragsbasiertem Service Level Agreement**
Durchführung von Servicevorgängen auf der Grundlage eines mit dem Kunden vereinbarten Service Level Agreements

Details zum Thema *Customer Service* finden sich in Kapitel 7.5.

8.7 Field Service & Dispatch

Field Service & Dispatch umfasst sämtliche Aktivitäten im Rahmen der Serviceabwicklung. Hauptszenarien sind:

► **Serviceabwicklung mit Einsatzplanung**

Planen und Überwachen von Servicevorgängen durch den Einsatzplaner mit Hilfe einer grafischen Plantafel

► **Handheld Service**

Servicemitarbeiter im Einsatz können über Handheld-Geräte (PDAs, Mobile Phone etc.) jederzeit wichtige Informationen zu ihren Einsätzen abrufen und rückmelden.

► **Mobile Service**

Außendienstmitarbeiter können Informationen zu geplanten Serviceeinsätzen vom CRM Server auf ihren perönlichen Laptop herunterladen bzw. aktuelle Daten zurückspeichern.

Für weitere Informationen zum Thema *Field Service & Dispatch* sei auf die Kapitel 7.5 und 11 verwiesen.

8.8 Integrierte Vertriebsplanung

Die integrierte Vertriebsplanung hat die Aufgabe, durch Planung von Vertriebs-maßnahmen für Schlüsselkunden die Voraussetzungen für einen dauerhaften Unternehmenserfolg zu schaffen. Für die gemeinsame Planung vor Ort mit dem Kunden steht eine Offline-Planung auf Basis von Microsoft Excel zur Verfügung (siehe Kapitel 7.3.4).

8.9 Leasing & Asset Management

Die CRM-Geschäftsszenarien werden ständig weiterentwickelt und ergänzt. Eine Funktion, die für die nächste Version von mySAP CRM 3.0 geplant ist, ist *Leasing & Asset Management,* eine Lösung für Leasing-Unternehmen, die Geräte und Ver-mögenswerte vermieten. Alle von Leasing-Unternehmen benötigten Kernabläufe werden unterstützt:

► Angebote

► Vertrags-Management

► Änderung laufender Leasing-Vereinbarungen

► End-of-Lease-Transaktionen (Rücknahme, Verlängerung, Kauf etc.)

► Finanzierungsangebote

9 E-Selling mit mySAP CRM – Das Internet als strategischer Vertriebskanal

Wenn Produkte über das Internet verkauft werden, dann geht es stets auch um das Management von Kundenbeziehungen. Insofern ist E-Selling ein integraler Bestandteil von Customer Relationship Management – und zwar auf der operativen, der kollaborativen und der analytischen Ebene.

9.1 Electronic Selling jenseits des Shopping Baskets

Die Verheißungen des Internets, mittels E-Commerce neue Markt- und Umsatzpotenziale zu erschließen, Vertriebskosten drastisch zu senken sowie Kunden enger und dauerhafter an sich zu binden, wurden und werden von vielen Unternehmen gern aufgegriffen. Firmen aller Größenordnungen und aus unterschiedlichsten Branchen setzen große Erwartungen in den neuen Vertriebskanal Internet. Nicht selten werden große Budgets bereitgestellt, um den Anschluss im Internet-Zeitalter nicht zu verpassen.

Lediglich technologiegetriebene und allein auf den Web-Shop fokussierte E-Commerce-Projekte laufen allerdings Gefahr, die bereitgestellten Mittel zu verschwenden, wenn E-Business nicht als Chance begriffen wird, Geschäftsprozesse neu zu definieren und an den Anforderungen der Kunden auszurichten. Die Kunden erwarten von einer E-Business-Lösung neben Bequemlichkeit und Einfachheit beim Einkauf auch Effizienz und Zuverlässigkeit bei der Auftragsabwicklung und beim Service. Viele E-Commerce-Lösungen weisen hier gravierende Defizite auf – und die Fälle unzufriedener Internet-Kunden häufen sich. Gründe sind z.B.:

▶ Umständliche Bestellvorgänge

▶ Unrichtige oder fehlende Angaben über die Verfügbarkeit von Produkten

▶ Zu spät oder gar nicht gelieferte Waren

▶ Nicht mit der Lieferung übereinstimmende Rechnungen

Meist liegt das Problem an der mangelnden Integration des Web-Shops in die bestehende IT-Landschaft der Unternehmen. Zwischen Anspruch und Wirklichkeit des E-Commerce klafft in der Praxis oftmals eine breite Lücke. Dabei liegen die Vorteile des Internets als Vertriebskanal auf der Hand:

▶ Grenzenlose Marktpräsenz, global und rund um die Uhr

▶ Beschleunigung von Vertriebsprozessen durch automatisierte Abläufe

▶ Senkung der Transaktionskosten durch Automatisierung der Vertriebsprozesse über Unternehmensgrenzen hinweg

- Senkung der Personalkosten durch Reduzierung telefonischer Bestellungen und Anfragen
- Gezielte, direkte Kundenansprache durch umfangreiche Informationen über Kunden
- Hohe Kundenzufriedenheit und starke Kundenbindung durch optimierten Kundenservice
- Umsatzsteigerung durch die Erschließung neuer Kundengruppen und die Ausschöpfung des Cross- bzw. Up-Selling-Potenzials

E-Business-Lösungen bieten nur dann wirkliche Vorteile für einen Anbieter, wenn die Kunden einen echten Mehrwert erhalten. Es reicht nicht aus, Produkte mit bunten Bildern und einem elektronischen Einkaufskorb im Internet zu präsentieren. Wettbewerbsvorteile ergeben sich vielmehr jenseits des Shopping Baskets. Relevante Nutzenvorteile für den Kunden, an denen sich die Leistungsfähigkeit einer E-Business-Lösung messen lassen muss, können aus den Anforderungen und Wünschen der Käufer an den Einkaufs- bzw. Beschaffungsprozess abgeleitet werden. Dazu gehören:

- Rasche Suche und komfortable Navigation
- Umfassende Produktinformationen
- Bedarfsgerechte, kundenspezifische Angebote
- Maßgeschneiderte Produkte
- Aktuelle und akkurate Preisinformationen
- Exakte Verfügbarkeitsangaben
- Einfache und bequeme Bestellung
- Schnelle Auftragsabwicklung
- Transparente Statusabfrage von Aufträgen
- Zuverlässige, pünktliche Lieferung
- Korrekte Fakturierung
- Mehrwertschaffende After-Sales-Services

Für Anbieter, die das Internet als strategischen Interaktionskanal zum Kunden nutzen wollen, lassen sich hieraus unmittelbar die mitunter trivial anmutenden, aber durchaus kritischen Erfolgsfaktoren ableiten: In der Welt des E-Business erringen diejenigen Unternehmen nachhaltige Wettbewerbsvorteile gegenüber ihren Konkurrenten, denen es gelingt, die Bedürfnisse und Wünsche ihrer Kunden individueller, effektiver, schneller und kostengünstiger zu erfassen und zu bearbeiten.

9.2 Strategische Wettbewerbsvorteile durch Electronic Selling

Die Ansatzpunkte zur Erzielung strategischer Wettbewerbsvorteile im Bereich E-Selling lassen sich vier Kernbereichen zuordnen:

▶ Ganzheitliche Integration des Vetriebsprozesses in den Wertschöpfungsprozess von Anbieter und Nachfrager

▶ Einbeziehung des Internets in die CRM-Strategie der Unternehmen

▶ Personalisierung der Interaktion mit den Kunden

▶ Gewinnung von Unternehmenswissen (*Business Intelligence*), um mehr über die Bedürfnisse und das Verhalten der Kunden zu erfahren und diese letzlich besser bedienen zu können

Die vier genannten Bereiche werden im Folgenden im Detail dargestellt.

9.2.1 Integration des Vertriebsprozesses in den Wertschöpfungsprozess

Das Ziel einer erfolgreichen E-Selling-Lösung ist es, gewinnbringenden Nutzen sowohl für den Anbieter als auch für den Nachfrager zu stiften. Ein solcher beiderseitiger Vorteil ist nur dann zu realisieren, wenn beide Parteien so stark in den Vertriebsprozess eingebunden sind, dass eine gemeinsame Wertschöpfung erreicht wird. Die Automatisierung muss dabei so weit gehen, dass die Grenzen zwischen dem anbietenden Unternehmen und dem Kunden nahezu aufgelöst werden. Dies macht eine ganzheitliche Integration des Vetriebsprozesses in den Beschaffungsprozess des Kunden und die Verkaufs- und Logistikprozesse des Anbieters notwendig.

Eine E-Selling-Lösung für internetbasierte Einkaufs-/Verkaufsprozesse orientiert sich deshalb sowohl an den Bedürfnissen und Wünschen der Kunden als auch an den vertrieblichen Anforderungen des Anbieters und lässt sich idealtypisch in die folgenden Teilschritte untergliedern:

▶ Produktsuche

▶ Produktauswahl

▶ Bestellung

▶ Auftragsabwicklung/Lieferung

▶ Zahlung

Anbieter **Kunde**

Catalog Management	Multimedia Catalog	Search Products
Personali-sation	Customer Specific Offers	Select/ Configure
Marketing	Cross Selling	ATP Check Order
Order Processing	Logistic Execution	Order Tracking
Billing	Electronic Bill Presn.	Invoice/ Payment
Customer Services	Call Center	Services/ Returns

Abbildung 9.1 Der Sales-Prozess aus Kunden- und Anbietersicht

Produktsuche

Aus Kundensicht stehen beim Suchvorgang die einfache Navigation durch das Produktangebot (*Produktkatalog*), komfortable Suchfunktionen zum raschen Auffinden der gewünschten Produkte sowie der Wunsch nach kundenspezifischen Angeboten im Vordergrund. Dies setzt auf Anbieterseite ein flexibles Katalogmanagement, leistungsfähige Suchmaschinen und ausgeprägte One-to-One-Marketing-Funktionalitäten voraus.

Produktauswahl und Konfiguration

Um den Kunden bei der Auswahl einzelner Produkte optimal zu unterstützen, sollten ihm speziell auf ihn abgestimmte Möglichkeiten angeboten werden. Neben der Auswahl aus dem Katalog ist die Produktauswahl aus kundenspezifischen Produktangeboten, selbst erstellten Bestellvorlagen sowie aus eingeholten Angeboten und vorangegangenen Aufträgen denkbar. Des Weiteren möchte der Kunde eventuell das Produkt nach seinen individuellen Vorstellungen konfigurieren. Wichtig sind in jedem Falle zuverlässige Preisinformationen. Dabei kommt es darauf an, dass Preisfindung und Konfiguration auf den Konditionen und Regeln basieren, die im Backend-System Anwendung finden. Nur so ist gewährleistet, dass die vom Kunden konfigurierte Variante auch tatsächlich so hergestellt werden kann und der im Internet ausgewiesene Preis mit dem späteren Rechnungsbetrag übereinstimmt.

Bestellung

Wenn ein Kunde ein bestimmtes Produkt im Internet bestellen möchte, wird dies in der Regel über einen Shopping Basket (virtueller Warenkorb) abgewickelt. Das gewünschte Produkt wird in den Warenkorb gelegt und kann dann bestellt werden. Die Nutzung von Bestellvorlagen oder die direkte Eingabe von Bestellnummern erleichtert die Bestellung. Vor dem Abschicken der Bestellung wird von Kunden oft die Angabe eines zuverlässigen Liefertermins gefordert. Die Verfügbarkeitsprüfung des Backend-Systems kann diese Information online liefern. Unmittelbar nach der Bestellung wird eine Auftragsbestätigung erwartet.

Auftragsabwicklung

Wesentlich für die Kundenzufriedenheit ist die reibungslose Abwicklung des über das Internet erteilten Auftrags bis hin zur Auslieferung der bestellten Ware an den Kunden. Um dies zu gewährleisten, bedarf es grundsätzlich eines leistungsfähigen Backend-Systems. Voraussetzung für eine schnelle und zuverlässige Auftragsbearbeitung ist die nahtlose Prozessintegration des Web-Shops mit den Backend-Anwendungen. In der betrieblichen Praxis mangelt es freilich vielen E-Commerce-Lösungen an dieser durchgängigen Automatisierung. Die Folge sind unnötige Verzögerungen, fehlerhafte Lieferungen und hohe Abwicklungskosten. Einen wertvollen Kundenservice, der einerseits die Kundenzufriedenheit fördert und andererseits ein hohes Einsparpotenzial aufweist, bietet die Online-Abfrage des Auftragsstatus, der es dem Kunden erlaubt, jederzeit den Stand der Auftragsabwicklung zu erfahren. Ohne Backend-Integration ist dieser Service nicht möglich.

Zahlungstransaktion

Bereits bei der Bestellung kann der Kunde zwischen verschiedenen Zahlungsarten, die der Händler anbietet – z. B. Kreditkarte, Rechnung, per Nachname – wählen. Bei der Abwicklung der Zahlungstransaktionen kommt es wiederum auf die Integration mit dem Backend-System an, etwa um sicherzustellen, dass mögliche Rabatte berücksichtigt, Rechnungsbeträge richtig ermittelt, Zahlungseingänge korrekt verbucht und gegebenenfalls Mahnungen zur rechten Zeit verschickt werden. Einen Schritt weiter gehen *Electronic Bill Presentment & Payment*-Systeme, die den Prozess der Rechnungsstellung und -zahlung vollständig digitalisieren. Sie erlauben dem Kunden, seine Rechnungen und deren Status jederzeit über das Internet abzufragen und Zahlungen unmittelbar anzustoßen.

After-Sales Services

Im After-Sales-Bereich bietet sich eine Reihe von Möglichkeiten, dem Kunden nach dem erfolgten Kauf nützliche Self Services anzubieten. Hierzu gehört z. B.

eine Retourenabwicklung für Ware, die beschädigt oder falsch geliefert wurde, oder Ware, die der Kunde letztlich doch nicht haben möchte. Die Möglichkeit für den Kunden, Wartungs- und Reparaturaufträge über das Internet aufzugeben, fällt ebenso in diesen Bereich wie FAQ-(Frequently-Asked-Question)-Sektionen oder Wissensdatenbanken mit Informationen zur Inbetriebnahme, zur Benutzung der Produkte etc.

9.2.2 Einbeziehung des Internets in die CRM-Strategie der Unternehmen

Das Internet stellt einen wichtigen Interaktionskanal dar, der trotz Automatisierung ein hohes Maß an Personalisierung der Interaktion mit dem Kunden erlaubt.

Eine gute E-Selling-Strategie fokussiert indes nicht alleine auf das Internet als reinen Vertriebskanal, sondern bezieht zum einen andere Interaktionskanäle zum Kunden mit ein (z. B. Außendienst, Einzelhandel etc.) und verfolgt zum anderen auch einen ganzheitlichen Ansatz hinsichtlich eines systematischen Pre-Sales-, Sales- und After-Sales-Zyklus. E-Selling bedeutet also in vielen Fällen eine Multi-Channel-Strategie und umfasst grundsätzlich die Bereiche Marketing, Vertrieb und Service.

Dabei ist entscheidend, dass die verschiedenen Kontaktkanäle synchronisiert sind, das heißt: Egal über welches Medium der Kunde den Kontakt zum Unternehmen sucht, wird gewährleistet, dass die Informationen, die er auf einem Weg erhält, nicht in Widerspruch zu den Informationen aus anderen Kontakten mit dem Anbieter stehen (siehe auch Kapitel 3.4.6).

9.2.3 Personalisierung der Interaktion mit den Kunden

Die Möglichkeit, mittels Individualisierung bzw. Personalisierung von Inhalten und Produktangeboten das Internet als Instrument des One-to-One Marketings zu nutzen, ist mithin ein wichtiger Ansatzpunkt, um strategische Wettbewerbsvorteile zu erreichen. Die direkte Interaktion mit dem Kunden entspricht den Grundgedanken eines individualisierten, dialogorientierten Marketings und erlaubt eine kundenindividuelle Ansprache, die weit über die Möglichkeiten des konventionellen Marketings und klassischer Werbung durch Massenmedien hinausgeht. Die kundenindividuelle Ansprache befähigt Unternehmen dazu, eine effektivere Marktbearbeitung vorzunehmen. Die Personalisierung kann dabei unterschiedliche Formen haben (siehe auch Kapitel 3.2.1):

▶ Kundenspezifische Kataloge

▶ Kundenindividuelle Preise und Konditionen

▶ Kundenspezifische Produktkonfiguration (*Mass Customization*)

- ▶ Spezifische Produktempfehlungen
- ▶ Individuelle Benutzungsoberflächen

Viele innovative Unternehmen setzen bereits Systeme ein, mit denen sie verschiedene Arten von Informationen zur Erstellung von personalisierten Angeboten miteinander verknüpfen können. In die Analysen fließen beispielsweise Daten aus Clickstream-Analysen sowie aus Untersuchungen der Wirkung von Marketing-Aktivitäten ein. Des Weiteren finden Variablen zur Demografie, zum Kaufverhalten und zu den Präferenzen der Kunden Eingang in die Analysen.

Die Erstellung aussagefähiger Kundenprofile, die potenzielle, für das Kaufverhalten relevante Merkmale des Kunden enthalten (z.B. Geschlecht, Alter, Einkommen, Hobbies, Produktpräferenzen, Verwendungsgewohnheiten), bildet eine Grundvoraussetzung für erfolgreiches One-to-One Marketing. Auf der Basis der Kundenprofile erfolgt die Definition der Zielgruppen (z.B. »Männer zwischen 30 und 40 Jahren, die monatlich netto mehr als 5000 DM verdienen und in ihrer Freizeit Sport treiben«). Abgestimmt auf die individuellen Bedürfnisse und Anforderungen einzelner Nutzer können nun ganz gezielt konkrete Marketingmaßnahmen erfolgen, z.B. der Vorschlag bestimmter Produkte.

9.2.4 Gewinnung von Unternehmenswissen (Business Intelligence)

Customer Relationship Management wird weniger auf der Grundlage allgemeiner Marktforschungsinformationen geplant, als vielmehr auf der Basis individueller Kundendaten. Nur wenn ein Anbieter die Wünsche und Bedürfnisse *seiner* Kunden detailliert analysiert, kann er *seine* Kunden besser bedienen. Dies spielt besonders im E-Selling eine wichtige Rolle, da im Internet die Konkurrenz häufig nur einen Mausklick entfernt ist.

Aus diesem Grund muss ein Anbieter seinen Web-Shop systematisch überwachen, und zwar sowohl hinsichtlich des technischen Zustandes als auch bezüglich betriebswirtschaftlicher Aspekte. Dazu gehört insbesondere die Aufzeichnung von Informationen zum Kauf- und Interaktionsverhalten im Verlauf einer Geschäftsbeziehung, um diese mit weiteren kaufverhaltensrelevanten Merkmalen des Kunden, z.B. aus anderen Vertriebskanälen, abgleichen zu können und somit ein umfassendes Bild des Kunden zu erhalten.

Hierfür bedient man sich neben einfachen Clickstream-Analysen (*Hits und Visits*) und klassischen Vertriebsstatistiken (einschließlich Kanalvergleich), auch der gezielten Auswertung komplexer Fragestellungen mit Hilfe eines Data Warehouses, z. B. zur Attraktivität von Produktangebot und Web-Inhalten, zur Customer Retention sowie zur Ermittlung so genannter Conversion-Rates (z. B. Look-and-Buy Ratio).

9.3 Ausgewählte E-Selling-Geschäftsszenarien

mySAP CRM E-Selling unterstützt unterschiedliche Business-Szenarien zur Abbildung unternehmensübergreifender Geschäftsprozesse. Sowohl bei ein- als auch bei mehrstufigen Vertriebsprozessen ist eine Integration der Internet-Lösung in die Business-Prozesse möglich. Die nachfolgenden Abschnitte beschreiben die grundlegenden Merkmale der fünf wichtigsten Business-Szenarien.

9.3.1 Business-to-Consumer (B2C)

Im Business-to-Consumer-(B2C-)Bereich steht der Direktvertrieb an den Endkonsumenten im Mittelpunkt. In diesem Kontext sind insbesondere die Bestell- und Verkaufsprozesse eines Anbieters gegenüber einer großen, mitunter wechselnden Zahl an Nachfragern von Bedeutung. Das Internet ergänzt die bestehenden, traditionellen Vertriebskanäle oder bildet unter Umständen sogar den alleinigen Vertriebsweg. Die Transaktionen sind im B2C durch Spontaneität, zumeist niedrige bis mittlere Transaktionsvolumina und eine eher schwache Bindung zwischen den Transaktionspartnern gekennzeichnet.

Ein entscheidendes Kriterium für den Geschäftserfolg der einzelnen Unternehmen sind Kenntnisse über die Nutzer- bzw. Kundenstruktur. Nur diejenigen Anbieter, die ihr Leistungsprogramm im Netz zielgruppengerecht präsentieren, können überzeugende Angebote offerieren. Beispielsweise haben in konventionellen Vertriebswegen die Geschäftsatmosphäre (Art und Ausstattung des Geschäfts) sowie die Kundenorientierung erhebliche Auswirkungen auf die Kaufbereitschaft und die subjektive Qualitätsbeurteilung des Kunden. Da beim Online-Kauf keine das Kaufverhalten stimulierende physische Geschäftsatmosphäre geschaffen werden kann, ergibt sich die Notwendigkeit, dem Konsumenten ein ähnlich erlebnisreiches Einkaufen zu vermitteln.

Zur Schaffung einer erlebnisreichen Einkaufsatmosphäre und zum Aufbau von längerfristigen Beziehungen zwischen Anbieter und Nachfrager kommt im B2C einigen Gestaltungsmerkmalen besondere Bedeutung zu. Hierzu zählen die Gestaltung multimedialer Produktkataloge, das Layout der Web-Seiten, das One-to-One Marketing – also die Personalisierung von Produktempfehlungen –, Cross- und Up-Selling-Angebote, Bestseller-Listen, Sonderangebote sowie die Unterstützung und sichere Abwicklung verschiedener Zahlungstransaktionen (Rechnung, Nachnahme, Kreditkarte etc.). Zur Festigung der Kundenbeziehungen kommt es aber auch im Business-to-Consumer Bereich nicht zuletzt auf die

Zuverlässigkeit der Auftragsabwicklung und Distributionslogistik an. Aus strategischer Sicht ist gegebenenfalls zu überlegen, wie das Zusammenspiel mit konventionellen Vertriebswegen (Filialnetz, Handel und Außendienst) gestaltet werden soll.

9.3.2 Business-to-Business (B2B)

Die elektronische Geschäftsabwicklung zwischen Unternehmen (Zulieferer, Hersteller und Handel) bildet den Gegenstand des Business-to-Business-(B2B-)Bereiches.

Im Gegensatz zum B2C unterhalten die Transaktionspartner im B2B meistens langfristige Geschäftsbeziehungen, sodass eine enge Bindung zwischen Anbieter und Nachfrager besteht. Die Transaktionen sind üblicherweise durch mittlere bis große Transaktionsvolumina gekennzeichnet. Folglich kommt der Aushandlung von Konditionen und Verträgen eine größere Bedeutung als im B2C zu. Ist das Kundenverhalten im B2C meist durch das Suchen im Produktkatalog gekennzeichnet, haben gewerbliche Abnehmer in der Regel eine klare Vorstellung davon, welche Produkte sie beschaffen möchten. Die Art und Weise der Navigation unterscheidet sich also von Transaktionspartner zu Transaktionspartner.

Um den spezifischen Anforderungen in den Beziehungen zu gewerblichen Abnehmern Rechnung zu tragen, stehen im B2B unter anderem folgende Gestaltungsparameter im Vordergrund:

▶ Möglichkeit der kundenspezifischen Produkt- und Preisgestaltung

▶ Masken zur Auftragsschnellerfassung, zu Verfügbarkeits- und Statusabfragen

▶ Konnektoren zu den Beschaffungssystemen der Nachfrager

Eine besondere Bedeutung kommt im B2B der Integration, Durchgängigkeit und Transparenz der Geschäftsprozesse zu – von der Produktauswahl über die Verfügbarkeitsprüfung und Preisberechnung bis hin zur Auftragsabwicklung, Produktion und schließlich der Auslieferung an unterschiedliche Lieferadressen sowie der Fakturierung.

Handelt sich es beim B2B-Szenario um die Anbindung von Händlern über das Internet, gilt es einige Besonderheiten zu berücksichtigen. Diese sind zum einen auf die Mittlerfunktion des Handels, zum anderen auf die oftmals enge Beziehung zwischen Herstellern und Händlern zurückzuführen. Händler stellen mitunter recht hohe Anforderungen an die Kataloginhalte sowie die Statusinformationen über offene Auftrags- und Rechnungspositionen. Bereits erteilte Aufträge sollen über das Internet änderbar sein oder gar storniert werden können. Außerdem empfiehlt es sich, die Handhabung von Retouren webbasiert zu gestalten. Des

Weiteren spielen Rahmenverträge, Jahresvereinbarungen und Preisschutzklauseln, auf die bei Bestellungen nicht selten Bezug genommen wird, eine wichtige Rolle.

Insbesondere wenn die Geschäftsprozesse sowohl auf Anbieter- als auch auf Nachfragerseite sytemtechnisch unterstützt werden, bietet sich die Möglichkeit des One-Step Business (siehe Kapitel 2.3) an. Dabei kommen die Verknüpfungsmöglichkeiten einer Shop-Lösung mit der verwendeten E-Procurement-Software voll zum Zuge.

9.3.3 Business-to-Marketplaces (B2M)

Internetbasierte, elektronische Marktplätze (Exchanges) nutzen die Infrastruktur, Technologien und Standards des Internets, um Markttransaktionen zu unterstützen bzw. durchzuführen. Sie fungieren zum einen als Mediatoren, die es mehreren Anbietern und Nachfragern ermöglichen, an einem gemeinsamen Ort im Internet zusammenzutreffen. Zum anderen dienen sie technologisch betrachtet als Konnektoren zwischen den Procurement-Systemen auf der Beschaffungs- und den Shop-Lösungen auf der Anbieterseite. Damit schaffen sie zugleich die technologische Basis eines One-Step Business. Ziel dieser Internet-Marktplätze ist es, einen möglichst großen Teil des Geschäftsvolumens in einem bestimmten Markt auf sich zu vereinen und über diesen Marktplatz elektronisch abzuwickeln.

Waren das B2C- und das B2B-Szenario die ersten Erscheinungsformen des Electronic Commerce, so verlagern mittlerweile eine Vielzahl von Unternehmen ihren Einkauf und/oder Verkauf in das Internet und gründen gemeinsame Joint Ventures zum Betrieb elektronischer Marktplätze. Die tatsächliche Ausgestaltung der elektronischen Marktplätze variiert in der Praxis erheblich. Dennoch basieren diese letztendlich auf ein und demselben Grundkonzept: Elektronische Marktplätze stellen ein Marktsystem von Lieferanten, Händlern, Dienstleistungserbringern, Infrastrukturanbietern und Kunden dar, welches das Internet zur Kommunikation und Durchführung von spezifischen Geschäftstransaktionen nutzt.

Grundsätzlich können Marktplätze *offen* oder *geschlossen* konzipiert werden. Offene elektronische Marktplätze (*Public Exchanges*) stellen Marktplattformen dar, die für alle Anbieter und Nachfrager zugänglich sind. Im Gegensatz dazu liegen bei geschlossenen Varianten (*Private Exchanges*) für den Zutritt beispielsweise regionale, personen- oder institutionsbezogene Beschränkungen vor. Meist wird ein Private Exchange von einem einzigen, großen Anbieter oder Nachfrager initiiert.

Bei der Realisierung von unternehmensübergreifenden Geschäftsprozessen über Private oder Public Exchanges können Web-Shop-Lösungen fest eingebettet werden. Im Zusammenhang mit der Umsetzung sind, abhängig von den bereits vorhandenen Systemen auf der Seite der verkaufenden Unternehmen, unterschiedliche Konstellationen zu unterscheiden:

▶ Betreibt der Anbieter bereits eine E-Selling-Lösung, so kann er diese als so genannte *On-Ramp* an den Marktplatz anbinden, d.h. er kann seine Produkte mit Hilfe seiner E-Selling-Lösung über den Marktplatz verkaufen. Hierbei nutzt er keine Services auf dem Marktplatz. Da die E-Selling-Lösung auf den Systemen des Anbieters betrieben wird, hat er außerdem die Möglichkeit, seine Lösung an unterschiedliche Marktplätze anzuschließen.

▶ Anbieter, die bislang keine Web-Shop-Lösungen realisiert haben, können entsprechende Funktionen auf den Marktplätzen als *Hosting-Lösung* mieten.

▶ Setzt das anbietende Unternehmen ein ERP-System, jedoch keine E-Selling-Software ein, so kann es spezielle Funktionen für die Bereitstellung von Inhalten (Produkt-, Preis-, Verfügbarkeits- und Konfigurationsinformationen) auf dem Marktplatz nutzen. Durch eine Verknüpfung mit dem ERP-System des verkaufenden Unternehmens ist es diesem möglich, Bestellungen zu empfangen oder Bestätigungen und Liefer-Avis zu verschicken.

▶ Haben Unternehmen keine E-Business-Software im Einsatz, wollen aber dennoch über einen elektronischen Marktplatz ihre Produkte vertreiben, so ist dies mit Hilfe eines einfachen Browser-Zugangs möglich. Die Unternehmen mieten in diesem Fall eine Web-Shop-Lösung und ein Auftragsabwicklungssystem auf dem Marktplatz als Komplettlösung.

9.3.4 Business-to-Business Mall (B2B Mall)

Der Bereich Business-to-Business Mall (B2B Mall) ist als eine Weiterentwicklung des klassischen B2B-Szenarien zu verstehen, wobei mehrere Anbieter ihre Produkte über eine gemeinsame *Storefront* anbieten. Dabei kann es sich um unterschiedliche Bereiche eines diversifizierten Unternehmens oder um verschiedene Unternehmen handeln, welche den Abnehmern – im Sinne eines *One Face to the Customers* – ein komfortables *One-Step Buying* ermöglichen.

Die beteiligten Anbieter präsentieren ihren Kunden ihre Produkte im Web, indem sie diesen einen Produktkatalog zur Verfügung stellen, dessen Attraktivität durch die Einbindung von Multimedia-Elementen (Bild, Sound, Video) noch gesteigert werden kann. Dabei besteht für die Firmen die Möglichkeit, ihr Angebot innerhalb eines firmenindividuellen Produktkatalogs darzustellen (*Corporate Branding*) oder einen gemeinsamen Produktkatalog (*Multi Supplier Catalog*) anzubieten.

Zu den Besonderheiten einer B2B Mall zählen:

▶ Komfortable, katalogübergreifende Suchfunktionalitäten

▶ Zentrale Verfügbarkeitsprüfung und Statusabfrage (Auftrags- und Rechnungs-
status)

▶ Kundenspezifische Preis- und Produktgestaltung über alle Anbieter hinweg

▶ Zentraler Einkaufskorb, der die ausgewählten Produkte aus allen Katalogen
umfasst, deren Gesamtpreis berechnet und anzeigt

Für die einzelnen Anbieter innerhalb der Mall ist es jedoch erforderlich, dass die
für sie relevanten Bestellpositionen aus dem Einkaufskorb gefiltert werden. Damit
besteht die Notwendigkeit, den Gesamtauftrag in mehrere anbieterspezifische
Teilaufträge aufzusplitten (*Order Split*). Die Teilaufträge werden bei den entsprechenden Unternehmen im Backend-System verbucht und stehen dort zur weiteren logistischen Verarbeitung zur Verfügung. Integrationsmöglichkeiten mit
Backend-Infrastrukturen zur nahtlosen Einbindung der bestehenden IT-Landschaft in die Verkaufsprozesse sind damit zwingend notwendig. Konnektoren zu
den Beschaffungssystemen der Kunden runden deren Einkaufsprozess ab und
ermöglichen die Realisierung eines *One-Step Business*.

Eine solche Lösung empfiehlt sich insbesondere für Anbieter, die einer Vielzahl
von Abnehmern mit vergleichsweise geringem Geschäftsvolumen gegenüberste-
hen. In konventionellen Geschäftsprozessen verursachen die Abnehmer enorme
Kosten, indem sie über traditionelle Kommunikationswege – z.B. Fax, Telefon und
E-Mail – mit den an der Mall beteiligten Unternehmen in Kontakt treten. Hersteller und Abnehmer profitieren in diesem Szenario gleichermaßen – die Aufträge
können schneller, effizienter und genauer übermittelt und bearbeitet werden,
wodurch sich die Service-Anrufe und Transaktionskosten erheblich reduzieren.
Durch das Angebot komplementärer Produkte in einer Mall erweitert sich das
Kundenpotenzial aller Anbieter.

9.3.5 Distributor & Reseller Networks (B2R2B, B2R2C)

Handelte es sich bei den bislang beschriebenen Szenarien um einstufige Vertriebsprozesse, so bildet das *Distributor & Reseller Network* mehrstufige Vertriebsprozesse ab. Der Anbieter übernimmt dabei die Funktion des *Channel Masters*; er
steuert sowohl den direkten als auch den indirekten Vertriebskanal über das Internet. Die Anbieter- bzw. Nachfragerrolle kann dabei von unterschiedlichen Marktteilnehmern wahrgenommen werden. Bei den Anbietern handelt es sich in der
Regel um Großunternehmen. Die Nachfrager können zum einen Endkunden, zum
anderen aber auch Wiederverkäufer (z.B. Groß- und Einzelhändler) sein.

Ein Beispiel für ein Distributor & Reseller Network stellt ein Hersteller von Computern dar, der sowohl direkt an seine Endkunden als auch indirekt über die Anbindung der Händler in seinem Vertriebskanal *Internet* Produkte vertreibt. Der Hersteller – als Channel Master – kann in einem solchen Netzwerk die zentrale Pflege des multimedialen Produktkatalogs übernehmen. Die einzelnen Händler haben dann die Möglichkeit, den Produktkatalog um Services, die sie ihren Endkunden anbieten, sowie eventuell weitere komplementäre Produkte, die nur über den Händler bezogen werden können, zu ergänzen. Der Gedanke des *Shop-in-Shop-Konzeptes* wird damit in die Internet-Welt transferiert. Der Hersteller und seine Händler treten auf diese Weise dem Endkunden (Konsument oder Geschäftskunden) mit einer gemeinsamen *Storefront* gegenüber.

Synergieeffekte führen in diesem Netzwerk zu erheblichen Kostenersparnissen. Zunächst müssen die Produkte mit Produktbeschreibung und Multimedia-Dateien nur einmal gepflegt werden. Des Weiteren ist gewährleistet, dass dem Kunden jederzeit ein einheitliches und aktuelles Produktprogramm im Katalog zur Verfügung steht. Darüber hinaus hat der Nachfrager die Möglichkeit, die Produktkonfiguration und die Verfügbarkeitsprüfung direkt beim Hersteller durchzuführen. Probleme mit veralteten Produktlisten, Konfigurationsmöglichkeiten und Verfügbarkeiten, wie sie in konventionellen, mehrstufigen Vertriebprozessen zu finden sind, sind damit obsolet. Eine weitere Bereicherung der Geschäftsbeziehungen stellt die Möglichkeit des unternehmensübergreifenden One-to-One Marketings durch personalisierte Produktempfehlungen sowie Cross- und Up-Selling-Funktionen dar.

Das Distributor & Reseller Network muss ein weites Spektrum an Funktionen abdecken, denn nicht nur die Besonderheiten des Business-to-Consumer-Bereichs, sondern auch die des Business-to-Business-Bereichs gilt es zu berücksichtigen. Des Weiteren besteht die Notwendigkeit, sowohl Bestellungen für das Lager des Händlers bzw. Wiederverkäufers als auch Bestellungen für Kunden mit direkter oder indirekter Belieferung (*Sell-Through-Szenario*) zu unterstützen.

Sofern es sich bei den Wiederverkäufern um Unternehmen handelt, die z.B. aus Kapazitäts- oder Kostengründen kein eigenes Auftragsabwicklungssystem betreiben, entsteht möglicherweise die Notwendigkeit, diesen Geschäftspartnern ein Auftragsabwicklungssystem auf dem Private Exchange oder auf dem Public Exchange im Hosting-Betrieb zur Verfügung zu stellen. Ein solches Vorgehen ermöglicht auch in diesem Fall eine Integration der Logistikketten von Herstellern und Handel.

9.4 E-Selling mit mySAP CRM

mySAP CRM bietet eine umfassende E-Selling-Lösung, die folgende Themengebiete abdeckt:

▶ One-to-One Marketing

▶ Katalogmanagement und Produktauswahl

▶ Bestellung und Auftragsabwicklung

▶ Web-Auktionen

▶ Interaktiver Customer Support

▶ Web-Analysen

▶ Web-Shop-Design

Die Abbildungen 9.2 zeigt die einzelnen Bausteine der E-Selling-Lösung von mySAP CRM

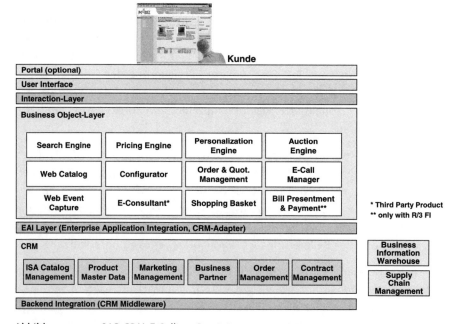

Abbildung 9.2 mySAP CRM E-Selling: Bausteine

9.4.1 One-to-One Marketing

mySAP CRM E-Selling bietet mit seiner Marketingfunktionalität die Möglichkeit, das Internet als leistungsfähiges One-to-One-Marketinginstrument zu nutzen. Nach Peppers and Rogers [Peppers 1993] beruht One-to-One Marketing auf vier Prinzipien:

▶ **Identify**
Kunden identifizieren

▶ **Differentiate**
Kunden auf Basis ihrer Werte und Bedürfnisse unterscheiden

▶ **Interact**
Dialog mit dem Kunden führen

▶ **Customize**
Inhalt des Dialogs auf den Kunden zuschneiden

Diese Prinzipien werden im Folgenden skizziert.

Identify and Differentiate: Kundenprofile und Zielgruppen definieren

Die Grundlage für ein erfolgreiches One-to-One Marketing bilden aussagefähige Kundenprofile, die in mySAP CRM angelegt und gepflegt werden können. Sie bestehen aus kaufrelevanten Kundenmerkmalen und Kennzahlen (z.B. Interessengebiete, Alter, Einkommen, Produktvorlieben, Verhaltensmuster im Internet). Über einen Online-Fragebogen können individuelle Präferenzen und Informationen angegeben werden. Kundenprofile sind die Grundlage für die Definition von Zielgruppen für Marketing- und Vertriebsmaßnahmen.

Interact: Dialog mit dem Kunden

Die Interaktions- und Dialogmöglichkeiten, die E-Selling von mySAP CRM bietet, sind vielfältig. So lassen sich beispielsweise auf Basis der vorhandenen Kundenprofile mit Hilfe der mySAP CRM-Komponente *Kampagnenmanagement* zielgruppenspezifische bzw. personalisierte E-Mail-Kampagnen durchführen. Personalisierte E-Mails lassen sich von der Betreff-Zeile über die Anrede und den eigentlichen Text bis hin zu möglichen Anhängen kunden- bzw. zielgruppenindividuell gestalten. Es ist zusätzlich möglich, personalisierte Links auf den Web-Shop zu integrieren: klickt der Kunde darauf, wird er im Web-Shop namentlich begrüßt, und es werden z.B. die für ihn bzw. seine Zielgruppe hinterlegten Produktvorschläge angezeigt. Daneben hat auch der Kunde verschiedene Möglichkeiten, einen Dialog zu initiieren. Im Web-Shop können ihm hierfür z.B. Chat-Funktionalitäten angeboten werden, über die er mit Hilfe der Tastatur mit einem Service-Center-Mitarbeiter kommunizieren kann, oder auch ein Button, über den der Kunde den Wunsch äußern kann, zurückgerufen zu werden (*Call-Me-Back*). Über die E-Selling-Lösung von SAP können Kunden nicht zuletzt gemäß ihren Vorstellungen Produkte interaktiv konfigurieren.

Customize: Personalisierte Produktempfehlungen und zielgruppenspezifische Bestseller-Listen

Die herausragendste Anwendung des One-to-One Marketings ist es sicherlich, dem Kunden proaktiv bestimmte Produkte oder Serviceleistungen zu empfehlen. mySAP CRM E-Selling unterstützt dabei sowohl personalisierte Produktempfehlungen und Bestseller-Listen als auch Cross- und Up-Selling-Vorschläge.

Unter personalisierten Produktempfehlungen sind Produktlisten zu verstehen, die für bestimmte Kundenprofile zusammengestellt werden. Sie enthalten z. B. neue Produkte, die aufgrund von Überlegungen oder Analysen (z. B. Cross-Selling-Analysen) für Kunden mit einem bestimmten Profil besonders interessant sein könnten.

Zielgruppenspezifische Bestseller-Listen sind ein wichtiger Spezialfall. Sie basieren auf Auswertungen der in einer Zielgruppe verkauften Produkte. Hintergrund ist die Vorstellung, dass Produkte, die von Kunden eines bestimmten Profils häufig gekauft werden, besonders interessant sein könnten für Kunden gleichen Profils, die dieses Produkt bisher vielleicht noch nicht gekauft haben. Die Bestseller-Listen können im Übrigen auch dazu benutzt werden, Geschäftskunden den Service zu bieten, die von ihnen am häufigsten gekauften Produkte in einer separaten Liste im Web-Shop anzuzeigen.

Personalisierte Cross-Selling-Vorschläge erlauben es, dem Kunden Produkte vorzuschlagen, die einen hohen Nutzen in Kombination mit bereits gewählten Produkten versprechen, etwa eine Bildbearbeitungssoftware im Zusammenhang mit einem Scanner. Dagegen zeigen personalisierte Up-Selling-Vorschläge Produkte auf, die einen höheren Nutzen als die gewählten Produkte für den individuellen Kunden versprechen, z. B. ein Scanner mit höherer Auflösung. Beide Maßnahmen zielen darauf, einen höheren Umsatz für den Anbieter zu generieren.

9.4.2 Katalogmanagement und Produktauswahl

Die Suche und Auswahl von Produkten erfolgt in der Regel über einen Produktkatalog. Daneben können in mySAP CRM E-Selling Produkte aus personalisierten Produktempfehlungen, Bestseller-Listen, Bestellvorlagen und früheren Aufträgen sowie eingeholten Angeboten ausgewählt oder – im B2B-Szenario – auch direkt über die Eingabe ihrer Artikelnummer in den Warenkorb gelegt werden. Dabei ist es unerheblich, auf welchem Weg Produkte ausgewählt werden – die Produktinformationen stammen immer aus dem Produktkatalog.

Funktion des Produktkatalogs

Um Kunden und Interessenten über das Internet mit Informationen über Produkte, Preise und Verfügbarkeit zu versorgen, bietet mySAP CRM E-Selling eine

Web-Shop-Lösung mit elektronischem Produktkatalog. Die Vorteile dieses Produktkatalogs im Vergleich zu herkömmlichen Print-Katalogen sind geringere Herstellungskosten, einfache und kostengünstigere Distribution, attraktivere Produktpräsentation, leistungsfähigere Suche und höhere Aktualität der darin enthaltenen Informationen.

Mit mySAP CRM E-Selling können attraktive Web-Kataloge erstellt werden, die einfache und schnelle Suchmöglichkeiten, rasche Zugriffe auf die gewünschten Informationen und wirkungsvolle Präsentationen mit multimedialen Informationsinhalten bieten. Das Business-to-Business-Szenario unterstützt auch die Katalogschnittstelle von *SAPMarkets Enterprise Buyer Professional (EBP)*, eine elekronische Beschaffungslösung, sodass von dort aus ein direkter Zugriff auf den Web-Katalog möglich ist.

Ebenso besteht die Möglichkeit, die Kataloginhalte per XML-Export beispielsweise an Kunden zu versenden oder anderen Anwendungen zur Verfügung zu stellen. Beim Export können komplette Kataloge, aber auch auf den einzelnen Kunden zugeschnittene Katalogsichten in verschiedenen Formaten exportiert werden. Durch die Definition eines Geschäftspartners als Empfänger des Exports können aus einem Produktkatalog als gemeinsamer Datenbasis verschiedene Exporte mit unterschiedlichen Inhalten erzeugt werden.

Katalog- und Content-Management

Der Aufbau des Produktkatalogs und die Definition der Inhalte findet im Katalogmanagement des CRM-Systems statt. Je nach Anwendungsszenario bzw. Zielgruppe besteht die Möglichkeit, den Katalog eher unter funktionalen oder marketingorientierten Gesichtspunkten zu gestalten.

Die Katalogstruktur kann über frei definierbare Katalogbereiche, die sich beliebig hierarchisch anordnen lassen, entsprechend den spezifischen Unternehmensanforderungen angelegt werden. Einem Katalogbereich können Produkte und/oder weitere Katalogbereiche zugeordnet werden. Die jeweiligen Produkte werden aus dem Produktstamm des CRM-Systems ausgewählt, der seine Daten automatisch aus dem Materialstamm des R/3-Systems bzw. eines anderen Backend-Systems erhält. Produktstämme können des Weiteren direkt im CRM-System angelegt bzw. geändert werden. Veränderungen im Materialstamm des R/3-Systems werden unmittelbar mit den Daten des CRM-Systems synchronisiert – so wird der Katalog stets auf dem aktuellen Stand gehalten. Im Produktkatalog können sowohl Listen- und Staffelpreise als auch kundenspezifische Preise angezeigt werden. Letztere werden über den *SAP Internet Pricing and Configurator (SAP IPC)* ermittelt.

Neben der Anzeige der Stammdaten ist es im Produktkatalog möglich – und unter Marketingaspekten essenziell – zusätzliche Informationen zu Bereichen und Produkten in Form von Texten, Bildern, Dokumenten und Multimedia-Dateien (Audio- und Videodateien etc.) darzustellen. Dadurch wird der Produktkatalog inhaltlich mit allen Informationen und Daten angereichert, die ein Unternehmen seinen Kunden zur Verfügung stellen möchte. Für die aktive Verwaltung der zusätzlichen Informationen bzw. Dokumente wird über die Katalogverwaltung auf den *Knowledge Provider* des SAP Web Application Servers zugegriffen, über den auch die Anbindung von externen Content Servern möglich ist.

Zu jedem Produkt können beliebige Attribute definiert werden, die den Kunden das Auffinden gewünschter Produkte erleichtern oder wertvolle Produktinformationen liefern. Ein oder mehrere Kataloge bzw. unterschiedliche Varianten eines Katalogs (z. B. verschiedene Sprachen, Währungen, Vertriebsorganisationen etc.) können schließlich als Web-Kataloge im Internet publiziert werden. Durch die Definition von Katalogsichten kann ein Unternehmen kundenspezifische Kataloge darstellen, die nur die Sicht auf für den jeweiligen Kunden relevante Bereiche des Produktkatalogs erlauben. Somit kann das Unternehmen ohne zusätzlichen Pflegeaufwand ein kundenindividuelles Produktangebot im Web präsentieren.

Attraktive Katalogpräsentation im Internet

Über einen Browser haben Kunden Zugriff auf den im Internet veröffentlichten Web-Katalog und dessen Inhalte. Mit Hilfe der abgebildeten Katalogstruktur kann der Anwender sehr einfach durch den Web-Katalog zum gewünschten Produkt navigieren. Die optische Gestaltung des Web-Katalogs – wie auch des gesamten Web-Shops – ist frei definierbar. Das Web-Design unterliegt keinen besonderen Restriktionen. Die in der Auslieferung von mySAP CRM enthaltenen HTML-Vorlagen lassen sich problemlos an individuelle Designvorstellungen anpassen, auch die Abfolge der Web-Seiten während der Interaktion kann frei definiert werden.

Suchfunktionen im Web-Katalog

Neben dem Browsen im Katalog und der hierarchischen Suche steht den Kunden eine leistungsfähige Suchmaschine zur Verfügung, die sie direkt zum gewünschten Produkt führt. Dabei können verschiedene Suchkriterien kombiniert und auch Preisgrenzen gesetzt werden. So wird die Suche nach Produkten besonders schnell und effektiv und trägt zur Kundenzufriedenheit bei.

Besonders komfortabel ist die Spezifikation von Produktmerkmalen über Auswahlboxen, in denen vom Anbieter frei definierbare Attribute erscheinen. Der Kunde wählt die seinem Wunsch entsprechenden Merkmals-Ausprägungen aus den angebotenen Optionen aus und erhält daraufhin alle Produkte angezeigt, die seinen Vorgaben entsprechen.

Des Weiteren können problemlos Lösungen von Drittanbietern wie z.B. intelligente Produktberater (z.B. eConsultant), Avartare (virtuelle, persönliche Vertreter) etc. in den Web-Katalog integriert werden, die dem Kunden das Suchen nach bestimmten Produkten erleichtern bzw. Präferenzen des Kunden identifizieren und bei der Produktauswahl helfend zur Seite stehen.

Im B2B-Szenario besteht für ein Unternehmen zusätzlich die Möglichkeit, über die Nutzung von Kontrakten seinem Kunden kontraktspezifische Daten und Preise zu den Produkten im Web-Katalog anzuzeigen. Das System ermittelt bei der Anmeldung des Kunden im Web-Shop die entsprechenden Kontrakte. Der Kunde kann jedoch auch im Web-Shop direkt seine Kontrakte aufrufen und aus diesen Produkte auswählen und bestellen, wobei dann automatisch vom System ein Kontraktabruf erzeugt wird.

9.4.3 Bestellung und Auftragsabwicklung

Die Bestellung von Produkten wird mit mySAP CRM E-Selling über einen virtuellen Warenkorb abgewickelt. Der Warenkorb ist das zentrale Administrationswerkzeug für den Bestellvorgang und verfügt über eine Reihe wichtiger Funktionen. Zunächst werden die gewünschten Produkte vom Kunden durch einfachen Mausklick ausgewählt und hierdurch automatisch in den Warenkorb gelegt. Dies ist nicht nur direkt im Produktkatalog möglich, sondern auch auf allen Seiten des Web-Shops, auf denen das Produkt erscheint (Produktdetailsicht, Produktkonfiguration, Bestseller-Listen, Produktempfehlungen, Bestellvorlagen, Angebote, Aufträge). Aus dem Warenkorb heraus können die Artikel anschließend sofort bestellt werden. Darüber hinaus werden im Shopping Basket Preise und Preisbestandteile (z.B. Versandkosten, Steuern) ausgewiesen, Zubehör, Cross- und Up-Selling-Artikel eingeblendet und Liefertermine angezeigt. Im Warenkorb können Kunden ferner Bestellmengen angeben, Produkte konfigurieren, ein Wunschlieferdatum nennen, Kommentare zur Bestellung hinzufügen und bei Bedarf die Lieferadressen ändern. Außerdem kann der Warenkorb vollständig oder teilweise geleert und natürlich auch geändert oder gelöscht werden. mySAP CRM E-Selling versetzt Kunden ferner in die Lage, den Inhalt ihres Einkaufskorbes vorübergehend zu speichern. Eine Unterbrechung des Einkaufs ist damit völlig unproblematisch: der Warenkorb kann unter einem beliebigen Namen gespeichert und bei der Wiederaufnahme des Bestellvorganges zu einem späteren Zeitpunkt neu aufgerufen werden. Auch die direkte Eingabe der Artikelnummer ist im Warenkorb möglich; dabei kann es sich sogar um die vom jeweiligen Kunden verwendeten Artikelnummern handeln. Das System sorgt im Hintergrund für korrekte Zuordnung.

Die wichtigsten Bestellfunktionen werden nachfolgend näher beschrieben.

Bestellen mit Bestellvorlage

Mit mySAP CRM E-Selling können Kunden eigene Bestellvorlagen anlegen. Regelmäßig bestellte Produkte können so gleichsam als feste Bestellliste abgelegt werden, in die bei Bedarf nur noch die gewünschte Menge einzugeben ist. Die jeweilige Bestellvorlage kann jederzeit aus einer Vorlagenliste aufgerufen werden. Dessen ungeachtet können auch vorhandene Angebote und Aufträge als Bestellvorlagen genutzt werden.

Effiziente Auftragsschnellerfassung

Zusätzlich zur Katalogauswahl kann man Geschäftskunden eine Auftragsschnellerfassung anbieten: Die direkte Eingabe von Produktnummer und gewünschter Menge im Warenkorb genügt, um diesen zu füllen und einen Auftrag anzulegen. Neben den Herstellerproduktnummern können für die Schnellerfassung auch kundeneigene Artikelnummern verwendet werden. Das System sorgt für die korrekte Zuordnung von Hersteller- und Kundenproduktnummern. Professionelle Einkäufer, die häufig benötigte Artikelnummern auswendig wissen, können auf diese Weise Bestellungen effizienter abwickeln.

Bestellen mit Bezug auf Kontrakte

Eine übliche Praxis im Handel zwischen Geschäftskunden ist die Vereinbarung von Kontrakten. Diese beinhalten die Menge und/oder den Preis, zu dem ein Produkt in einem festgelegten Zeitraum an den Vertragspartner verkauft wird. Produkte, für die Kontrakte vereinbart wurden, sind im Katalog von mySAP CRM E-Selling speziell gekennzeichnet. Kunden können solche Produkte auswählen und mit Bezug auf den Kontrakt einen Auftrag erstellen, d.h. einen Kontraktabruf zu den vereinbarten Konditionen durchführen. Die Informationen zur verbleibenden Menge werden aktualisiert und stehen im Web-Shop zur Verfügung.

Mit Cross-Selling und Up-Selling zu mehr Umsatz

Eine unter Marketing- und Vertriebsaspekten besonders interessante Funktion von mySAP CRM E-Selling ist der automatisierte Produktvorschlag. Sobald ein Kunde ein Produkt ausgewählt hat, werden im Warenkorb alternative, höherwertige Produkte angezeigt (Up-Selling) bzw. zusätzliche Produkte wie Zubehör oder andere ergänzende Leistungen (Cross-Selling) aufgelistet. Die entsprechenden Verknüpfungen zwischen den Produkten sind im Produktstamm zu pflegen. Beim Anklicken eines Produktvorschlags wird dieser aktiv in den Warenkorb übernommen bzw. im Falle des Up-Sellings das bisher ausgewählte Produkt ersetzt. Ziel ist es, den Kunden zu animieren, sich für die höherwertigen bzw. zusätzlichen Produkte zu entscheiden, um so einen höheren Umsatz zu generieren.

Korrekte und konsistente Preisfindung

Die Ermittlung und Anzeige der korrekten Preise im Internet ist häufig ein großes Problem. Nicht selten stimmt der fakturierte Preis auf der Rechnung nicht mit dem Angebotspreis aus dem Web-Shop überein.

mySAP CRM E-Selling bedient sich deshalb bei der Preisfindung des *SAP Internet Pricing and Configurators* (SAP IPC). Dieser verwendet dieselben Konditionen und Preisfindungsregeln wie das SAP R/3-Backend-System bzw. das CRM-System. Die leistungsfähige Preisfindung des R/3- bzw. CRM-Systems steht so im Internet zur Verfügung und es ist sichergestellt, dass die Preise in Frontend und Backend stets konsistent sind. Da die Preis- und Konditionsmodelle ausschließlich zentral im R/3- oder im CRM-System gepflegt werden, ist kein doppelter Aufwand erforderlich.

Die aus SAP R/3 bekannten, standardmäßigen Konditionsarten wie beispielsweise individuelle Preise, Rabatte oder Staffelkonditionen werden bei der online stattfindenden Ermittlung des Verkaufspreises im Warenkorb automatisch berücksichtigt. Im B2B-Szenario erfolgt mit Unterstützung von SAP IPC die Anzeige kundenspezifischer Produktpreise. Nettopreis, Bruttopreis, Versandkosten und Steuern werden separat ausgewiesen. Dies gilt sowohl für die einzelnen Auftragspositionen als auch für den Gesamtpreis der Bestellung. SAP IPC unterstützt mehrere Währungen und Mengeneinheiten.

Konfiguration maßgeschneiderter Produkte (Configure-to-Order)

Das Internet stellt für Unternehmen, die konfigurierbare Produkte herstellen, eine besondere Herausforderung dar. So muss es möglich sein, die verschiedenen Produktvarianten, Abhängigkeiten und Restriktionen bei einer Kundenanfrage zu erkennen und den korrekten Angebotspreis, der von den vom Kunden ausgewählten Komponenten und Optionen abhängig ist, zu ermitteln.

Die interaktive Konfiguration von Produkten im Rahmen von mySAP CRM E-Selling wird ebenfalls mit Hilfe von SAP IPC ermöglicht. Wenn der Kunde ein konfigurierbares Produkt auswählt, wird er von SAP IPC durch den Konfigurationsprozess geführt. Die zulässigen Optionen werden jeweils angezeigt – gegebenenfalls mit den entsprechenden Zu- oder Abschlägen zum Grundpreis – und können vom Kunden einfach ausgewählt werden. Als Entscheidungshilfe können die Optionen mit detaillierten Beschreibungen und Bilddokumenten ergänzt werden. Die Konsistenz der Konfiguration wird von SAP IPC laufend überprüft und der Preis online aktualisiert.

SAP IPC kann sich der Konfigurationsmodelle aus SAP R/3 bedienen. Damit steht die Leistungsfähigkeit des R/3-Variantenkonfigurators auch im Internet zur Verfügung. Eine separate Produktmodellierung ist nicht erforderlich. Wenn der Kunde ein nach seinen Wünschen konfiguriertes Produkt bestellt, werden die Konfigurationsdaten dem Auftrag zur weiteren Bearbeitung im Backend-System mitgegeben.

Mit SAP IPC bietet mySAP CRM E-Selling ein leistungsfähiges Configure-to-Order-Szenario, das den Kunden mit seinen spezifischen Wünschen frühzeitig und maßgeblich mitbestimmend in den Wertschöpfungsprozess einbindet.

Exakte Verfügbarkeitsprüfung und verbindliche Liefertermine

Mit mySAP CRM E-Selling können Kunden in Echtzeit zuverlässige Informationen über Verfügbarkeiten und Liefertermine erhalten. Für jede Auftragsposition im Warenkorb – auch für konfigurierte Produkte – wird in SAP R/3 oder im *SAP Advanced Planer & Optimizer (SAP APO)* eine Verfügbarkeitsprüfung, ein so genannter *ATP-(Available-to-Promise-)Check* durchgeführt. Zur Ermittlung des Liefertermins wird nicht allein eine durchschnittliche Lieferzeit herangezogen, sondern wird auf Basis der aktuellen Lagerbestände und Produktionskapazitäten in allen Werken sowie unter Berücksichtigung der Durchlaufzeiten für Kommissionierung und Versand ein genauer Liefertermin berechnet. Kunden haben zudem die Möglichkeit, Wunschliefertermine – im B2B-Szenario sogar individuelle Termine für einzelne Positionen – anzugeben. Diese finden bei der Verfügbarkeitsprüfung und Lieferterminierung Berücksichtigung.

Darüber hinaus kann mit my SAP CRM E-Selling und SAP APO eine regelbasierte Verfügbarkeitsprüfung *(Rule-Based ATP-Check)* durchgeführt werden, die es erlaubt, die Verfügbarkeit von Produkten an mehreren Standorten zu prüfen und bei nicht ausreichender Verfügbarkeit Alternativprodukte vorzuschlagen.

Die Bedeutung einer präzisen Verfügbarkeitsprüfung und zuverlässigen Lieferterminierung sollte nicht unterschätzt werden. Zur Verbesserung der Kundenzufriedenheit spielen diese Auskünfte eine entscheidende Rolle. Dies gilt insbesondere für den Business-to-Business-Bereich, in dem die Auftragserteilung nicht selten von der Zusicherung und vorausgesetzten Einhaltung eines bestimmten Liefertermins abhängig gemacht wird.

Flexible und sichere Zahlungsweisen

Mit mySAP CRM E-Selling können Unternehmen von der Automatisierung der Zahlungsabwicklung über das Internet profitieren. Dazu stehen den Kunden unterschiedliche Zahlungsweisen zur Verfügung. Die Bezahlung kann zum einen über Kreditkarte erfolgen und unmittelbar online autorisiert werden. Zum anderen ist die Zahlung per Nachnahme oder auf Rechnung möglich, wobei die Fakturierung – falls vorhanden – automatisch im SAP R/3-Backend erfolgen kann. Die

Anbindung an das Backend-System stellt außerdem sicher, dass Rabatte berücksichtigt, Rechnungsbeträge richtig berechnet, eingehende Zahlungen korrekt gebucht und Erinnerungen zum richtigen Zeitpunkt verschickt werden. Für den Fall, dass kein R/3-Backend-System genutzt wird oder mehrere R/3-Systeme zum Einsatz kommen, kann die Fakturierung auch zentral über CRM Billing von mySAP CRM durchgeführt werden (Kapitel 7.4.6). Modernste Sicherheitsmechanismen gewährleisten ein Höchstmaß an Sicherheit bei der Übermittlung sensitiver Daten.

Elektronische Rechnungsstellung

Die Integration von mySAP Financials *Electronic Bill Presentment and Payment* (EBPP) ermöglicht die elektronische Übertragung, Darstellung und Bezahlung von Rechnungen im Web-Shop. Der Anbieter spart sich das aufwendige Ausdrucken und Verschicken von Rechnungen, Zahlungserinnerungen sowie Mahnungen und kann gleichzeitig über den Kanal der elektronischen Rechnungsstellung seine Kundenbeziehungen pflegen. Die Kunden haben den Vorteil, nicht allein die Rechnung, sondern auch ihren aktuellen Kontostand inklusive Gutschriften einsehen zu können. Zur Bezahlung wählen Kunden die Rechnung, etwaige zu verrechnende Gutschriften und die gewünschte Zahlungsmethode aus. Nach dem Autorisieren der Zahlung wird ein Zahlungslauf im Backend-System angestoßen.

Bestellung per Mausklick

Sobald die Produkte ausgewählt, die gewünschten Mengen und die Zahlungsweise angegeben sowie die Preise und Liefertermine vom System spezifiziert sind, kann der Inhalt des Warenkorbs mit einem Mausklick bestellt, d.h. als Auftrag abgeschickt werden. Bei Bedarf kann der Kunde eine besondere Lieferanschrift – im B2B-Szenario sogar für jede einzelne Position – eingeben und die Lieferart auswählen. Außerdem kann der Kunde seiner Bestellung schriftliche Bemerkungen (Kommentare, Hinweise etc.) hinzuzufügen. Im B2B-Szenario besteht sogar die Möglichkeit, für jede Position einen eigenen Bestelltext einzugeben. Auf diese Weise können auch vom Standard abweichende Bestellungen reibungslos abgewickelt werden.

Grundsätzlich kann mit mySAP CRM E-Selling anstelle der Erteilung eines Auftrags zunächst auch nur ein Angebot eingeholt werden. Mit Bezug auf ein bestimmtes Angebot ist es den Kunden später möglich, problemlos einen Auftrag anzulegen oder einzelne Positionen in einen Auftrag zu übernehmen.

Automatische Auftragsbestätigung

Sobald eine Bestellung als Auftrag abgeschickt wurde, bekommt der Kunde die generierte Auftragsnummer im Internet angezeigt und erhält eine Auftragsbestätigung per E-Mail. Dies gilt auch für Angebote, die der Kunde über das Internet selbst erstellt hat.

Reibungslose Auftragsbearbeitung

Durch die Integration von mySAP CRM E-Selling mit den übrigen CRM-Funktionen und dem Backend-System ist eine automatische Weiterverarbeitung der über das Internet eingehenden Aufträge bis hin zur Auslieferung und Fakturierung gewährleistet. Dies sorgt für eine zuverlässige Abwicklung aller Aufträge und schafft eine hohe Kundenzufriedenheit und eine starke Kundenbindung. Die durchgängige Automatisierung von der Auftragsakquisition im Internet-Frontend bis zur Auftragsausführung führt zur Beschleunigung des gesamten Vertriebsprozesses und zur Senkung der Transaktionskosten.

Transparenz durch Online-Statusabfrage

mySAP CRM E-Selling versetzt Kunden zu jeder Zeit in die Lage, gesicherte Bestellvorlagen, Angebote und Aufträge selbstständig im Internet einzusehen und Detailinformationen zum Status eines Angebots bzw. der Auftragsbearbeitung der einzelnen Positionen abzufragen. Die Kunden erhalten einen raschen Überblick über alle erledigten und offenen Angebote bzw. Aufträge und können gegebenenfalls durch Hyperlinks den Versandweg der Ware über die Tracking-Systeme der Transport- und Logistikdienstleister verfolgen. Je nach Fortschritt der Auftragsbearbeitung hat der Kunde die Möglichkeit, Aufträge ganz oder teilweise (einzelne Positionen) zu stornieren oder zu ändern. Mit diesem Self-Service kann die Zahl der telefonischen Kundenanfragen deutlich reduziert werden; das entlastet den Innendienst und trägt wiederum zur Kostensenkung bei.

9.4.4 Zusätzlicher Umsatz mit Web-Auktionen

mySAP CRM E-Selling kann durch eine umfassende Lösung für Auktionen im Internet – *SAPMarkets Web Auctions* – ergänzt werden, mit der alle Prozesse bei der Versteigerung von Waren und Dienstleistungen abgewickelt werden können. SAPMarkets Web Auctions ist die perfekte Anwendung für Unternehmen, die für überschüssige Waren, Restinventar oder Waren mit kurzer Lebensdauer einen optimalen Preis erzielen oder den Markt für neue Produkte testen wollen. Es handelt sich um eine flexible, regelbasierte Lösung für das Anlegen von Auktionen und Geboten, das Aushandeln von Preisen und das automatische Abgleichen von Geboten.

SAPMarkets Web Auctions deckt alle Phasen einer Auktion ab: vom Zusammenstellen und Veröffentlichen eines Auktionspostens über das Verarbeiten eingehender Gebote, das Abgleichen von Geboten und die Ermittlung des Gewinners bis zur Auftragsabwicklung. Zu auktionierende Produkte können im Web-Produktkatalog in einem gesonderten Bereich – etwa einem *Auktionskatalog* – dargestellt werden; außerdem ist eine Kennzeichnung der Auktionsobjekte als solche im regulären Katalog möglich.

Zu den Funktionen für den Kunden gehört die Überwachung von Auktionen, an denen der Kunde teilnimmt oder teilgenommen hat. Er kann unter anderem den aktuellen Auktionsstatus abfragen und alle gewonnenen Auktionen einsehen. Zu den Funktionen für das Unternehmen bzw. für den Verkäufer gehören das Initiieren von Verkaufsauktionen, das Anzeigen des aktuellen Auktionsstatus und der Auktionsentwicklung, das Ändern des Auktionsstatus sowie One-to-One-Marketing-Funktionalitäten durch die Auswahl bestimmter Zielgruppen für Auktionen.

9.4.5 Interaktiver Customer Support

Unternehmen bauen Web-Shops nicht zuletzt auf, um Vertriebskosten zu sparen. Gleichwohl spricht vieles dafür, auf den persönlichen Kontakt zwischen Kunden und Anbieter nicht gänzlich zu verzichten: Möglicherweise haben Kunden Fragen, die im Web-Shop nicht beantwortet werden, finden sich im Web-Shop nicht zurecht oder möchten sich an den gleichen Vertriebsweg *Internet* wenden, um auch Serviceleistungen nach dem Kauf eines Produktes anzufordern. Deshalb bietet es sich an, Interaktionskanäle für die Kommunikation zwischen dem Internet-Kunden und einem Servicemitarbeiter zu ermöglichen. Zum Beispiel kann der Kontakt zwischen dem Kunden und dem Servicemitarbeiter durch den Web-Shop hergestellt werden. Stößt der Kunde im Web-Shop auf Fragen, ist es nicht nur vorteilhaft, sondern geradezu ein Muss, ihn mit einer Antwort zu versorgen – möglicherweise findet er sonst die Antworten bei der Konkurrenz.

my SAP CRM E-Selling bietet Internet-Kunden drei Möglichkeiten, um direkt aus dem Web-Shop heraus Hilfe zu erhalten:

▶ **E-Mail**
   Der Kunde kann sich in klassischer Weise via E-Mail an das Unternehmen wenden. Optional kann hierfür im Web-Shop ein Mail-Formular zur Verfügung gestellt werden, damit der Kunde kein eigenes Mail-Programm installieren muss.

▶ **Call-Me-Back**
   Hat der Kunde Fragen oder Probleme, die sofort beantwortet werden müssen – er findet sich z.B. im Produktkatalog nicht zurecht, hat eine Frage zum Preis oder der Auftragsabwicklung – ist die Interaktion via E-Mail nicht der geeignete Weg. Um eine sofortige Kommunikation mit dem Anbieter herzustellen, kann der Kunde via Button auf der Website eine *Call-Me-Back*-Anforderung stellen.

Diese Anforderung wird unmittelbar zu einem Servicemitarbeiter in einem Call Center weitergeleitet, der den Kunden zurückruft. Für die Herstellung des Kontakts zwischen Internet-Kunden und Servicemitarbeitern können im Web-Shop genaue Regeln, etwa die Abhängigkeit vom Status des Kunden oder der Sachkenntnis des Servicemitarbeiters, hinterlegt werden. Der Kunde kann in der Rückrufanforderung sogar spezifizieren, ob er lieber via Telefon oder durch das so genannte *Voice-Over-IP-Verfahren* zurückgerufen werden will. Da sich der Kunde gleichzeitig noch im Web-Shop befindet, können seine Fragen sofort beantwortet werden.

▶ **Chat**
Alternativ hierzu kann der Kunde auch einen Chat-Wunsch äußern, besonders wenn ihm nicht die nötige Hardware für Voice-Over-IP oder kein zweiter Telefonanschluss zur Verfügung stehen. Innerhalb des Chats können dem Kunden beispielsweise auch URLs oder Dateien geschickt werden.

9.4.6 Business Intelligence durch leistungsfähige Web-Analysen

Die Entscheidung, einen Web-Shop zu betreiben, beinhaltet nicht nur den Aufbau von Internet-Seiten und die Hoffnung, dass diese täglich von vielen Käufern besucht werden. Zusätzlich gewinnen Personalisierung und Optimierung von Web-Shops zunehmend an Bedeutung, damit Besucher sich schnell im Web-Shop zurechtfinden können und auf Kundenwünsche zielgerichtet eingegangen werden kann.

Wie lässt sich der Erfolg solcher Maßnahmen feststellen? Ein direkter Kundenkontakt ist im Web schwierig und auf Nachfragen geben Kunden nur selten Feedback. Durch das Aufzeichnen von Kundenaktivitäten im Web-Shop und die anschließende Analyse dieser Daten lässt sich jedoch feststellen, wie sich Besucher in einem Web-Shop verhalten. Auf der Grundlage solcher Erkenntnisse kann der Web-Shop stetig optimiert und damit auch das Einkaufserlebnis für jeden einzelnen Besucher verbessert werden.

Mit Hilfe von Standard-Werkzeugen lassen sich *Log Files* von Web-Servern analysieren. Diese enthalten technische Informationen wie Browser-Versionen, Anzahl von Hits oder PageViews und Besucher-Sessions. Auch die Server-Auslastung kann gemessen und ausgewertet werden. Diese Tools stoßen jedoch bei der Analyse von dynamisch erzeugten Web-Seiten, wie sie in Web-Shops häufig vorkommen, an ihre Grenzen. Gerade diese Fähigkeit ist aber notwendig, um Kundenaktionen in einem Web-Shop nicht nur nach technischen, sondern auch nach betriebswirtschaftlichen Gesichtspunkten analysieren zu können.

In mySAP CRM E-Selling können Kundenaktionen, so genannte *Events*, im Web-Shop aufgezeichnet werden. Somit kann beispielsweise für jede Besucher-Session im Web-Shop festgestellt werden, welche Artikel der jeweilige Besucher angeschaut hat, welche Artikel in den Warenkorb gelegt bzw. aus dem Warenkorb gelöscht wurden, inwiefern die Anzahl von Artikeln im Warenkorb geändert wurde und ob eine Bestellung erfolgt ist. Diese Daten können dann mit einem Analysetool weiter untersucht werden.

Die im Web-Shop aufgezeichneten Daten können direkt in das SAP Business Information Warehouse (SAP BW) geladen und dort sofort mit Hilfe vordefinierter Analyseanwendungen ausgewertet werden. Darüber hinaus ist es durch die nahtlose Integration der Komponenten möglich, die Daten aus den Besucher-Sessions mit Daten aus mySAP CRM, SAP R/3 und anderen Systemen wie z.B. Geschäftspartner- und Produktinformationen und der Verkaufshistorie kombiniert zu analysieren. Die Untersuchungsergebnisse liefern Web-Shop-Betreibern jederzeit ein umfassendes Bild über Kunden, Produkte und den Zustand des Web-Shops, sodass bei Bedarf umgehend Verbesserungsmaßnahmen eingeleitet werden können.

Neben den üblichen Auswertungen zum technischen Status der Website (*Site Statistics*) – z.B. Analyse von fehlerhaften Links, Downloadvolumina, Seitenladedauer, Fehlerstatus etc. – bietet mySAP CRM E-Selling Auswertungsmöglichkeiten in folgenden Bereichen:

▶ **Kundenverhalten**

  ▷ Benutzerdaten (Analyse nach benutzerspezifischen Merkmalen)

  ▷ Clickstream (Auswertung von Zugriffen eines Benutzers in chronologischer Reihenfolge)

  ▷ Top N externe Referrer (Auswertungen der Sites, von denen aus am häufigsten auf den Web-Shop abgesprungen wurde)

  ▷ Ereignisstatistik (Überblick über die im Web-Shop ausgelösten Events)

  ▷ Besucher-Session (Auswertung aller Informationen zu einer Besuchersitzung im Web-Shop)

  ▷ Besuchshäufigkeit (Auswertung der Besuchshäufigkeit einzelner Benutzer)

▶ **Vertriebsstatistik**

  ▷ Konversionsrate (Anteil der Besucher, die zu bestellenden Kunden geworden sind)

  ▷ Von Kunden betrachtete, ausgewählte und schließlich gekaufte Artikel im Web-Shop

- Top 10 Artikel (Analyse der 10 am häufigsten angeschauten, in den Warenkorb gelegten, aus dem Warenkorb gelöschten oder gekauften Artikel)
- Warenkorbwerte (z.B. je Kunde oder Durchschnitts- und Gesamtwerte der Warenkörbe zu einem bestimmten Zeitpunkt)
- Überblick über die Artikel in den Warenkörben zu einem bestimmten Zeitpunkt

Anhand der gesammelten, aggregierten und dann analysierten Daten kann beispielsweise die Marketing- und Vertriebsabteilung des Web-Shop-Betreibers leicht erkennen, wie sich Kundengruppen zusammensetzen oder welche Produkte von bestimmten Kundengruppen am häufigsten nachgefragt werden. Darauf aufbauend können zielgerichtete Marketingstrategien entwickelt und Marketingkampagnen optimal durchgeführt werden.

Das Produktmanagement ist hingegen stärker an Informationen zu den Produkten selbst interessiert. Hier lassen sich dann z.B. bei konfigurierbaren Produkten aus der Analyse der am häufigsten bzw. am wenigsten bestellten Produktkombinationen direkte Rückschlüsse auf die Neu- oder Weiterentwicklung von Produktgruppen ziehen. Schließlich lassen sich aus der Analyse des Navigations- und Suchverhaltens der Besucher im Web-Shop auch schnell die eventuell vorhandenen Schwachstellen im Webdesign oder bei der Informationsbereitstellung (*Content*) erkennen und beheben.

mySAP CRM E-Selling bietet durch die Kombination aus der Aufzeichnung kunden- und produktbezogener Daten im Web-Shop und anschließender Datenanalyse im Data Warehouse die Möglichkeit, dass die große Anzahl aussagekräftiger Daten, die in einem Web-Shop täglich anfallen, nicht einfach verloren geht. In mySAP CRM E-Selling werden die verschiedenen Daten zunächst strukturiert und dann analysiert, um ein genaues Bild der Einkaufsgewohnheiten von Kunden sowie ihrer Präferenzen bezüglich der Produkte, Services und Inhalte zu erhalten. Dieses Wissen ermöglicht es Entscheidungsträgern, Verkaufsanalysen vorzunehmen, Nachfragetrends vorherzusehen, Marketinginitiativen zu optimieren sowie den Web-Auftritt eines Unternehmens genau auf die Kundenwünsche zuzuschneiden.

9.4.7 Kreatives Web-Shop-Design

Um in einem Web-Shop erfolgreich Produkte anbieten zu können, muss das Erscheinungsbild des Shops attraktiv gestaltet und die Handhabung optimal auf die Zielgruppe zugeschnitten sein. Dies macht es erforderlich, dass bestimmte Aspekte des Web-Shops zielgruppengerecht variiert werden. Die Variationen basieren sowohl auf den Ansprüchen und Bedürfnissen der Anbieter, die den

Web-Shop einsetzen, als auch auf denen der Benutzer, die den Shop zum Einkauf besuchen.

Web-Shop-Lösungen werden den Benutzern mittels Internet Browser angezeigt. Früh entscheidet sich, ob der Web-Shop überhaupt betreten wird, Einkäufe stattfinden und ob Folgekäufe in Erwägung gezogen werden. Von entscheidender Bedeutung ist in diesem Zusammenhang die Gestaltung der Oberfläche, d.h. das Design des Web-Shops. Dabei kann man nicht davon ausgehen, dass die potenziellen Benutzer über gleiche Voraussetzungen verfügen. Sie kommen aus völlig unterschiedlichen demografischen Bereichen, mit unterschiedlichem Vorwissen, verschiedenen Zielsetzungen und Bedürfnissen. Finden sich Benutzer im Web-Shop nicht zurecht und sind Funktionen nicht offensichtlich, so schwindet das Vertrauen und die Akzeptanz und ein Einkauf findet nur eingeschränkt oder gar nicht statt.

Zusätzlich zur Benutzerzufriedenheit haben wohl gestaltete Web-Shop-Lösungen, die einfach verstanden und erlernt werden können, den entscheidenden Vorteil steigender Produktivität. Wenn Benutzer weniger Fehler machen, z.B. weniger unvollständige oder fehlerhafte Bestellungen durchführen, können Kosten auf der Betreiberseite des Shops gesenkt werden.

Aus den genannten Gründen bietet mySAP CRM E-Selling die Möglichkeit, das Erscheinungsbild des Shops an den Vorstellungen des Betreibers auszurichten. Durch die Wahl der J2EE-Technologie (Java 2 Platform, Enterprise Edition) ist eine Trennung von Programm-Logik und Benutzungsoberfläche vollzogen worden. Die Anpassungsmöglichkeiten für beide Komponenten basieren auf Java als Programmier- und HTML als Layout-Sprache. Anpassungen am Design des Web-Shops können das allgemeine Layout, die eingesetzten Farben und Grafiken, die verwendeten Schriftarten etc. betreffen, ohne dadurch die Applikationslogik zu verändern (siehe Abbildung 9.3).

mySAP CRM E-Selling liefert bereits einen Designentwurf aus, der den Bedürfnissen der Kunden entsprechend gestaltet wurde. Die *Ready-to-Run Templates* enthalten bereits ansprechende Grafiken, wohl definierte Farben und Schriftarten, die ohne besonderen Aufwand eingesetzt werden können. Dieses Design wurde von Designexperten gestaltet und entspricht den oben aufgeführten Kriterien. Dessen ungeachtet können diese Templates von Webagenturen oder Inhouse-Designern nach Belieben an die spezifischen Anforderungen angepasst werden, ohne dass grundlegende Designeinschränkungen existieren.

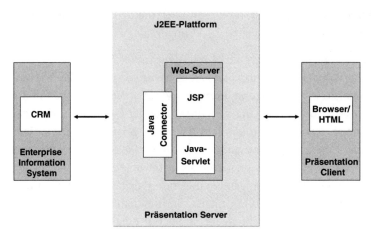

Abbildung 9.3 mySAP CRM E-Selling: Architektur

Multimedia-Erweiterungen wie Shockwave Flash für animierte Darstellungen oder die Einbindung von Lösungen anderer Dritt-Anbieter sind auf Basis der offenen Standards HTML und JSP (Java Server Pages) mit kalkulierbarem Aufwand durchführbar.

9.4.8 Praxisbeispiele für erfolgreiche E-Selling-Projekte mit mySAP CRM

Integriertes Kunden- und Supply Chain Management: E-Selling bei Sony PlayStation

Die beiden zum Sony-Konzern gehörenden Unternehmen Sony Computer Entertainment Australia und PlayStation.com Australia betreiben unter *www.au.playstation.com* eine Website mit integrierter elektronischer Handelslösung auf der Basis von mySAP CRM E-Selling.

Über PlayStation.com Australia soll den über 1,7 Millionen australischen Kunden mit dem Online-Angebot dieselbe Begeisterung vermittelt werden wie von den verschiedenen Offline-Angeboten. Zudem soll die Online-Lösung dazu beitragen, den Markenwert von PlayStation zu steigern.

Der Medienkonzern verwirklicht sein Vorhaben insbesondere durch ein zielgruppengerechtes Leistungsprogramm, einen multimedialen Produktkatalog, die Realisierung eines One-to-One Marketings und einen hohen Sicherheitsstandard bei den Zahlungstransaktionen. Darüber hinaus legt Sony besonderes Augenmerk auf eine Realtime-Verfügbarkeitsprüfung mit Reservierungsfunktionalität in der Produktionsplanung, auf schnelle Antwortzeiten (Performance) der Website beim Bestellvorgang sowie auf die Integration eines Call Centers als Service Add-On.

PlayStation.com Australia setzt für ihren Internet-Auftritt eine hoch integrierte E-Business-Lösung der SAP ein, um alle Anforderungen an ein integriertes Customer Relationship- und Supply Chain Management erfüllen zu können.

Die Kunden von Sony können alle Produkte des Unternehmens (PlayStations, CDs, DVDs etc.) über die Web-Seite online einkaufen und bekommen diese frei Haus geliefert. Der Einkauf bei PlayStation.com läuft folgendermaßen ab: Die Kunden suchen zunächst im multimedialen Produktkatalog nach den gewünschten Waren und informieren sich, ob die Waren auf Lager sind bzw. über den Zeitpunkt der Verfügbarkeit. Dabei werden mit Hilfe der integrierten Lösung sowohl die aktuellen Lagerbestände als auch die Produktionsplanung einschließlich der Lieferkette berücksichtigt und temporäre Reservierungen vorgenommen. Sofern sie die Waren kaufen wollen, legen sie diese in einen virtuellen Einkaufswagen. Danach schicken sie ihre Bestellung zusammen mit ihren Kreditkartendaten über sichere Verbindungen an den Dienstleister ANZ e-gate. Dieser bietet die erste bankbetriebene Zahlungslösung für das Internet an, welche die Sicherheit der Transaktionen gewährleistet. Sofern der Kunde Fragen hat, kann er sich telefonisch, per Fax oder via E-Mail an das Call Center wenden. Die Mitarbeiter arbeiten mit einer leistungsfähigen und in die E-Businesslösung integrierten Interaction-Center-Software von SAP, die ihnen alle verfügbaren relevanten Kundendaten unmittelbar bereitstellt. Sie sind somit in der Lage, den Kunden einen ausgezeichneten Service zu bieten.

Die PlayStation.com Australia realisiert mit der mySAP CRM-E-Selling-Lösung ein vollständig integriertes Front- und Backend. Die integrierte Lösung trägt dazu bei, dass die Produkte schnell und kostengünstig zu den Kunden gelangen. Sony erreicht damit, dass die Kunden über den gesamten Geschäftsprozess – von der Bestellung über die Lieferung bis zum Support bzw. After Sales – mit der elektronischen Handelslösung zufrieden sind. Des Weiteren ergibt sich für Sony Computer Entertainment Australia und PlayStation.com Australia eine Verbesserung der Rentabilität durch gestraffte Management- und Berichtsprozesse.

Personalisierung im Business-to-Business: Osram Sylvania bringt Licht ins Informationsdickicht

Osram Sylvania, das nordamerikanische Tochterunternehmen der zum Siemens-Konzern gehörenden Osram GmbH, ist weltweit einer der drei größten Leuchtmittelhersteller.

Durch den Einsatz der mySAP CRM-E-Selling-Lösung verknüpft Osram Sylvania alle Backend-Daten der Lieferanten, Kunden und Geschäftspartner mit den Front-Office-Anwendungen, auf die alle Beteiligten über das Internet zugreifen können. Alle Geschäftspartner von Osram Sylvania können direkt ihre Aufträge erteilen, den Zahlungsverkehr abwickeln und den Stand der Auftragsbearbeitung online abrufen. Sowohl Käufer als auch Händler haben die Möglichkeit, Informationen zu Aufträgen, z. B. den Auftragsstatus, abzufragen. Bestandsüberwachung sowie Auftragserteilung und -überwachung erfolgen völlig automatisch.

Die Lösung »merkt« sich zudem die kundenspezifischen Konditionen, z. B. Rabatte und Zahlungsbedingungen. Osram Sylvania verwaltet etwa 1,5 Millionen Konditionssätze für seine Kunden (kundenspezifische Preise, Rabatte, Bonusregelungen etc.). Sie bilden die Basis für ein komplexes Regelwerk zur Preisermittlung. Die enorme Personalisierung in der Preisgestaltung hat darüber hinaus noch eine dynamische Komponente: täglich erfolgen Tausende von Änderungen. Alle Einzelinformationen zum Entgeltsystem müssen sowohl in der Buchhaltung, im Vertrieb als auch auf der Webseite laufend aktualisiert werden. Die integrierte E-Business-Lösung der SAP stellt sicher, dass die Preise und Konditionen auf der Web-Seite stets mit den fakturierten Preisen übereinstimmen – und natürlich nur einmal zentral zu pflegen sind.

Des Weiteren stellt die Integration der zahlreichen technischen Informationen und Dokumentationen zu den Produkten von Osram Sylvania in die E-Selling-Lösung eine große Herausforderung dar. Zu jedem Produkt liegen zahlreiche technische Daten, Produktblätter, Warnhinweise, technische Zeichnungen und Einsatzbeschreibungen vor. Alle diese Informationen sind für die Kunden von Bedeutung und deshalb natürlich im Internet abrufbar.

Mass Customization: Online-Konfiguration bei der Fiducia AG

Die Fiducia Informationszentrale AG ist das größte Dienstleistungs-Rechenzentrum der Genossenschaftsbanken in Deutschland. Den Kern des Leistungsangebotes des Unternehmens bildet die dialogorientierte Abwicklung der Buchungsvorgänge für die angeschlossenen Banken. Darüber hinaus gehören zum Leistungsspektrum die Entwicklung eigener Softwarelösungen, die Implementierung, Schulung und Beratung sowie die zentral gesteuerte Belieferung der Kunden mit Hard- und Software.

Über das Fiducia-Service-Portal haben die Kunden die Möglichkeit, Hard- und Softwarekomponenten sowie Service- und Supportleistungen per Mausklick zu bestellen. Dabei werden immer genau die Kombinationsmöglichkeiten von Hard- und Software angeboten, die zulässig sind und/oder für den betreffenden Arbeitsplatz in Frage kommen. Der Besteller wird im Dialog zu der Produktkonfiguration geführt, die sowohl seinen Anforderungen entspricht als auch von Fiducia so freigegeben ist. Zu jedem Produkt bzw. zu jeder Komponente steht eine ausführliche technische Dokumentation zur Verfügung. Bei konfigurierbaren Produkten wird der aktuelle Preis ermittelt und die Verfügbarkeit geprüft. Darüber hinaus besteht die Option, später während der Auftragsabwicklung jederzeit den aktuellen Status des Bestellvorgangs abzurufen.

Durch die Online-Lösung hat die Fiducia nicht nur ihr Bestellwesen optimiert, sondern gleichzeitig die jederzeitige Verfügbarkeit aktueller Informationen sichergestellt. Mussten in der Vergangenheit die Vertriebsmitarbeiter noch über alle Einzelheiten zur Software- und Hardware-Konfiguration auf herkömmlichen Wegen informiert werden, stehen diese Informationen durch die zentrale Pflege von Produktänderungen den Mitarbeitern und deren Kunden jetzt automatisch online zur Verfügung.

Die vollständige Integration von Frontend- und Backend-Applikationen schafft einen durchgängigen Vertriebskanal und stellt einen wichtigen Schritt bei der Optimierung der Geschäftsprozesse über die Unternehmensgrenzen hinweg dar.

Neben einem besseren Service sowie der Vereinfachung und Beschleunigung der Informations- und Transaktionsprozesse wird das Auftragsmanagement nachhaltig entlastet. Die durch die Prozess- und Ablaufoptimierung erreichten Einsparpotenziale belaufen sich auf 95 % der auftragsspezifischen Kosten, d.h. die Kosten konnten durch die Einführung der umfassenden mySAP CRM-E-Selling-Lösung von 140 DM auf 7 DM pro Auftrag reduziert werden. Allein durch die beträchtliche Kostensenkung in der Auftragsbearbeitung ist eine rasche Amortisierung der Investitionen möglich.

10 mySAP CRM für das Interaction Center

10.1 Überblick

»Der für Sie zuständige Kollege macht gerade Mittagspause, rufen Sie doch bitte später noch mal an.« Ein folgenschwerer, aber durchaus nicht selten zu hörender Satz, der eine mühevoll aufgebaute Kundenbeziehung binnen Sekunden zerstören kann. Wer, fragt sich der anrufende Kunde zu Recht, ist hier eigentlich für wen da? Und wird sich möglicherweise ohne lange zu zögern einem anderen Anbieter zuwenden, der im Zeitalter des elektronischen Handels nur einen Mausklick entfernt ist.

Doch auch wenn der Kunde Nachsicht walten lässt, hat das Unternehmen eine Chance vertan. Denn der direkte Kontakt mit dem Kunden bietet einer Firma nach wie vor die beste Gelegenheit, seine Fragen zu beantworten, seine Probleme zu lösen, seine Bedürfnisse besser kennen zu lernen und ihm zusätzliche Leistungen anzubieten.

Kunden erwarten heute hervorragende, konsistente Dienstleistungsbereitschaft, rund um die Uhr und in gleich bleibender Qualität. Dies ist nur über ein Kundenbeziehungsmanagement-System zu erreichen, das alle Kanäle zum Kunden hin öffnet und alle Formen und Mischformen von Vertriebs-, Marketing- und Serviceprozessen unterstützt. Das gesamte Unternehmen auf dieses neue Verständnis von Kundenbeziehungsmanagement auszurichten wird zum Ziel der strategischen Unternehmensführung.

Entscheidend ist, dass die Kundenbeziehungsmanagement-Lösung alle Formen der Kontaktaufnahme unterstützt, egal ob webbasiert, telefonisch, per Fax oder durch das persönliche Gespräch. Wichtig ist des Weiteren, dass alle möglichen Rollen des Geschäftspartners abbildbar sind. Der Kunde von heute kann gleichzeitig Lieferant, Wettbewerber und Mitarbeiter sein. Die Vielfalt der Rollen abzubilden und daraus entsprechende Angebote zu formulieren ist die unternehmerische Herausforderung der Zukunft. Hier vollzieht sich der Übergang vom traditionellen Call Center hin zum Interaction Center der Zukunft.

10.2 Das Call Center im Wandel zum Interaction Center

Das Call Center war traditionell eine zentrale Anlaufstelle für Kontakte zwischen dem Kunden und dem Unternehmen. Ein Unternehmen muss seine Call-Center-Agenten mit Wissen sowie mit akkuraten und aktuellen Informationen über alle Kunden ausrüsten. Agenten benötigen diese Informationsarten im ständigen Zugriff. Daten über die Kundenhistorie, über Kaufverhalten und Präferenzen erlauben es ihnen, effizient und wertschöpfend mit Kunden zu interagieren. Traditionelle Call Center, die nur telefonbasiert arbeiten und die Agenten nur mit rudimentären Daten über Kunden versorgen, sind ein Relikt der Vergangenheit. Sie haben nichts zu tun mit dem heutigen Verständnis von Kundenbeziehungsmanagement.

Kunden fordern die unterschiedlichsten Formen der Interaktion. Mit sinkender Kundenloyalität – und dem Wettbewerb nur einen Mausklick voraus – besteht die Herausforderung darin, es dem Kunden so einfach wie möglich zu machen, mit dem Unternehmen zu interagieren. Dies umfasst alle Aktivitäten vom Informieren über Produkte und Dienstleistungen bis hin zum Abschluss von Transaktionen, der Verfolgung der Lieferabwicklung und der Anforderung von Services. Dieser *Closed-Loop-Ansatz* ist das Grundelement der Architektur von mySAP.com.

Das Interaction Center ist in diesem Kontext das zentrale Instrument, um auf alle Aspekte des Kundenbeziehungsmanagements zuzugreifen. Es bietet Elemente des operativen, analytischen und kollaborativen CRMs. Enge Verflechtungen bestehen ebenfalls mit den Bereichen der Internetnutzung und der mobilen Technologien, auf die im Laufe dieses Kapitels noch eingegangen wird.

Der Übergang vom Call Center zum Interaction Center entspricht dem generellen Trend zur Optimierung des Nutzens für den Kunden durch CRM-Lösungen, wie er in der Abbildung 10.1 dargestellt ist.

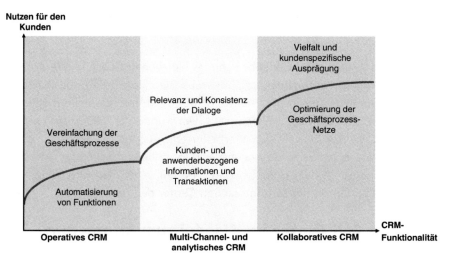

Abbildung 10.1 Kundennutzen durch CRM

In den letzten zehn Jahren stand in vielen Unternehmen das Thema der Prozess-Automatisierung im Vordergrund. Vor diesem Hintergrund entstanden Call Center, die dem Zweck dienten, die Transaktionskosten zu senken. Oftmals wurden diese Zentren aus dem eigentlichen Unternehmen ausgelagert. Die Erfolgsermittlung reduzierte sich auf Faktoren wie Transaktionskosten, Gesprächsdauer und Personalfluktuation.

Seit zwei Jahren erkennen Unternehmen, dass die Qualität des Call Centers einen signifikanten Einfluss auf die Kundenzufriedenheit hat. Das Kundenverhalten ändert sich. Tolerierten Kunden vor Jahren noch, dass sie unterschiedliche Telefonnummern für Serviceanfragen, Vertriebsanfragen und Auftragsabwicklung anwählen mussten, so bestehen sie heute darauf, dass der kontaktierte Agent alle Prozesse beherrscht und alle aktuellen Informationen über den Kunden besitzt.

Der Kunde, der Montags ein Fax übermittelt, Dienstags einen Brief schreibt, Mittwochs ein E-Mail schickt, Donnerstags mit dem Vorstand und Freitags mit dem Vertriebsbeauftragten spricht, erwartet samstags vom Agenten im Interaction Center, dass dieser über alle Kontakte und getroffenen Vereinbarungen informiert ist. Darüber hinaus erwartet er präzise Informationen über Preise, Liefertermine, die Verfügbarkeit von Servicemitarbeitern und den Status der Auftragsbearbeitung.

Dieses Profil des Interaction Centers hat nichts mit dem traditionellen Call Center gemein. Die Agenten verfügen über ein umfangreiches Wissen über alle Geschäftsprozesse und wissen um ihre Verantwortung für den Kunden. War das Call Center gestern noch eine satellitenartige Organisationseinheit, so steht es heute im Zentrum des Kundenbeziehungsmanagements. Das traditionelle Problem der hohen Personalfluktuation in diesen Organisationseinheiten muss umgehend gelöst werden, da diese Mitarbeiter mit ihrem Wissen zu den wertvollsten Ressourcen eines Unternehmens zählen.

Der Wandel vom Call Center zum Interaction Center könnte nicht radikaler ausfallen. Zu meistern ist hier:

▶ Der technologische Wandel von der traditionellen analogen Telefonanlage hin zu webbasierten Multi-Channel-Systemen

▶ Der Wandel von einer reinen Kontaktaufnahme hin zur Betreuung des Kunden über alle Geschäftsprozesse hinweg

▶ Der Wandel von einer Low-Skill-Organisation hin zur hoch qualifizierten, teamorientierten Dienstleistungsorganisation

SAPs Interaction Center stellt Kunden die erforderlichen Technologien und Instrumente zur Abbildung von Geschäftsprozessen bereit. Wie alle mySAP CRM-Komponenten befindet sich auch dieses Produkt in ständigem Wandel. Neue Technologien, neue Geschäftsprozesse und neue Geschäftsideen bestimmen das Aussehen der Lösung.

10.3 Die Interaction-Center-Lösung der SAP

Die aktuelle Version des *mySAP CRM Interaction Centers* stellt einen Meilenstein dar, da den Agenten erstmalig alle Geschäftsprozesse durchgehend und über alle Kanäle (Telefon, E-Mail, Web Chat etc.) zur Verfügung stehen. Um bei der von Kunden oft geforderten Multi-Channel-Fähigkeit technologische Führerschaft zu beweisen, ging SAP eine strategische Entwicklungspartnerschaft mit dem Marktführer für Multi-Channel-Kommunikationssysteme, der Firma Genesys ein. Im Rahmen dieser Kooperation gelang es, die Multi-Channel-Lösung von Genesys sowohl auf der Serverseite als auch im Bereich der Programmoberfläche durchgängig zu integrieren. Kunden steht damit neben den traditionellen SAP-Schnittstellen erstmals der Zugang zu allen Kommunikationskanälen offen. Abbildung 10.2 zeigt die Einbindung der Genesys-Oberfläche in das mySAP CRM Interaction Center. Exemplarisch sichtbar sind die Registerkarten zur Anmeldung des Agenten für die Kanäle *Telefon*, *E-Mail* und *Web Chat*.

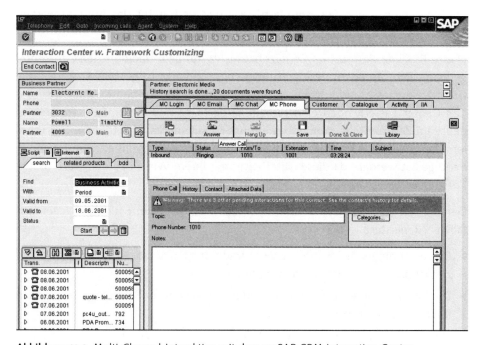

Abbildung 10.2 Multi-Channel-Interaktion mit dem mySAP CRM Interaction Center

Alternativ kann die Integration von anderen Multi-Channel-Systemen über eine Erweiterung der bestehenden SAP-Kommunikationsschnittstellen SAPcomm und SAPphone erfolgen (siehe Kapitel 10.3.2).

Eine weitere Neuerung ist der *Alert Modeler* (siehe auch Kapitel 7.5.2). Er erlaubt es, Geschäftsregeln zu hinterlegen und basierend auf deren Prüfung den Agenten zu informieren oder ihm Skripte zur Unterstützung des Gesprächsverlaufs anzubieten. So kann z. B. ein Lieferverzug direkt bei der Annahme des Gesprächs signalisiert werden. Der Agent kann dieses Thema proaktiv ansprechen und dadurch die Gesprächssituation besser gestalten.

Das mySAP CRM Interaction Center wird kontinuierlich weiterentwickelt. Zwar decken die betriebswirtschaftlichen Funktionen die Anforderungen der heutigen Pflichtenhefte ab, doch sind bereits die nächsten Herausforderungen erkennbar. Insbesondere Investitionen in die Systemarchitektur bieten die Möglichkeit, sich vom Wettbewerb zu differenzieren. Unter anderem werden gegenwärtig folgende Lösungselemente in den Labors (weiter-)entwickelt:

▶ Prozess-Design und Gestaltung der Benutzungsoberfläche

▶ Offene Schnittstellenarchitektur zur Anbindung von Multi-Channel-Systemen

▶ Durchsatz und Skalierbarkeit

▶ Entwicklungsplattform

▶ Routing in Interaktions- und Workflow-Szenarien

▶ Managementwerkzeuge

Die genannten Elemente werden im Folgenden genauer betrachtet.

10.3.1   Prozess-Design und Gestaltung der Benutzungsoberfläche

SAP verfolgt in allen Produkten eine konsequente Portal-Strategie mit browserbasierten Oberflächen in einer Thin-Client-Architektur. Diesem Designziel folgt auch das Interaction Center. In der Umsetzung bedeutet dies eine Ablösung der *ActiveX Controls* in den Benutzungsoberflächen sowie eine vollständige Neugestaltung des Interaktionsmodells. Ziel ist der Entwurf von Oberflächen, die einem geübten Internet- bzw. Portal-Anwender eine intuitive Nutzung der Werkzeuge des Interaction Centers ermöglichen. Ein Entwurfsbeispiel dieser Oberfläche findet sich in Abbildung 10.3.

Ein im Umgang mit Browsern erfahrener User erkennt sofort die Navigationselemente und die Bedeutung der einzelnen Bildschirmbereiche (*Kacheln*) und nutzt die unterschiedlichen Formen der Feldeingabe. Im Gegensatz zu traditionellen, programmspezifischen Oberflächen reduziert sich so die Ausbildungszeit erheblich. Erste Feedback-Studien mit Kunden zeigen eine hohe Akzeptanz seitens der Anwender.

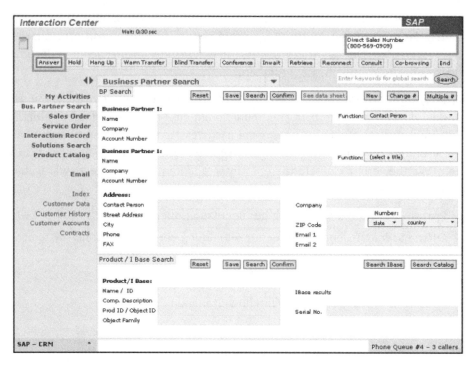

Abbildung 10.3 Entwurfsbeispiel zur neuen Benutzungsoberfläche des mySAP CRM Interaction Centers

Die Entwicklung der Oberfläche des Interaction Centers erfolgt in enger Abstimmung mit dem SAP-Tochterunternehmen SAP Portals, denn das Interaction Center ist letztendlich lediglich eine Anwendung unter vielen innerhalb des SAP-Portals.

10.3.2 Multi-Channel-Schnittstellenarchitektur

Ergänzend zur umfassenden Integration der Genesys-Produktfamilie und der Erweiterung der bestehenden Kommunikationsschnittstellen entwickelt SAP mit *SAPmultiChannel* eine offene, zertifizierbare Schnittstellenarchitektur, die es Partnern ermöglicht, ihre Produkte direkt an SAP zu koppeln. Abbildung 10.4 zeigt das Lösungskonzept.

Partnerunternehmen liefern unter Umständen nicht nur die Konnektoren zu der SAPmultiChannel-Schnittstelle, sondern auch Oberflächenelemente (*Controls*), die sich in die Oberfläche des SAP Interaction Centers einfügen lassen. In diesem Fall ersetzen die Hersteller-Controls die von SAP bereitgestellten Oberflächenelemente.

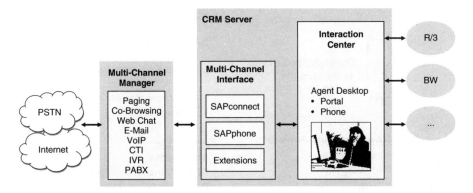

Abbildung 10.4 Multi-Channel-Schnittstellenarchitektur des mySAP CRM Interaction Centers

10.3.3 Durchsatz und Skalierbarkeit

Auch in browserbasierten Architekturen spielt das Antwortzeitverhalten die entscheidende Rolle. Die schönste Oberfläche verfehlt ihr Ziel, wenn sie schon bei der Addition von Server-Round-Trip- und Rendering-Zeiten über die magische Sekundengrenze hinausgeht. Dazu kommt das Antwortzeitverhalten des Gesamtsystems einschließlich des Zugriffs auf Daten der Logistik- und Rechnungswesensysteme.

SAP setzt seit Jahren die Standards für die Bewertung von Durchsatz und Skalierbarkeit von betriebswirtschaftlichen Anwendungen. Dies umfasst die präzise Beschreibung und Publikation der zu vermessenden Geschäftsszenarien, die Dokumentation der verwendeten Hardware, Software und Netzinfrastruktur sowie die lückenlose Darstellung aller Ergebnisse und Einflussfaktoren.

Um auch im Interaction-Center-Bereich Maßstäbe zu setzen, publizierte SAP im Juni 2001 zusammen mit dem Partner AMC Technologies den ersten Interaction-Center-Benchmark. Die Infrastruktur, das Szenario und die Antwortzeiten sind in Abbildung 10.5 dargestellt.

In den Benchmark-Analysen wurden 500 Agenten mit einer durchschnittlichen Call-Bearbeitungszeit von 50 Sekunden simuliert. In den meisten Kundensituationen wird heute von einer durchschnittlichen Bearbeitungszeit von maximal 3 Minuten ausgegangen. Hieraus ergibt sich rechnerisch eine Anzahl von mehr als 1.500 Agenten (bei entsprechend größerem Hauptspeicher auf den Applikationsservern).

Das hervorragende Ergebnis der Benchmark-Analysen ist nicht überraschend, da die zugrunde liegende mySAP Technology-Architektur eine Weiterentwicklung der erfolgreichen R/3-Basis-Architektur darstellt.

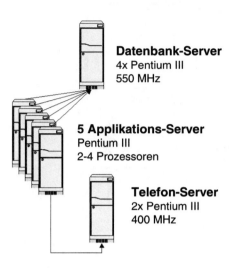

Szenario:

1. Ankommender Anruf
2. Automatic Number Identification
3. Anzeige Geschäftspartner
4. Bestätigung
5. Beenden des Anrufs
6. Daten löschen

Ergebnisse:

500 Agenten
34.600 Transaktionen/Std.
Gesprächszeit 50 Sek.
Durchschnittliche Antwort-zeit 0,44 Sek.
Appl.-Server-Last 36 % - 48 %
DB-Server-Last 16 %
Telefon-Server-Last 11 %

Datenbank-Server
4x Pentium III
550 MHz

5 Applikations-Server
Pentium III
2-4 Prozessoren

Telefon-Server
2x Pentium III
400 MHz

Abbildung 10.5 Benchmark-Szenario

Zumindest ein weiteres Problem bleibt allerdings zu lösen: Viele Kunden verfügen über Altsysteme, die Daten an das Interaction Center übergeben müssen. Dies ist insbesondere dann performancekritisch, wenn diese Daten bei einer Kundeninteraktion bereits auf dem ersten Bildschirmbild im Interaction Center erscheinen müssen, d.h. wenn die Daten nicht dynamisch nachgeladen werden können.

Um auch in diesem Fall ein gutes Antwortzeitverhalten zu erreichen, nutzt das Interaction Center den *Operational Data Store* (*ODS*) aus dem SAP Business Information Warehouse (SAP BW). Bei ODS handelt es sich um eine flache Datenstruktur, die einen sehr schnellen Zugriff sowohl auf einzelne Sätze als auch auf große Satzgruppen erlaubt. ODS-Strukturen können sowohl von SAP-Quellen als auch von externen Quellen mit Daten versorgt werden. Sobald die Daten im ODS liegen, spielt ihre Herkunft unter Performance-Gesichtspunkten keine Rolle mehr. Das Interaction Center greift zur Beschaffung der erforderlichen Daten zunächst auf ODS zu und bringt die ermittelten Informationen zur Anzeige. Erst zum Zeitpunkt der Veränderung eines Geschäftsobjekts erfolgt der Zugriff auf die transaktionalen SAP-Strukturen. Schematisch ist dies in Abbildung 10.6 dargestellt.

Der Einsatz dieser Technologie wird es Kunden ermöglichen, sehr große Interaktionszentren mit mehreren zehntausend Agenten sowohl in zentralen als auch in dezentralen Infrastrukturen zu betreiben.

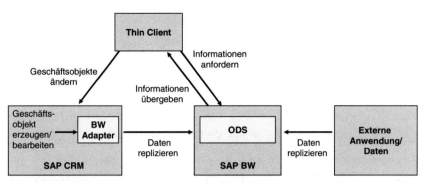

Abbildung 10.6 Performance-Optimierung mit ODS (Operational Data Store)

10.3.4 Entwicklungsplattform

Kaum ein SAP-Kunde setzt das mySAP CRM Interaction Center mit der ausgelieferten Standardoberfläche ein. In den meisten Implementierungsprojekten erfolgte eine mehr oder weniger ausgeprägte Anpassung der Oberfläche. Die Motivation für derartige Investitionen erklärt sich aus den stark unterschiedlichen Geschäftsprozessen in Unternehmen sowie aus den unterschiedlichen Ausbildungsständen der Mitarbeiter in den Interaction Centern.

Die Benutzungsoberfläche mancher Interaction Center präsentiert sich in Form kryptischer Kontrollschirme mit Textfeldern von maximal drei Zeichen Länge. Diese zeigt umfangreiche Kundeninformationen in einer hoch komprimierten Darstellung, was lange Ausbildungszeiten der Mitarbeiter erfordert. Allerdings ist der Call-Durchsatz in diesen Zentren sehr hoch. Andere Käufer von Interaction-Center-Lösungen vereinfachen die Oberflächen sehr stark, da sie primär auf nicht ausgebildete Mitarbeiter zurückgreifen. Insgesamt gilt die Aussage, dass es keine ultimative Oberfläche geben kann, die allen Anforderungen gerecht wird.

Ein häufig geäußerter Wunsch von Software-Kunden besteht darin, Java als Entwicklungsumgebung für die Oberflächengestaltung einzusetzen. Die Motivation für diesen Wunsch liegt in der ausreichenden Verfügbarkeit ausgebildeter Java-Entwickler. Gleichzeitig erwarten Kunden allerdings, dass auch in einer auf Java basierenden Lösungswelt dieselben Entwicklungswerkzeuge (inkl. Transport- und Korrektursteuerung, Übersetzung etc.) zur Verfügung stehen, die sie aus der SAP-Entwicklungswelt kennen.

SAP reagiert auf diese Anforderungen mit dem SAP Web Application Server und der Web-Dynpro-Technologie. Das mySAP CRM Interaction Center ist SAP-interner Pilotkunde dieser Technologie.

10.3.5 Routing in Interaktions- und Workflow-Szenarien

Um Kunden grundsätzlich den jeweils optimalen Agenten anzubieten, müssen Routing-Systeme in Kommunikationseinrichtungen in Zukunft deutlich mehr über Agenten und Kunden wissen. SAP liefert eine offene Business-Routing-Schnittstelle aus, die es ermöglicht, sowohl Qualifikationen von Mitarbeitern als auch Daten über Kunden auszutauschen. Der Vorteil für Unternehmen besteht darin, dass die Notwendigkeit zur Doppelpflege dieser Daten entfällt.

In einer zukünftigen Ausbaustufe wird diese Schnittstelle auch zur Synchronisation von Workflow- und Kanalsystem genutzt. In bestimmten Situationen kann es nämlich vorkommen, dass der Router im Workflow-System und der Router z.B. des Telefonsystems zu unterschiedlichen Entscheidungen kommen. Dies führt dazu, dass z.B. ein Agent einen Anruf an die Second-Level-Organisation weiterleitet, das Telefonsystem den optimalen Agenten bestimmt, dessen Telefon auch klingelt, dass jedoch das dazugehörige Workflow-Objekt in der Inbox eines anderen Agenten erscheint. In einem synchronisierten Gesamtsystem übergibt hingegen das SAP Workflow-System die Routinganforderung an das Telefonsystem.

10.3.6 Werkzeuge für den Leiter des Interaction Centers

Leiter von Interaction Centern überwachen die Tätigkeit ihrer Zentren heute primär über die Statistiken der Kommunikationssysteme. Diese zeigen den Zustand der Warteschlangen, die Auslastung der Agenten, die Call-Dauer und weitere technische Daten über die Kanäle an. Über Kunden und die betriebswirtschaftliche Bewertung von Interaktionen wissen die Kommunikationssysteme allerdings nichts.

Auf der CRM-Seite liegt demgegenüber zwar eine Gesamtsicht auf den Kunden vor, allerdings keine Informationen darüber, wie viel Zeit ein wichtiger Kunde in der Warteschlange verbringt, bevor sich ein Agent meldet.

Eine Zusammenführung beider Berichtssysteme bringt viele Vorteile wie z.B. eine einheitliche Oberfläche und eine durchgängige Sicht auf alle Teilschritte der Kundeninteraktion. Erreicht werden kann dies z.B. dadurch, dass Datenextrakte der Kommunikationssysteme direkt zum SAP Business Information Warehouse transferiert werden. Eine entsprechende Statistikschnittstelle, die den Datenaustausch vereinfacht, ist in Planung.

10.3.7   Weitere Entwicklung

Folgende Entwicklungen werden die Gestaltung von Interaction Centern in den nächsten Jahren beeinflussen:

▶ Zumindest in Europa wird sich UMTS (Universal Mobile Telecommunications System) als Mobilfunkstandard etablieren. Parallel hierzu kommt es zu einer Konvergenz zwischen mobilen Kommunikations-Endgeräten (z.B. Mobiltelefon) und mobilen Computersystemen. Es ist davon auszugehen, dass die Übertragungsbandbreite bei ca. 2Mbit/s liegen wird. Die Rechenleistung dieser mobilen Geräte wird ungefähr der Performance heutiger Desktopsysteme entsprechen. Technisch wird es damit möglich sein, die Funktionalität des Interaction Centers auf einem mobilen Endgerät abzubilden. Hiermit fallen die heute oftmals noch statischen Grenzen von Interaktionszentren. Neue Beschäftigungsmodelle und die Entstehung von dezentralen Dienstleistungszentren in heute noch industriell benachteiligten Regionen können die Folge sein.

▶ Innerhalb von Unternehmen wird sich die Nutzung von Technologien, die gegenwärtig noch dem Interaction Center vorbehalten sind, verändern. Obwohl heute schon möglich, erhalten nur die wenigsten Mitarbeiter bei eingehenden Anrufen die relevanten Informationen über den Gesprächspartner. Mit der zunehmenden Ausrichtung von Unternehmen auf Kundenbedürfnisse werden alle Mitarbeiter Zugang zu allen Kommunikationskanälen, zu Informationen über Gesprächpartner und zu Lösungsdatenbanken erhalten. Interaktionszentren verlieren damit ihre aktuellen Grenzen. Dieser Trend erklärt auch die von SAP verfolgte enge Kopplung zwischen dem Interaction Center und der SAP-Portal-Technologie.

▶ Im Bereich der sprachbasierten Anwendungen (*Voice Enabled Applications*) scheint seit 2000 ein Durchbruch erreicht zu sein. Die Nutzung neuester Technologien geht weit über das hinaus, was heute in sprachbasierten ACD-(Automatic-Call-Distribution-)Systemen zum Einsatz kommt. Im Kontext des Interaction Centers sind Szenarien denkbar, in denen Spracherkennungssysteme das laufende Gespräch zwischen Kunde und Agent analysieren und dem Agenten als relevant identifizierte Informationen vorschlagen. Dieses Szenario erscheint speziell deshalb realistisch, weil viele Gespräche in Interaktionszentren bestimmten Mustern und Schlagworten folgen. Ein weiterer Einsatzbereich liegt im Umfeld der sprachbasierten Auskunftssysteme.

11 Lösungen für mobile Anwender mit mySAP CRM

In der Entwicklungsgeschichte der Personal Computer konnte man von Anfang an einen Trend zur Vereinfachung und Miniaturisierung beobachten. Ein prominenter Repräsentant dieser Entwicklung war zu Beginn der 1990er-Jahre der Laptop-Computer, der für eine Verbreiterung des PC-Nutzungspotenzials sorgte und jedermann an jedem Ort die Teilnahme am E-Commerce eröffnete.

Mit der Verfügbarkeit von handlichen Palmtop-Computern entstand in Ergänzung zum E-Commerce der Begriff M-Commerce. Zunächst beschränkte man sich bei dieser neuen Gerätegeneration auf die Abwicklung von Kauf- und Zahlungstransaktionen, sozusagen als Spezialform des M-Commerce. Mit der Erweiterung auf jede Form der Interaktion (z.B. auch Benachrichtigung mobiler Anwender über Alerts, Anzeige von Reports etc.) hat sich der Begriff M-Business oder Mobile Business eingebürgert.

mySAP Mobile Business ist die von SAP angebotene Erweiterung der mySAP.com-Lösungen um drahtlose Interaktionsmöglichkeiten. Sie erlaubt es, mySAP CRM-Anwendungen auch mobil zu nutzen. Mittels einfacher, schrittweiser Einführung dieser Technologie werden die gewohnte IT-Umgebung und die Anwendungslandschaft im Unternehmens bewahrt und ein wirksamer Investitionsschutz gewährt.

11.1 Drahtlose Datenverarbeitung als Grundlage für Mobile Business

Vieles deutet darauf hin, dass uns mit der drahtlosen Datenverarbeitung der nächste große Technologieschub nach der Einführung des Internets ins Haus steht. Mit ihr werden existierende Informationstechnologien und -verfahren zusammengeführt und für jedermann überall verfügbar gemacht. Fast alle zukünftigen Mobiltelefone werden einen Internet Browser beinhalten. Sowohl Handy-Hersteller als auch Analysten liefern übereinstimmende Hochrechnungen über die Verbreitung von drahtlosen Geräten für das Internet und rechnen damit, dass diese die leitungsgebundenen PCs im Jahr 2004 überholen. Die Gesamtzahl der Nutzer von Internet-Handys soll demnach im Jahr 2005 bereits die 200-Milionen-Grenze übersteigen.

Es gibt verschiedene Wege zur mobilen Datenverarbeitung. Meist wird unter dem Begriff *wireless* die Nutzung einer Funkverbindung zur Übermittlung von Daten verstanden. Allerdings sind Funkverbindungen heute noch mit hohem technischen Aufwand bei gleichzeitig begrenzter Verfügbarkeit und Verlässlichkeit verbunden. Daher werden im M-Business alle Möglichkeiten betrachtet, unter Vermeidung einer Kabelverbindung eine Transaktion, einen Informationsabruf oder auch eine lokale PIM-(Personal-Information-Manager-)Funktion, z.B. Kalender oder E-Mail, auf dem mobilen Gerät auszuführen.

Funkverbindungen können durch ihre Reichweite und den für ihren Betrieb erforderlichen technischen Aufwand charakterisiert werden. Im CRM-Umfeld sind speziell folgende Technologien von Interesse:

▶ **Bluetooth (Personal Area Network)**
Drahtlose Vernetzung im Nahbereich für Mobiltelefone, PDAs und Computer

▶ **WLAN (Wireless Local Area Network)**
Möglichkeit zur Einbindung mobiler Benutzer in ein Local Area Network (LAN) über drahtlose Verbindungen

▶ **WAP (Wireless Application Protocol)**
Um das Internet mit mobilen Geräten zu verbinden, wurde WAP konzipiert und durch das WAP Forum unter der Führung eines Konsortiums – bestehend aus Vertretern von Ericsson, Nokia, Motorola und phone.com – im Detail festgelegt. Das WAP Forum arbeitet eng mit dem Internet-Standardisierungsgremium W3C zusammen.

Neben den Internet-Handys sind PDAs (Personal Digital Assistents) die zweite große Gruppe von Geräten mit wachsendem Markt und einem gewissen Lifestyle-Flair, sowohl beim anspruchvollen Konsumenten als auch beim professionellen Nutzer. Die Synchronisation solcher Geräte mit der zentralen Datenverarbeitung mittels Cradle (Einschubmodul) und Gateway-PC oder durch die Infrarot-Schnittstelle im Verbund mit einem entsprechend ausgerüsteten Handy ist bereits seit Erscheinen der ersten PalmPilots im Jahr 1997 üblich.

Diese Vielfalt an Geräten und Verbindungsoptionen verlangt nach einer Standardarchitektur für mobile Anwendungen. Nicht nur der Mangel an mittelfristig stabilen Standards, auch unterschiedliche regionale Ansätze sorgen für eine verwirrende Anbieterlandschaft. Solange neue Gerätetypen fast monatlich erscheinen, fällt es schwer, eine geeignete Entwicklungsumgebung zu finden. Darüber hinaus gibt es verschiedene Wege, den Anforderungen an mobile Anwendungen gerecht zu werden. Nachfolgend wird aufgezeigt, wie SAP mit mySAP Mobile Business den Weg zur Standardisierung vorzeichnet.

11.2 Nutzen und Einsatzbeispiele mobiler Anwendungen

Durch den Einsatz von Mobile-Business-Lösungen können Unternehmen ihre Effizienz insgesamt deutlich steigern:

- Die Möglichkeit zur Nutzung moderner Software-Anwendungssysteme wird auf mehr Personen und Standorte ausgeweitet (auch nicht technisch orientierte Mitarbeiter kommen mit den neuen mobilen Geräten gut zurecht).

- Die Gerätewahl für den einzelnen Mitarbeiter erfolgt nach Kosten/Nutzen-Überlegungen (Handys, Palmtop- bzw. Pocket-PCs, Handheld-PCs, stoßgeschützte Geräte).

- Routinearbeiten im Feld – wie die Erfassung von Zeiten und Kosten oder das Lesen von Auftrags- und Gerätenummern – können automatisiert werden. Die Produktivität steigt bei gleichzeitiger Reduzierung der Fehlerzahl.

- Mitarbeiter erhalten überall und jederzeit Zugang zu den für ihre Arbeit relevanten Unternehmensdaten und -prozessen.

- Die Dateneingabe erfolgt unmittelbar am Ort der Entstehung und erlaubt der Firma eine unmittelbare Reaktion auf Kundenwünsche.

Der Einsatz von mySAP Mobile Business ermöglicht allen mobilen Mitarbeitern, ihre Arbeit zu optimieren und Rationalisierungsmöglichkeiten durch drahtlose Interaktion auf Basis einer Standardarchitektur zu nutzen. Im Folgenden hierzu zwei Beispiele.

11.2.1   Der fahrende Kaufmann (Van Sales)

Ein Handelsvertreter besucht täglich die Kunden in seinem Verkaufsbezirk mit einem bestimmten Warenangebot im Fahrzeug (*Van Sales*). Für jeden Besuch registriert er Anzahl und Art der verkauften Produkte sowie alle Spezialvereinbarungen und Preisnachlässe (Discounts). Bei manueller Bearbeitung sind immer wieder Fehler möglich, deren Folge Kundennachfragen, verlorene Aufträge und administrative Kosten sein können. Abhängig von Ausbildung, Branche und individuellem Anspruch können persönliche Computer – vom Laptop bis hin zum High-End-Handy – Abhilfe schaffen. Mobile-Business-Lösungen und -Technologien liefern hierfür konkrete Optionen. Jetzt kann der Außendienst mit preiswerten Palmtop-Geräten oder – bei entsprechenden Anforderungen – mit leichten High-Tech-Laptops ausgestattet werden. Die Verkäufer können auf der Tour über abgesagte Verabredungen sowie über neue Produkte oder Werbekampagnen informiert werden. Falls das mobile Gerät auch den aktuellen Standort des Mitarbeiters angibt, kann sogar ein neuer Besuch bei einem Interessenten entlang der Strecke eingeplant werden, um die Tour besonders effizient zu gestalten. Der Außendienst kann auf der Stelle Bestellungen erfassen und unmittelbar die Liefermöglichkeiten abgleichen. Bisher war dies erst zum Tagesende in systematischer Form möglich. Backend-Systeme können in Echtzeit Plausibilitätsprüfungen durchführen, gegebene Nachlässe mit den Richtlinien oder Bonusabkommen vergleichen und auch sonstige Verkaufsgelegenheiten sofort im Kundengespräch signalisieren.

11.2.2 Der Servicetechniker

Servicetechniker haben die Aufgabe, die Funktionsfähigkeit von Geräten, Maschinen und Fabrikationsanlagen zu erhalten und ggf. wiederherzustellen. Um dies effizient erledigen zu können, müssen sie Kenntnisse über die Komponenten haben und wissen, wie schnell und zu welchen Zeiten Leistungen gemäß Servicevertrag zu erbringen sind. Mobile-Service-Lösungen machen solche Informationen jederzeit am Einsatzort verfügbar. Alle Details zu Einsatzort, Kunde, Equipment und Problembeschreibung sind verfügbar. Nach Abschluss der Arbeit müssen nur noch Arbeitszeit und Material für die Rechnungsstellung und die Historie erfasst werden. Gemeldete Zeiten und Materialien können sofort an das Personal- und Materialwirtschaftsystem durchgereicht werden. Die Firma kann den Arbeitsfortschritt erkennen, den Vollzug feststellen und jede Eskalation überwachen. Sowohl Techniker als auch der Kundendienstleiter sind besser informiert und können so einen zuverlässigeren Service leisten.

11.3 Mobile Business mit SAP

SAP hat sowohl bestehende Funktionen von mySAP.com auf die neue, mobile Gerätegeneration übertragen als auch gänzlich neue, auf Mobilanwender abgestimmte Services entwickelt. Dabei kann SAP gegenüber anderen Anbietern von Mobillösungen auf zwei wichtige Vorteile aufbauen:

▶ Eine große Kundenbasis, die die Entwicklung von breit anwendbaren, leistungsstarken und robusten Lösungen wirtschaftlich sinnvoll macht

▶ Die umfassende Sammlung integrierter Geschäftsprozesse, die nicht von Grund auf neu konzipiert, sondern lediglich dem mobilen Gebrauch angepasst werden muss

11.3.1 Standardarchitektur

mySAP Mobile Business ist sowohl inhaltlich als auch architektonisch in mySAP.com integriert. Das Ziel von mySAP Mobile Business ist es, auf existierendem (Lösungs-)Wissen der Anwenderfirmen aufzubauen, ohne die Möglichkeiten zu neuen technologischen Entwicklungen einzuschränken.

Während die unternehmensweite Informationsverarbeitung in den letzten Jahren in einem erprobten Umfeld ablief und SAP als De-facto-Standard für Client-Server-Business-Anwendungen galt, erfordert das kabellose Zeitalter eine neue, ganzheitliche Architektur, die auf die Besonderheiten aller beteiligten mobilen Systeme abgestimmt und einfach einsetzbar ist. Diesem Ziel wird die Standardarchitektur für mobile Unternehmen, die *Mobile Engine*, gerecht.

Die Mobile-Engine-Standardarchitektur schafft einen plattformunabhängigen Rahmen, der mobile Geräte wie Palmtop-Computer, Personal Digital Assistants (PDAs) und Laptops befähigt, Geschäftsanwendungen offline auszuführen und über eine normale Internet-Verbindung Daten mit einem SAP-System zu synchronisieren.

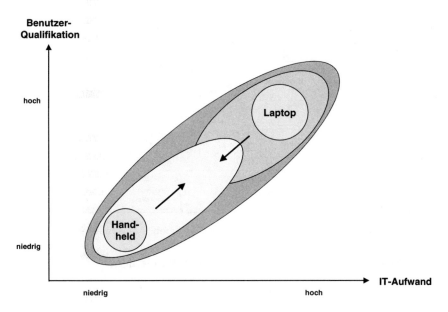

Abbildung 11.1 Der Lösungsraum von mySAP Mobile Business

Technologische Optionen für mySAP Mobile Business

Die zwei folgenden Fragen müssen bei der Entwicklung von mobilen Lösungen beantwortet werden:

Soll die mobile Lösung in ein Portal integriert werden?

Wenn eine Firma sich entscheidet, nur einen einzigen Prozess mobilfähig zu machen, wird die Implementierung einfach, da der Prozess nicht in ein mobiles Portal integriert werden muss. Dies beschränkt die Lösung jedoch gewöhnlich auf ein spezielles Gerät. Eine auf einem Portal basierende Lösung ist vielseitiger, auch wenn anfangs ein größerer Implementationsaufwand nötig sein kann. Das Portal gibt dem Benutzer Zugriff auf ein breites Spektrum an Funktionalität. Der Benutzer braucht sich nur einmal anzumelden und nicht wiederholt für verschiedene Anwendungen. Das Portal erkennt den Benutzer und bietet Funktionen und Informationen, die auf seine Bedürfnisse abgestimmt sind. Es enthält bestimmte Standardfunktionen, zum Beispiel einen Kalender.

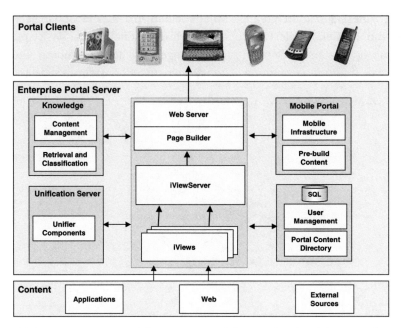

Abbildung 11.2 mySAP Mobile Business – mobiles Portal und mobile Anwendungen

Soll die mobile Lösung offline oder online eingesetzt werden?

Mit mySAP Mobile Business können Firmen sowohl Offline- als auch Online-Anwendungen nutzen.

Offline-Anwendungen können praktisch überall eingesetzt werden und erfordern nur gelegentlich eine Einwahl zum Zentralrechner zum Zweck der Datensynchronisation (siehe auch Kapitel 17.2.2). Offline-Szenarien verlangen jedoch nach lokal installierter Software (der Mobile Engine und den benötigten Anwendungsfunktionen) und lokaler Datenspeicherung. Während dies kein Problem für Notebooks darstellt, bieten kompaktere Geräte unter Umständen nicht die notwendige Rechnergeschwindigkeit oder Datenkapazität.

Der Schlüsselvorteil von Online-Anwendungen ist der Echtzeitcharakter der Verarbeitung. Der Benutzer ist auf dem neuesten Informationsstand, und die von ihm eingegebenen Daten sind sofort allen Beteiligten zugänglich und können unmittelbar weiterverarbeitet werden. Außerdem können Online-Anwendungen die gesamte Funktionalität und Rechenleistung der firmeninternen Informationsverarbeitung nutzen.

Die Prozessorleistung mobiler Geräte und die Bandbreite von Mobiltelefonnetzwerken begrenzen die Palette der effektiv unterstützbaren Funktionen jedoch. Neue Technologien wie UMTS sollten diese Hürde bald überwinden.

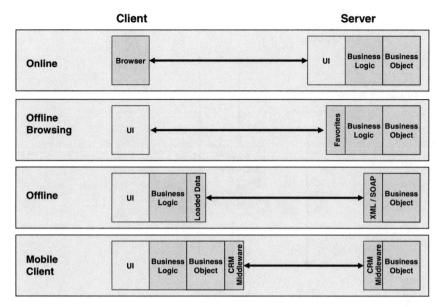

Abbildung 11.3 mySAP Mobile Business – online und offline

Obwohl sich die Prozessorgeschwindigkeit und die Datenkapazität von mobilen Geräten kontinuierlich verbessert, darf auch der Leistungsunterschied zwischen diesen Geräten und PCs nicht vernachlässigt werden. Online-Anwendungen müssen deshalb recht einfach gehalten werden.

In manchen Fällen sind Online-Anwendungen technisch einfach nicht implementierbar. Z.B. wird ein im Keller arbeitender Gaskontrolleur häufig keinen Anschluss an ein Mobiltelefonnetzwerk erhalten. Ein weiterer Nachteil besteht in den Kosten von Dauertelefonverbindungen, obwohl dieses Problem durch die Verbreitung von GPRS-(General-Packet-Radio-Service-)Netzwerken gelöst werden sollte.

In einigen, aber nicht allen Fällen kann das Offline/Online-Dilemma gelöst werden. Paketbasierte Datenübertragungsdienste, die verlorene Verbindungen wiederherstellen, können die klare Trennung von Offline- und Online-Anwendungen verwischen. Einige Online-Anwendungen erlauben dem Benutzer, kurz offline zu gehen, indem Web-Seiten und Eingabeformulare gepuffert werden. Dies schließt kompliziertere Synchronisationsmechanismen aus, funktioniert in vielen Geschäftssituationen aber recht gut.

Generell ist der Offline-Ansatz in solchen Fällen zu empfehlen, in denen die Verbindung zum Backend-System nicht ständig gewährleistet werden kann oder zu langsam oder kostenintensiv wäre. Wenn aber der Echtzeit-Zugang Priorität hat, sollte die Online-Lösung bevorzugt werden.

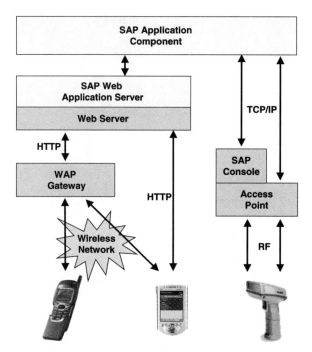

Abbildung 11.4 SAP Mobile-Business-Online-Architektur

Datensicherheit im M-Business

Es sollte nicht überraschen, dass Technologien, die Geschäftsdaten überall und jederzeit zugänglich machen, zu Fragen der Datensicherheit führen.

Missbrauchsmöglichkeiten werden durch Standardisierungskonsortien (z.B. WAP Forum), SmartCard-Lieferanten (SWIM Cards), Infrastruktur-Anbieter und Gerätehersteller analysiert, erkannt und durch geeignete Maßnahmen ausgeschlossen. SAP kooperiert eng mit allen maßgeblichen Parteien, um die Sicherheit der mobilen Lösungen zu gewährleisten. Darüber hinaus hilft SAP Kunden, mögliche Schwachstellen zu erkennen und zu beseitigen und kann in Verhandlungen z.B. mit Mobiltelefongesellschaften beratend und vermittelnd auftreten.

11.3.2 Mobile Sales und Mobile Service

Die Laptop-Lösungen *Mobile Sales* und *Mobile Service* sind eng miteinander verknüpft. Beide Komponenten setzen auf einer gemeinsamen technischen Plattform auf und greifen auf dieselben Komponenten zu (z.B. Kunden- und Interessentenverwaltung, Ansprechpartner, Materialstamm, Kalender). Durch diese enge Verbindung können Unternehmen die Synergieeffekte zwischen den Bereichen Vertrieb und Service fördern und nutzen.

Garantierte Datenkonsistenz durch nahtlose Integration

Kommunikation und Datenaustausch zwischen Mobile Sales, Mobile Service, CRM Server und den anderen mySAP-Lösungen werden durch die CRM Middleware gesteuert und beruhen auf dem Prinzip der Datenreplikation (siehe auch Kapitel 17.2.2). Alle für die mobilen Anwendungen relevanten Daten werden auf einer separaten logischen Datenbank auf dem CRM Server gehalten.

Diese Datenbank dient zugleich als Sicherung für die lokalen Datenbestände auf den Laptops. Von der Middleware werden die Daten auf der Grundlage von zentral definierten Verteilungsschlüsseln an die lokalen Clients bzw. die mySAP-Produktfamilie verteilt. Während die Anbindung an das mySAP-System einen permanenten Datenaustausch möglich macht, wird der Datenabgleich mit den mobilen Clients immer dann durchgeführt, wenn sich der Außendienstmitarbeiter über eine temporäre Online-Verbindung (z. B. Telefon- oder Datennetz) einwählt. Um die Datenübertragungszeiten zu minimieren, werden grundsätzlich nur jene Datenfelder übertragen, die sich seit dem letzten Abgleich geändert haben.

Die nahtlose Integration von mySAP CRM und den übrigen mySAP-Lösungen gewährleistet die Konsistenz aller Daten innerhalb des gesamten Vertriebsprozesses. Beispielsweise wird ein Auftrag, der beim Kunden mit dem Laptop erfasst wurde, mit allen Daten (Preise, Konfigurationen, Texte, Grafiken usw.) an mySAP CRM übermittelt, wo er zur weiteren Verarbeitung zur Verfügung steht. Zeitaufwendiges Doppelerfassen von Daten wird vermieden.

11.3.3 SAPs Mobile-Sales-Lösung

Die Außendienstmitarbeiter erhalten mit der am Front-Office orientierten Anwendung *Mobile Sales* die notwendige Infrastruktur für ein effizientes Kundenbeziehungsmanagement. Damit sind sie in der Lage, effizienter und flexibler auf die ständig wachsenden Anforderungen ihrer Kunden zu reagieren. Sie können sowohl an ihrem Arbeitsplatz im Unternehmen als auch vor Ort beim Kunden auf alle vertriebsrelevanten Informationen zugreifen.

Mit Mobile Sales geht die Transparenz über das aktuelle, marktnahe Geschehen hinaus. Umfassende und detaillierte Informationen ermöglichen schnelle Reaktionen auf kurzfristige Marktveränderungen. Integrierte Prozesse beschleunigen alle Abläufe vom ersten Kundenkontakt über die Angebotserstellung und Auftragserfassung bis hin zu Lieferung und Service. Vertriebsprozesse und Vertriebsprojekte lassen sich effizienter steuern und koordinieren.

Die Möglichkeiten von Mobile Sales motivieren die Mitarbeiter im Außendienst und erhöhen ihre Produktivität, da ihnen im entscheidenden Moment alle relevanten Informationen zur Verfügung stehen. Auf Knopfdruck können sich Außendienstmitarbeiter eine integrierte Sicht auf Kunden, Interessenten, Produkte, Services, Mitbewerber, Tätigkeiten, Kontakte, Angebote und vieles mehr anzeigen lassen. Darüber hinaus können Verkaufsmaterialien in elektronischer Form (z. B. Präsentationen und neueste Produktbroschüren) bereitgestellt werden.

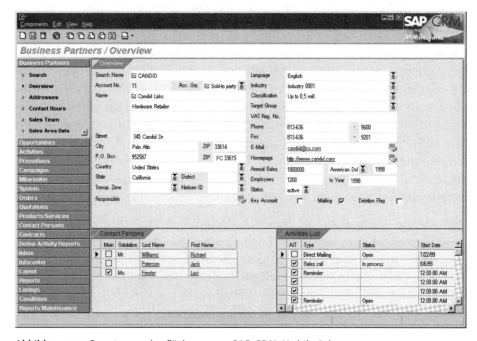

Abbildung 11.5 Benutzungsoberfläche von mySAP CRM Mobile Sales

Integrierte Komponenten

Mit umfassenden Funktionen und der Integration mit allen Lösungen der mySAP.com-E-Business-Plattform erfüllen die Vertriebsszenarien in mySAP CRM alle Anforderungen der Vertriebsabteilungen. SAPs Mobile-Sales-Lösung unterstützt den Vertriebsaußendienst mit folgenden Schlüsselfunktionen:

▶ Geschäftspartnermanagement

▶ Kontaktinformationen

▶ Aktivitätenmanagement und Kalender

▶ Produkte und Services

▶ Opportunity Management

▶ Angebote

▶ Aufträge

► Preisbestimmung und Produktkonfiguration
Der SAP Internet Pricing and Configurator (IPC), eingebunden in Mobile Sales, bietet umfassende Konfigurationsfunktionen für ein- und mehrstufige Produktkonfigurationen. Er bringt die Leistungsfähigkeit eines Variantenkonfigurators offline auf die Laptops der Außendienstmitarbeiter.

► Infocenter
Das Infocenter ist eine Sammelstelle für interne und externe Informationen (*Web Content*), auf die über Push-Dienste und Subskriptionsmechanismen zugegriffen werden kann. Mobile Mitarbeiter können damit aktiv mit für sie relevanten Informationen versorgt werden.

► Kampagnen

► Kundenvereinbarungen

► Reports und Analysen

► Gebietsmanagement
mySAP CRM unterstützt eine an Vertriebsgebieten orientierte, automatische Datenreplikation auf die mobilen Laptops der Vertriebsmitarbeiter im Außendienst durch die CRM Middleware.

Angepasst an individuelle Bedürfnisse

Um den Einführungsaufwand für Mobile Sales zu minimieren, werden vorkonfigurierte Lösungen ausgeliefert (siehe auch Kapitel 15.5), die auch spezielle Branchenanforderungen wie etwa die der Konsumgüterindustrie, der Investitionsgüterindustrie und der pharmazeutischen Industrie berücksichtigen.

11.3.4   SAPs Mobile-Service-Lösung

Mobile Service ist speziell auf die Anforderungen des technischen Kundendienstes vor Ort ausgerichtet. Servicetechniker erhalten einen Gesamtüberblick über Kundeninstallationen, laufende und abgeschlossene Serviceaufträge, Verträge und andere servicerelevante Informationen.

Folgende Funktionen werden von Mobile Service unterstützt:

► **Anlegen und Vergeben von Serviceaufträgen**
Die Servicetechniker im Außendienst laden ihre Serviceaufträge vom CRM Server auf ihren Laptop. Die einem Mitarbeiter zugeteilten Serviceveraufträge und -meldungen sind nun in seinem Kalender verzeichnet. Er kann die Serviceaufträge nach verschiedenen Kriterien durchsuchen und zur besseren Einteilung der eigenen Arbeit nach selbst definierten Kriterien sortieren.

▶ **Abwicklung von Serviceaufträgen**

Nach Erbringung einer Serviceleistung kann der Servicetechniker die erforderlichen Rückmeldungen zum Serviceauftrag vornehmen. Mobile Service unterstützt die folgenden Rückmeldungen:

▷ **Zeitrückmeldung** – Zeit für An- und Rückfahrt und die Reparatur des Equipments

▷ **Materialrückmeldung** – Geplanter und außerplanmäßiger Materialverbrauch für den Serviceauftrag

▷ **Technische Rückmeldung** – Detaillierte Tätigkeitsmeldung zu den Servicepositionen, Fehlerursachen und Maßnahmen zur Fehlerbehebung

Der Servicetechniker hat außerdem die Möglichkeit, Tätigkeitsmeldungen für den Kunden auszudrucken.

11.3.5 SAPs Mobile-Business-Anwendungen für Handheld-Geräte

Neben den leistungsfähigen mobilen Laptops spielen kleine Handheld-Geräte eine wachsende Rolle für die Gestaltung mobiler Anwendungslösungen. Die folgenden Beispiele zeigen *Handheld-Szenarien*, die entsprechend den Beschränkungen dieser Geräte optimiert und bereits in diversen CRM-Kundenprojekten realisiert wurden.

Handheld Service

Das Szenario umfasst folgende Funktionen:

▶ Zuweisung, Bestätigung und Ausführung von Serviceaufträgen

▶ Suchen und Anzeigen von Geschäftspartnern

▶ Fehl- und Produktivzeiten

▶ Personalisierung

▶ Verkauf im Außendienst

▶ Verschicken von E-Mails

▶ Offline-Verarbeitung

Handheld Sales

Das Szenario umfasst folgende Funktionen:

▶ Erfassen, Ändern und Freigabe von Aufträgen

▶ Suchen und Anzeigen von Geschäftspartnern

▶ Personalisierung

- Opportunities und Angebote
- Aktivitäten
- Verschicken von E-Mails
- Offline-Verarbeitung

Reisemanagement mit Handheld-Geräten
Das Szenario umfasst folgende Funktionen:

- Buchung von Flug, Hotel, Mietwagen
- Reiseabsage (teilweise oder gesamt)
- Anzeige Reiseübersicht
- Anzeige Reiseverlauf-Details
- Erfassung von Spesen

Zeitmanagement mit Handheld-Geräten
Das Szenario umfaßt folgende Funktionen:

- Erfassung der Aktivitäten und Zuordnung zu Projekten (Cross-Application Time Sheet, CATS)
- Erfassung von Abwesenheit mit Bestätigungs-Workflow
- Erfassung von Zeitstempeln und Pausen
- Informationszugang zu Zeitkonten, wie z.B. Zeitausgleich, Sonderurlaub, Prämienlohnkonto

Einkauf mit Handheld-Geräten (z.B. für mobile Anwender im Kundendienst)
Das Szenario umfasst folgende Funktionen:

- Beschaffung für Instandhaltungsmaßnahmen
- Managers Inbox (Workflow)
- Zugang zu Einkaufskatalogen mit integriertem Einkaufskorb
- Mobile Business Intelligence
- Offline-Nutzung von Berichten aus SAP BW

11.4 Die Zukunft von M-Business-Anwendungen

Bei mobilen Anwendungen haben wir es mit einem noch jungen Bereich mit nahezu täglich neuen Ideen und Technologien zu tun. Die im Folgenden dargestellten Zukunftstrends erscheinen heute beachtenswert.

11.4.1 Intelligente Etiketten (RFID)

Intelligente Etiketten (*Radio Frequency Identification, RFID*) sind extrem kompakte Geräte mit Prozessor und Sensoren, die Außenbedingungen wie Licht, Beschleunigung, Temperatur, Feuchtigkeit, den geografischen Ort und vieles mehr registrieren, erfassen, verdichten, speichern und weiterleiten können. Sie eigenen sich besonders für Aufgabenstellungen in der Transport- und Lagerlogistik. So können sie z. B. Qualitätsvorgaben überwachen, indem sie an Tiefkühlverpackungen angebracht werden und Signale über die Einhaltung der Kühlkette an eine Zentrale weitergeben, um im Falle einer Temperaturerhöhung sofort Gegenmaßnahmen einleiten zu können. Man kann die Attribute der intelligenten Etiketten auch abfragen, z. B. um in einem Kommissionierprozess die Pick-Liste zu erstellen.

11.4.2 Intelligente Gerätesteuerung (Embedded Systems)

Hinter dem Begriff *intelligente Gerätesteuerung (Embedded Systems, Smart Appliances)* verbergen sich Mikrochips, die in handelsübliche Gebrauchsgegenstände eingebaut werden, um den Zustand oder die Funktionen dieser Geräte über das Internet für Dritte zugänglich zu machen. So kann z. B. die Maschinensteuerung in einem Getränkeautomaten den bargeldlosen Zahlungsvorgang, die Nachfüllung oder aber auch die notwendig werdende Wartung über einen üblichen Web-Server überwachen bzw. anstoßen.

11.4.3 Persönliche Mikrosysteme (Personal Devices)

Persönliche Mikrosysteme sind leistungsfähige Geräte, die die konventionelle Computertechnologie nutzen, aber in persönliche Gegenstände des täglichen Gebrauchs integriert sind. Diese Computer haben z. B. die Form einer Armbanduhr, eines Handschuhs, eines Hutbands o. Ä. Sie gestatten ein freihändiges Arbeiten bei gleichzeitiger Unterstützung durch Dienste der Informationsverarbeitung, die der Benutzer durch einfachste Handbewegungen oder Blickkontakt abrufen kann. So kann z. B. ein Lagerarbeiter durch die Berührung einer Versandeinheit deren Identität prüfen lassen, um die Selektion der korrekten Teile für eine Lieferung sicherzustellen.

12 Kollaboratives CRM für die unternehmensübergreifende Zusammenarbeit

12.1 Einführung

Unternehmen können nur dann dauerhafte Wettbewerbsvorteile realisieren, wenn ihr Produkt- und Serviceangebot die Kunden überzeugt und durch geeignete Geschäftspartner abgerundet wird. Langfristig kann eine hohe Angebotsqualität und Kostenführerschaft nur mit Hilfe einer erfolgreichen Zusammenarbeit mit Partnern (Zulieferern, Distributoren, und anderen Partnerunternehmen) erzielt werden. Um ihre Wettbewerbsfähigkeit zu erhalten, müssen die Unternehmen daher ihre Geschäftsabläufe immer enger mit denen ihrer Kunden, Lieferanten und Geschäftspartner integrieren. Die Notwendigkeit einer reibungslosen Zusammenarbeit wandelt sich von einer Integration innerhalb eines Unternehmens hin zur Integration über Unternehmensgrenzen hinweg. Durch eine vernetzte Zusammenarbeit mehrerer Partner in einer CRM-Lösung können für Marketing, Vertrieb und Service eines Produkts innerhalb eines Unternehmens sowie zwischen den Unternehmen kollaborative Geschäftsprozesse aufgebaut werden. Dies wird möglich, wenn möglichst homogene, integrierte Systeme, Daten und Schnittstellen zum Einsatz kommen [Bond 1999].

Die besonderen Vorteile von CRM ergeben sich, wenn es durch die Implementierung einer CRM-Lösung zu solchen kollaborativen Geschäftsprozessen kommt. Diese Anpassung kann einerseits innerhalb einer Organisation (*intra*) und andererseits zwischen Organisationen (*inter*) erfolgen. Durch die Kollaboration können CRM-Prozesse sinnvoll miteinander verknüpft und ihre Effizienz und Effektivität verstärkt werden (vergl. auch [Porter 1986]).

mySAP CRM bietet viele Möglichkeiten für die Einbindung von Geschäftspartnern in kooperative Geschäftsabläufe. Beispiele sind die Zusammenarbeit mit Vertriebspartnern (*Partner Relationship Management, PRM*) sowie verschiedene weitere Szenarien im *E-Marketing*, *E-Selling* und *E-Service* (siehe Kapitel 4.2). Mit Hilfe der vorhandenen Standardwerkzeuge können spezifische Portal-Umgebungen für Geschäftspartner eingerichtet werden.

12.2 Collaborative Business Maps

SAP hat eine Methodik entwickelt, mit der die neuen Möglichkeiten elektronischer und überbetrieblicher Zusammenarbeit mittels spezifischer Lösungsmodelle – so genannter *Collaborative Business Maps* (*C-Business Maps*) – in geeigneter Weise beschrieben und dokumentiert werden. Dabei zeigen die Collaborative Business Maps auf, an welchen Punkten der Geschäftsprozess und die Informationssysteme eines Unternehmens und der Prozess und die Systeme eines anderen Prozessbeteiligten ineinander greifen [SAP 2000].

Die C-Business Maps dokumentieren im Detail Möglichkeiten der gemeinsamen Abwicklung verteilter Geschäftsprozesse und konkretisieren dabei Modelllösungen für unterschiedliche Industrien und betriebswirtschaftliche Anwendungsbereiche (z.B. Customer Relationship Management, Supply Chain Management, Finanzen, Personalwirtschaft etc.). Die Collaborative Business Maps umfassen sowohl die betriebswirtschaftliche Sicht und den wirtschaftlichen Nutzen als auch sämtliche Aspekte der Prozessgestaltung (wie Ablauf- und Aufbauorganisation, auszutauschende Geschäftsinformationen etc.) sowie relevante Informationen für die konkrete Implementierung eines solchen gemeinschaftlichen Geschäftsablaufs und dessen Einbindung in eine bestehende Anwendungslandschaft. Die Instrumente zur Realisierung und Implementierung einer Collaborative Business Map werden durch die *E-Business Solutions* der mySAP.com-Plattform bereitgestellt [Hack 2000].

SAP hat bislang mehr als 170 C-Business Maps entwickelt. Ziel der Collaborative Business Maps ist es, mittels einer leicht verständlichen Grafik – der so genannten *Reißverschlussdarstellung* – abzubilden, wie die verschiedenen Unternehmen und Teilnehmer zusammenarbeiten, und die daraus resultierenden Wertschöpfungspotenziale zu dokumentieren. Mit Hilfe der SAP-Methode sind Unternehmen in der Lage, qualitative und quantitative Wertschöpfungspotenziale innerhalb ihrer Wertschöpfungskette zu erkennen und so den größtmöglichen Nutzen für alle Beteiligten einer C-Business Map zu erzielen.

Auf der Basis von zahlreichen Implementierungserfahrungen, Kundengesprächen sowie unabhängigen Expertenanalysen wurden die betriebswirtschaftlichen Nutzenargumente für die jeweiligen kollaborativen Geschäftsprozesse erhoben und als zentraler Bestandteil im Rahmen der C-Business Maps dokumentiert und ebenfalls quantifiziert. Der betriebswirtschaftliche Nutzen für alle an einem Collaborative-Business-Geschäftsprozess beteiligten Parteien ist dabei vielfältig. Neben den spezifischen Nutzenargumenten für den jeweiligen Geschäftsprozess generiert die Zusammenarbeit und Integration über Unternehmensgrenzen hinweg für alle beteiligten Geschäftspartner:

▶ Wettbewerbsvorteile durch verkürzte Time-to-Market-Zyklen

▶ Neue, innovative Geschäftsmodelle und -prozesse

▶ Wachstumspotenziale, z.B. durch kundenindividuelle Serviceangebote

▶ Einen schnelleren Informationsaustausch

▶ Eine höhere Informationsqualität

▶ Kostenvorteile (vergl. auch [Brandenburger 1996])

Die C-Business-Methodik verfolgt einen konsequenten Top-Down-Ansatz, der eine umfassende Analyse der elektronischen Geschäftsprozesse ermöglicht – beginnend bei den betriebswirtschaftlichen Zusammenhängen über die Prozessgestaltung bis hin zur systemseitigen Realisierung im Implementierungsprojekt. Die Collaborative Business Maps definieren dabei nicht nur unternehmensübergreifende Prozesse, sondern schaffen die Voraussetzung für deren problemlose Implementierung und bewerten den potenziellen betriebswirtschaftlichen Nutzen und *Return on Investment*, der sich durch diese Lösungen ergibt. Im Einzelnen stellen sie Detailinformationen über die jeweiligen Tätigkeiten, Rollen, Systemschnittstellen und selbst über die für die E-Business-Prozesse benötigten Geschäftsdokumente zur Verfügung. Auch der für die Implementierung dieser Prozesse benötigte XML-Code bzw. die Attribute werden definiert.

Collaborative Business Maps werden mit Hilfe der vier unterschiedlichen Sichten – *Business View*, *Interaction View*, *Solution View* und *Component View* – vollständig beschrieben:

▶ **Business View – Betriebswirtschaftliche Sicht**
Der *Business View* gibt Auskunft über die beteiligten Geschäftspartner und bietet einen Überblick über den Umfang und Gesamtablauf der Zusammenarbeit zwischen den Teilnehmern. Darüber hinaus dokumentiert der Business View insbesondere die betriebswirtschaftlichen Argumente im Sinne einer Nutzenargumentation und der Wertschöpfungspotenziale, die sich für die Teilnehmer realisieren lassen. Diese bilden die Grundlage für eine Investitions- und Renditerechnung.
Abbildung 12.1 beschreibt mittels der *Reißverschlussdarstellung* den betriebswirtschaftlichen Zusammenhang zwischen den Beteiligten innerhalb des kollaborativen Geschäftsprozesses *Configure to Order*: Entlang der Spezifikation des Kunden wird ein Auftrag mit einer entsprechenden Konfiguration angelegt. Die damit verbundenen Anforderungen werden Teil der Materialbedarfsplanung. Als Ergebnis der darauf folgenden Materialbedarfsplanung werden ggf. externe Beschaffungsprozesse ausgelöst. Nach Produktion der Ware entsprechend der spezifizierten Konfiguration kommt es zum Versand der Ware mit anschließender Fakturierung. Das Geschäftsszenario kommt durch die Zahlung der Ware durch den Kunden zum Abschluss

▶ **Interaction View – Prozessorientierte Sicht**
Der *Interaction View* illustriert die wechselseitigen Abhängigkeiten zwischen den einzelnen Aktivitäten innerhalb des Gesamtablaufs und ebenso den Informationsaustausch zwischen den Geschäftspartnern. Die zwischen den beteiligten Geschäftspartnern ausgetauschten Geschäftsbelege werden definiert und spezifiziert.

Der Interaction View bietet zahlreiche Zusatzinformationen, etwa Anwenderrollen (z. B. Marketingmanager, Außendienstmitarbeiter), die für bestimmte Aufgaben im Rahmen des gemeinschaftlichen Geschäftsablaufs verantwortlich sind.

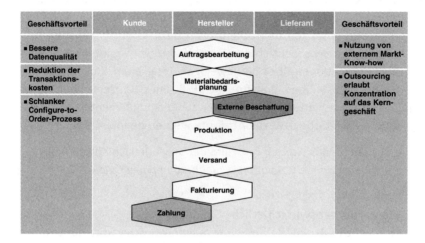

Abbildung 12.1 Business View zur Collaborative Business Map »Configure to Order«

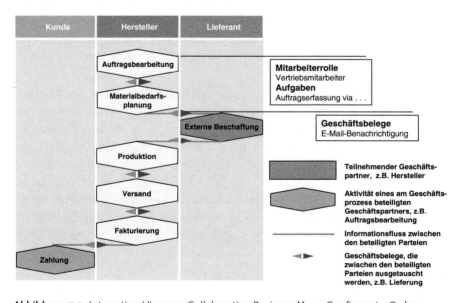

Abbildung 12.2 Interaction View zur Collaborative Business Map »Configure to Order«

▶ **Solution View – Lösungsorientierte Sicht**
Der *Solution View* beschreibt das Prozessdesign auf einer detaillierten Ebene, sodass die einzelnen Prozessschritte innerhalb der Geschäftsszenarien sichtbar werden. Innerhalb des Solution Views werden die Alleinstellungsmerkmale der

integrierten E-Business-Plattform mySAP.com besonders deutlich. Mehrere Lösungen wie zum Beispiel mySAP CRM, mySAP SCM und mySAP FI arbeiten im Rahmen der E-Business-Plattform mySAP.com in idealer Weise zusammen und ermöglichen so eine nahtlose Integration in eine Gesamtlösung. Der Vorteil für den SAP-Kunden besteht in der Möglichkeit, neue Prozesse in eine bereits bestehende Anwendungslandschaft zu integrieren. Im Gegensatz zu anderen E-Business-Lösungen bietet SAP mit mySAP.com dafür eine integrierte E-Business-Plattform.

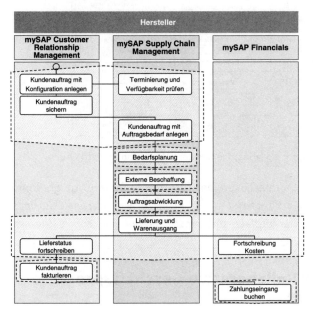

Abbildung 12.3 Solution View zur Collaborative Business Map »Configure to Order«

▶ **Component View – Systemseitige Sicht**
Der *Component View* vereinigt die IT-Anwendungslandschaften der Teilnehmer eines unternehmensübergreifenden Geschäftsprozesses in einer konsistenten Darstellung. Er beschreibt die Anwendungskomponenten, die zur systemseitigen Unterstützung des Geschäftsablaufs benötigt werden. Die Aktivitäten werden u.U. in relevante Einzelschritte unterteilt, die innerhalb der jeweiligen Anwendungen ausgeführt werden. Darüber hinaus enthält der Component View Informationen zu Releaseanforderungen und ist Grundlage für die anschließende technische Umsetzung.

Angepasst an die Informationsbedürfnisse unterschiedlicher Adressatenkreise (Management, Fachabteilung, IT-Spezialisten) gewährleisten diese unterschiedlichen Sichten einen konsistenten Übergang von den betriebswirtschaftlichen Zusammenhängen bis zur systemseitigen Umsetzung in einer IT-Anwendungslandschaft.

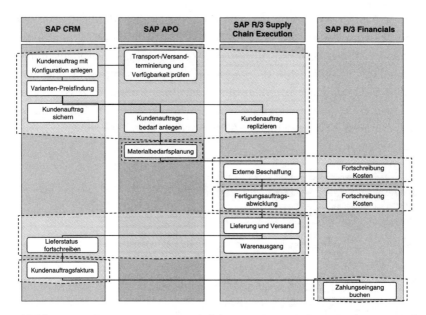

Abbildung 12.4 Component View zur Collaborative Business Map »Configure to Order«

Weitere Informationen zu Modell-Lösungen für unternehmensübergreifende Kooperationsnetzwerke sind im Internet unter *http://www.sap.com/C-Business* oder auf dem SAP Service Marketplace unter *http://service.sap.com/C-Business* erhältlich.

12.3 Beispiele für kollaborative Geschäftsprozesse in mySAP CRM

Im Folgenden werden zwei Beispiele für kollaborative CRM-Geschäftsprozesse als Business View einer C-Business Map vorgestellt:

▶ Marketing Management: Kampagnenmanagement

▶ Mobile Sales: Kundenbesuch und Auftragserfassung

12.3.1 Kollaborative Marketing-Kampagnen – Planung und Management

Diese C-Business Map zeigt, wie drei mögliche Teilnehmer von Marketing-Kampagnen – ein externer Daten-Provider, ein Hersteller und ein Mailing-Provider – zusammenarbeiten können, um gemeinsam eine Marketing-Kampagne erfolgreich durchzuführen. Abbildung 12.5 verdeutlicht die Vorteile der Zusammenarbeit. Als Resultat ergibt sich eine vollständige Marketing-Kampagne, die effizient und effektiv ausgeführt wurde.

Das Ziel dieser C-Business Map ist die Darstellung des kompletten Prozesses der Durchführung einer Marketing-Kampagne, die mit einer Kampagnenanalyse beginnt und dann über das Management der Kampagne bis zum Abschluss führt. Dieses Szenario kann z.B. von einem Produkthersteller oder einem Händler eingesetzt werden.

Der Marketingmanager, der die Marketing-Kampagne initiiert, verschafft sich zu Beginn einen Überblick über die aktuellen Verkaufszahlen, unterstützt durch das SAP Business Information Warehouse. Die externen Analysedaten, die von einem Marktforschungsinstitut geliefert werden, fließen in die Analyse mit ein. Unter Berücksichtigung der Marktentwicklung, der Marketingerfordernisse und des potenziellen Wettbewerberverhaltens identifiziert der Marketingmanager diejenigen Produkte, deren Umsätze durch die Marketing-Kampagne gesteigert werden sollen. Er definiert die Bezeichnung der Kampagne, ihren Beginn, die Dauer und den Endzeitpunkt.

Der Sales-Manager definiert nach Abstimmung mit dem Marketingmanager die Zielgruppe der Kampagne mit Hilfe einer Expertenselektion von Kunden und/ oder Interessenten. Anschließend werden die Kampagne und die Zielgruppe noch einmal überprüft, diskutiert und bestätigt. Danach werden die Mailing-Aktivitäten generiert und mit der Unterstützung eines externen *Mail Shot Providers* (eines Dienstleisters, der die E-Mails versendet) weitergeleitet. Nach der Durchführung der Kampagne werden abschließend vom Marketingmanager die Kampagne sowie der Status und die Durchführung der einzelnen Mail Shots überwacht. Am Ende des Kampagnenzyklus können der Marketingmanager und der Salesmanager die Effektivität und Effizienz der Kampagne bewerten und diese Erfahrungen in die nächsten Kampagnen mit einfließen lassen.

Wie Abbildung 12.5 zeigt, ergeben sich unterschiedliche qualitative und quantitative Verbesserungen im Geschäftsablauf. Dazu gehören:

▶ Bessere Datenqualität durch Konsistenz der Daten
▶ Reduzierte Transaktionskosten durch verbesserte Zusammenarbeit
▶ Integration externer und interner Analysedaten
▶ Lieferung von externem Markt-Know-how
▶ Lean-Marketing-Kampagnen-Planung und -Durchführung
▶ Konzentration auf Kampagnen durch Outsourcing
▶ One Face to the Customer

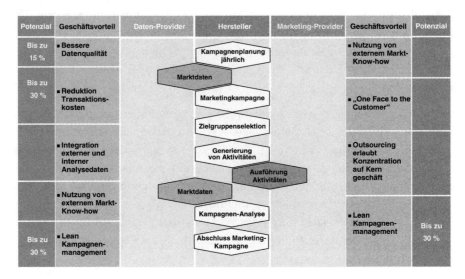

Potenzial	Geschäftsvorteil	Daten-Provider	Hersteller	Marketing-Provider	Geschäftsvorteil	Potenzial
Bis zu 15 %	▪ Bessere Datenqualität		Kampagnenplanung jährlich		▪ Nutzung von externem Markt-Know-how	
Bis zu 30 %	▪ Reduktion Transaktions-kosten	Marktdaten	Marketingkampagne		▪ „One Face to the Customer"	
	▪ Integration externer und interner Analysedaten		Zielgruppenselektion		▪ Outsourcing erlaubt Konzentration auf Kern geschäft	
			Generierung von Aktivitäten			
	▪ Nutzung von externem Markt-Know-how	Marktdaten	Ausführung Aktivitäten			
Bis zu 30 %	▪ Lean Kampagnen-management		Kampagnen-Analyse		▪ Lean Kampagnen-management	Bis zu 30 %
			Abschluss Marketing-Kampagne			

Abbildung 12.5 Business View zur C-Business Map »Kollaborative Marketing-Kampagnen«

12.3.2 Mobile Sales – Kundenbesuch und Auftragserfassung

Diese C-Business Map zeigt, wie ein Außendienstmitarbeiter eines Herstellers einen Kundenbesuch plant und durchführt und wie das erfasste Angebot als Auftrag weiterbearbeitet wird. Abbildung 12.6 verdeutlicht die Vorteile der Zusammenarbeit. Das Ergebnis resultiert in einer Übersicht über die wichtigsten Aktivitäten der täglichen Arbeit im Außendienst, zusammengefasst als ein Prozess von Mobile Sales.

Die C-Business Map *Mobile Sales* ist darüber hinaus verfügbar als vorkonfigurierte Best-Practices-Lösung (*Best Practices for mySAP CRM*). Best Practices for mySAP.com sind vorkonfigurierte Inhalte (Business Content), die die Umsetzung und Implementierung der in C-Business Maps beschriebenen Prozesse unterstützen und beschleunigen (siehe Kapitel 15.5).

Das Ziel dieser C-Business Map ist die Darstellung des vollständigen Prozesses vom Kundenbesuch bis zur Auftragserfassung, den ein Außendienstmitarbeiter eines Herstellers als typische Aktivität ausführt.

Beginnend mit einer Analyse der jüngsten Umsatzzahlen der Kunden in seiner Region plant der Außendienstmitarbeiter Kundenbesuche. Für bestimmte Kunden, z.B. diejenigen, deren Umsatz signifikant zurückgegangen ist, berücksichtigt und prüft der Außendienstmitarbeiter in der Kundenhistorie frühere Aktivitäten, Ansprechpartner, Opportunities, Angebote und Aufträge sowie laufende Promotionen und Kampagnen.

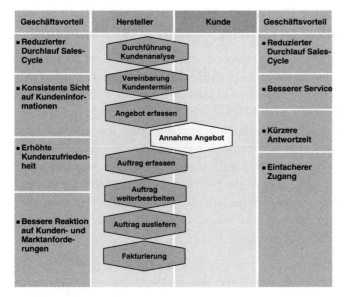

Geschäftsvorteil	Hersteller	Kunde	Geschäftsvorteil

Abbildung 12.6 Business View zur C-Business Map »Mobile Sales«

Er organisiert einen Termin mit dem gewünschten Ansprechpartner. Während des Kundenbesuchs vor Ort kann der Außendienstmitarbeiter die Kundendaten pflegen, Produktangebote vorführen und ggf. Folgeaktivitäten definieren. Als zentraler Prozess wird nach der Annahme eines Angebots ein entsprechender Auftrag erfasst, der aus dem Angebot transferiert wird. Anschließend wird der Auftrag an den Innendienst weitergeleitet. Der Vertrieb kann die Kommissionierung, das Verpacken, das Verschicken und die Rechnungsabwicklung bestätigen. Der Außendienstmitarbeiter kann jederzeit den Auftragsstatus verfolgen.

Wie der Darstellung des Prozesses als C-Business Map in Abbildung 12.6 entnommen werden kann, ergeben sich unterschiedliche qualitative und quantitative Verbesserungen im Geschäftsablauf. Dazu gehören:

▶ Verkürzung des Vertriebszyklus

▶ Konsistente Kundendaten

▶ Erhöhte Kundenzufriedenheit

▶ Schnelle Reaktion auf Marktänderungen und Kundenwünsche

▶ Verbesserter Kundenservice durch bessere Reaktionsmöglichkeiten

12.4   Collaborative Business Maps als Basis für eine betriebswirtschaftliche Rentabilitätsrechnung

Wie die vorgegangenen Beispiele zeigen, sind die Vorteile eines integrierten gemeinschaftlichen Geschäftsablaufs als betriebswirtschaftlicher Nutzen und in Form von Wertschöpfungspotenzialen auf beiden Seiten des Business Views einer C-Business Map dokumentiert. Zum Beispiel wird für das Geschäftsszenario *Kollaborative Marketing-Kampagnen* mit bis zu 30% reduzierten Transaktionskosten gerechnet. Es handelt sich dabei um prozentuale Angaben, die es ermöglichen, das jeweilige Verbesserungspotenzial (z.B. bis zu 20% Umsatzsteigerung durch Cross-Selling) jeweils auf die eigene Unternehmenssituation anwenden zu können. Die zu erwartenden Verbesserungspotenziale und Prozentzahlen wurden im Rahmen von Expertengesprächen, Kundenprojekten oder durch unabhängige Forschungen ermittelt und validiert.

Auf diese Weise können Geschäftspartner vor der Implementierung eines C-Business-Geschäftsprozesses prüfen, wie hoch die mögliche Rendite (Return on Investment) einer Investition in die Realisierung eines solchen Geschäftsprozesses mittels geeigneter betriebswirtschaftlicher Anwendungs-Software sein kann. Das Verbesserungspotenzial für den jeweiligen Geschäftspartner in einem bestimmten Bereich (zum Beispiel bei der Einsparung von operativen Kosten) ergibt sich aus einer einfachen Multiplikation der aktuellen Basis mit dem erwarteten prozentualen Verbesserungspotenzial. Der Gesamtnutzen für den einzelnen Geschäftspartner ergibt sich aus der Addition der quantifizierten betriebswirtschaftlichen Potenziale zu einem Gesamtpotenzial (Total Value Potential). Dieser Wert stellt die Grundlage für eine Investitionsentscheidung des Managements dar, ein entsprechendes Implementierungsprojekt tatsächlich anzugehen.

12.4.1   Der E-Business Case Builder

Um eine quantitative Berechnung des zu erwartenden kundenspezifischen Nutzens beim Einsatz von mySAP.com-Lösungen zu ermöglichen und zu erleichtern, hat SAP den *E-Business Case Builder* entwickelt. Der E-Business Case Builder bietet eine transparente und strukturierte Vorgehensweise für die Berechnung der Investitionsrentabilität (Return on Investment, ROI). Das Werkzeug ermöglicht unter Berücksichtigung der spezifischen Kundensituation eine plausible und strukturierte Vorgehensweise zum Erstellen einer Rentabilitätsanalyse (eines so genannten *Business Cases*) für eine anvisierte Softwarelösung. Das Werkzeug bietet eine einheitliche und transparente Vorgehensweise und gewährleistet damit auch die Vergleichbarkeit der Ergebnisse.

Der E-Business Case Builder ist in drei Abschnitte gegliedert:

▶ Industrieanalyse (von einer unabhängigen Quelle)

▶ Identifikation einer Lösung

▶ Erstellen einer Investitionsrechnung (Return on Investment) im Rahmen eines Business Cases.

Mit Hilfe des E-Business Case Builders kann der Kunde seine spezifische Situation analysieren und dokumentieren. Anschließend können diese Anforderungen mit dem Portfolio der Lösungen unter mySAP.com abgeglichen werden. Innerhalb eines Portfolios von mehr als 170 C-Business Maps befinden sich annähernd 40 C-Business Maps mit CRM-Prozessen, wie sie zuvor beschrieben wurden. Darüber hinaus ist eine große Anzahl dieser Prozesse ebenfalls industriespezifisch angepasst, sodass sie auf die speziellen Anforderungen und Erfordernisse der jeweiligen Industrie eingehen.

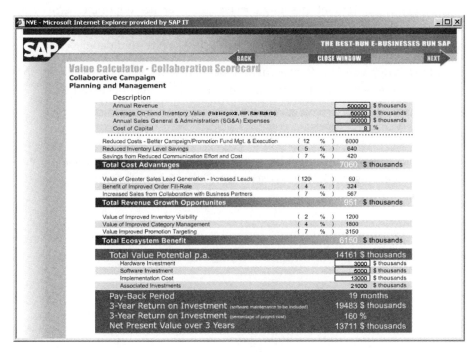

Abbildung 12.7 E-Business Case Builder: Collaboration Scorecard

Für die ausgewählten Lösungen können schließlich mit Hilfe des E-Business Case Builders jeweils Investitionsrechnungen aufgebaut werden. Dabei werden Erfahrungswerte von vorangegangenen, erfolgreichen Implementierungsprojekten als Vorschlagswerte genutzt. Der Kunde hat im Rahmen der strukturierten Vorgehensweise die Möglichkeit, seiner speziellen Situation Rechnung zu tragen, indem er die zu erwartenden Verbesserungswerte kundenspezifisch anpasst. Mit Hilfe der Eingabe einiger Schlüsselwerte (so genannter *Key Performance Indicators*, *KPIs*) und Bilanzgrößen kann innerhalb kürzester Zeit ein Business Case bzw. eine Rentabilitätsrechung in erster Näherung bestimmt werden. Das Ergebnis wird in einer so genannten *Collaboration Scorecard* dargestellt (siehe Abbildung 12.7).

12.5 Der nächste Schritt: Distributed Order Management

Ein weiteres, nach Release 3.0 verfügbares, kollaboratives Geschäftsszenario betrifft die Auftragsabwicklung in verteilten Umgebungen. In sich geschlossene Unternehmen, die alle Funktionen der Auftragsabwicklung im eigenen Hause erfüllen, werden zunehmend abgelöst durch Beziehungsnetzwerke zwischen verschiedenen, am Order-Fulfillment-Prozess beteiligten Geschäftspartnern. Das Ziel des neuen mySAP CRM-Dienstes *Distributed Order Management* ist es, die Auftragsabwicklung unter Einbeziehung unterschiedlicher interner und externer Partner zu koordinieren und mit beliebigen SAP- und Nicht-SAP-Systemen zusammenzuarbeiten. Wichtige betriebswirtschaftliche Aspekte sind dabei:

▶ Unterstützung von Streckengeschäften, bei denen ein Kunde nicht direkt, sondern durch einen Geschäftspartner oder ein anderes Werk beliefert wird

▶ *Order Split*, d.h. unterschiedliche Zulieferer pro Auftragsposition

▶ Erstellung einer Gesamtrechnung pro Auftrag

Distributed Order Management basiert auf dem neuen *Master Data Management* der SAP für heterogene Systemlandschaften (siehe Kapitel 17.3.3).

13 Analytisches CRM – Entscheidungs-unterstützung für Fachabteilungen und Unternehmensführung

13.1 Einführung

Die grundlegenden Ziele des Kundenbeziehungsmanagements sind

► *Erweiterung* der Kundenbeziehungen durch Gewinnung neuer und profitabler Kunden

► *Verlängerung* der Beziehungen mit bestehenden Kunden durch Konzentration der vorhandenen Ressourcen auf die wirklich wertschöpfenden Kundenbeziehungen

► *Vertiefung* der Kundenbeziehungen durch die Umwandlung unbedeutender Kunden in hoch profitable Geschäftspartner

Um dies zu erreichen und die Interaktionen und Prozesse mit Kunden so effizient wie möglich zu gestalten, benötigen Unternehmen Mess- und Analyseverfahren zur Beurteilung ihrer Kundenbeziehungen. Diese werden durch analytische CRM-Anwendungen bereitgestellt, die den Unternehmen Antworten auf Fragen der folgenden Art liefern:

► Kundenbeziehungen *erweitern*
  ▹ Welche Art von Kunden soll gewonnen werden?
  ▹ Welche Art von Kunden wird das zukünftige Unternehmenswachstum vorantreiben?
  ▹ Welche neuen Kunden könnten am Angebot des Unternehmens interessiert sein?

► Kundenbeziehungen *verlängern*
  ▹ Welche Kunden sollen möglichst gehalten werden?
  ▹ Welche Kunden tragen den Großteil zu den Gewinnen bei?
  ▹ Welche Kunden drohen zur Konkurrenz abzuwandern und warum?
  ▹ Welche Kunden sind mit den Leistungen und Produkten des Unternehmens unzufrieden?

► Kundenbeziehungen *vertiefen*
  ▹ Bei welchen Kunden kann der Anteil am Gesamtpotenzial (Share of Wallet) erhöht werden?
  ▹ Welche Produkte und Leistungen interessieren einen bestimmten Kunden?
  ▹ Welche Produkte werden üblicherweise zusammen gekauft? Welche Cross-Selling-Möglichkeiten sollten in Betracht gezogen werden?

Analytische CRM-Anwendungen stellen alle erforderlichen Funktionen zur Messung, Vorhersage und Optimierung von Kundenbeziehungen bereit. Folgende Schritte sind für den erfolgreichen Einsatz analytischer CRM-Anwendungen wesentlich:

▶ Zuallererst müssen alle relevanten Kundeninformationen aus den verschiedenen Quellen, Kanälen und Kommunikationswegen in eine ganzheitliche Kundenwissensbasis zusammengeführt werden.

▶ Ein umfassendes System von Analysemethoden zur Messung und Bewertung von Kundenbeziehungen sowie zur Beantwortung kundenbezogener, betriebswirtschaftlicher Fragestellungen hilft, aus den umfangreichen Daten Erkenntnisse zu gewinnen.

▶ Die Verwendung der Analyseergebnisse zur Optimierung von CRM-Prozessen, Kundeninteraktionen und kundenorientierten Planungen macht diese Erkenntnisse für alle Mitarbeiter in Marketing, Sales und Service nutzbar.

Nicht zuletzt gilt es, kundenbezogene Kennzahlen in der Unternehmensführung zu berücksichtigen und den Kundenwert mit dem Unternehmenswert zu verbinden. Mit Hilfe analytischer CRM-Anwendungen, im Verbund mit einer ständigen Fortschreibung der Erfahrungen aus dem Umgang mit Kunden, gelangen Unternehmen zu einem soliden Verständnis ihrer Kunden und können so Kundenbeziehungen über alle Kanäle und Kommunikationswege hinweg optimieren.

13.1.1 Struktur analytischer CRM-Anwendungen

Analytische CRM-Lösungen finden ihren Einsatz in verschiedenen betriebswirtschaftlichen Teilbereichen:

▶ Marketing (*Marketing Analytics*)
▶ Vertrieb (*Sales Analytics*)
▶ Service (*Service Analytics*)
▶ Kunden (*Customer Analytics*)
▶ Produkte (*Product Analytics*)
▶ Interaktionskanäle (*Channel Analytics*)
▶ Marktplätze und Internet (*Marketplace- und Web Analytics*)

Diese analytischen Teilanwendungen dienen zum Teil unterschiedlichen Zielsetzungen. Customer Analytics konzentriert sich z. B. auf Kunden und führt zu einem besseren Verständnis der Kundenbedürfnisse, des Kundenverhaltens und des Kundenwertes. Analyseanwendungen für Marketing, Vertrieb und Kundenservice liefern Informationen, die helfen, die Effizienz der einzelnen Phasen des Customer Lifecycles (Kundengewinnung, Verkauf, Lieferung, Service) besser zu verstehen, zu planen und zu bewerten. Kanalbezogene Analysen liefern schließlich Antworten auf kanalspezifische, betriebswirtschaftliche Fragen wie z.B. die Akzeptanz des Web-Auftritts oder die Effizienz des Interaction Centers.

Abbildung 13.1 zeigt die einzelnen Funktionsbereiche einer analytischen CRM-Lösung im Zusammenhang. Jeder Funktionsbereich trägt dazu bei, ein gutes Verständnis für die Kunden und einen tiefen Einblick in die Kundenbeziehungen zu gewinnen. Dieses Wissen kann durchgängig in allen Kundeninteraktionen eingesetzt werden.

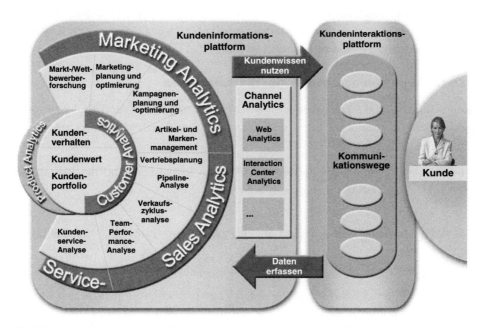

Abbildung 13.1 Betriebswirtschaftliche Architektur des analytischen CRMs

13.1.2 Wertschöpfungspotenzial analytischer CRM-Lösungen

Die Einführung von analytischem CRM eröffnet Unternehmen ein breites Wertschöpfungspotenzial mit der Möglichkeit zur unmittelbaren Verbesserung des Unternehmensergebnisses. Im Folgenden werden die mit analytischem CRM verfolgten Ziele vorgestellt.

Verstehen von Kundenbedürfnissen und Verhaltensmustern

Analytisches CRM hilft Unternehmen, Kundenbedürfnisse und -vorlieben besser zu verstehen und wiederkehrende Verhaltensmuster zu erkennen. Dies schafft die Grundlage für folgende Punkte:

- Gewinnung neuer, profitable Kunden durch »Clonen« der besten Kunden
- Vertiefung der Beziehungen zu bestehenden Kunden durch einen persönlichen und individuellen Dialog
- Optimierung von Cross-Selling- und Up-Selling-Möglichkeiten
- Maximierung der Kundenloyalität, indem Kunden mit Abwanderungstendenzen erkannt und rechtzeitig Gegenmaßnahmen eingeleitet werden

Optimieren von Unternehmensentscheidungen

Analytisches CRM kann einen signifikanten Beitrag zur Optimierung strategischer Unternehmensentscheidungen leisten. Mit Hilfe der Analysefunktionen sind z.B. neue Tendenzen auf wichtigen Märkten erkennbar. Investitionen für diese Märkte können entsprechend ausgerichtet werden.

Optimieren von operativen Geschäftsabläufen

Analytisches CRM ist außerdem ein wichtiger Katalysator, wenn es darum geht, operative Abläufe im Unternehmen an Kundenwünschen auszurichten. Dies beinhaltet z.B.:

- Ressourcen gezielt auf bedeutende Kunden fokussieren und die Rentabilität von Kundenbeziehungen maximieren durch
  - Zielgerichtete Investitionen in Marketing, Vertrieb und Kundenservice
  - Fokussierung von Aufmerksamkeit und Dienstleistungen auf die rentablen Kunden
  - Unternehmensinterne Effizienz- und Prozessverbesserungen
- Kundeninteraktionen auf der Grundlage eines soliden Kundenwissens automatisieren und individuell gestalten
- Die Unternehmensstrategie mit den Strategien für Marketing, Vertrieb und Service abstimmen

Untersuchungen haben gezeigt, dass sich die Gewinne von Unternehmen zum Teil verdoppeln ließen, wenn sie nur einen kleinen Teil ihrer Kunden länger halten könnten. Die Gartner Group schätzt, dass es bis zu 10-mal mehr kostet, einen Kunden durch einen neuen zu ersetzen als einen existierenden Kunden zu halten [Lassmann 2000].

13.2 Funktionalität analytischer CRM-Lösungen

Analytische CRM-Lösungen bieten ein reichhaltiges funktionales Spektrum an analytischen und unterstützenden Funktionen. Dazu gehören:

- ▶ Erfassung und Konsolidierung aller relevanten Kundeninformationen

- ▶ Messung und Analyse von Kundenbeziehungen

- ▶ Optimierung der Interaktion mit Kunden

- ▶ Kundenzentrierte Planung und Unternehmensführung

- ▶ Unterstützung des operativen Betriebs

Die nachfolgenden Kapitel stellen diese Funktionsbereiche im Detail vor.

13.2.1 Erfassung und Konsolidierung aller relevanten Kundeninformationen

Grundlage einer jeden analytischen CRM-Lösung ist eine integrierte Wissensbasis über alle Kunden eines Unternehmens. In der Vergangenheit waren diese Informationen nur bruchstückhaft vorhanden und inselartig über das gesamte Unternehmen mit seinen unterschiedlichen Abteilungen verteilt. Eine wesentliche Herausforderung für das analytische CRM besteht darin, diese Informationen sowohl aus betriebswirtschaftlicher als auch aus technischer Sicht zusammenzuführen.

Heutzutage können Kunden mit einem Unternehmen auf zahlreiche neue Arten in Kontakt treten. Dadurch ergibt sich eine früher nicht gekannte Breite an Informationsquellen. Für analytische Lösungen bedeutet dies, dass sie über die Bereitstellung einer zuverlässigen Plattform für den Aufbau einer Kundenwissensbasis hinausgehen müssen. Ebenso wichtig ist es, aus der großen Vielfalt der Kundeninteraktionen über alle Kommunikationswege hinweg die Kundendaten zu integrieren und zusammenzuführen. Es wäre der falsche Ansatz, die Kundenbeurteilung auf einzelne Kommunikationskanäle zu beschränken. Diese über alle Kanäle konsolidierte Sicht auf die Kunden kann dann z.B. Informationen liefern über:

- ▶ Reaktionen der Kunden auf bestimmte Marketingkampagnen

- ▶ Prioritäten der Kunden im Web-Shop

- ▶ Kundenanfragen, die im Interaction Center eingehen

Analytische Anwendungen sollten neben den eigenen Kundeninformationen auch externe Informationsquellen mit in die integrierte Wissensbasis einbeziehen, zum Beispiel:

- ▶ Marktdaten zur Kundenbasis

- ▶ Unternehmensdaten zu Wettbewerbern, die mit denselben Kunden Geschäftsverbindungen pflegen

- Internet-Umfragen, mit denen unternehmensinterne Kundendaten um Details zu Kundenzufriedenheit und Kundenpräferenzen ergänzt werden können
- Daten von Vereinigungen oder Clubs mit gleicher Interessenlage

Schließlich darf auch die Anbindung der analytischen Anwendungen an die Backend-Systeme nicht vergessen werden, wo Liefer- und Versanddaten zusammen mit allen kundenbezogenen Aktivitäten monetär bewertet und zu einem konsistenten Bild des Unternehmenserfolgs und der Kundenprofitabilität zusammengefasst werden.

Alles in allem nimmt die Kundenwissensbasis eine Fülle von Daten auf, wie Abbildung 13.2 zeigt.

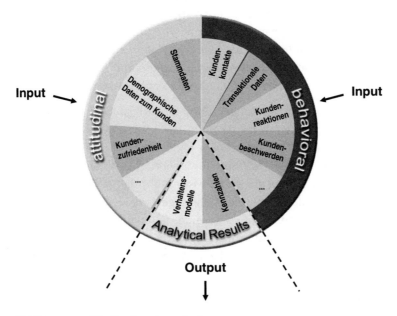

Abbildung 13.2 Die Kundenwissensbasis

13.2.2 Messung und Analyse von Kundenbeziehungen

Eine solide Analyse bestehender Kunden ist oft die beste Grundlage für die Entwicklung kundenorientierter Marketing-, Verkaufs- und Service-Strategien. Diese Erkenntnis spiegelt sich in einer grundlegenden Marketing-Maxime wider:

Je mehr man über seine Kunden weiß, desto leichter kann man die Güter und Dienstleistungen anbieten, nach denen die Kunden suchen.

Erfolgreiche Unternehmen können Kundenbedürfnisse vorwegnehmen und sogar formen und beeinflussen. Die dafür notwendigen Investitionen in den Kundenkreis sind allerdings nicht möglich ohne Wissen über:

▶ Das Verhalten von Kunden (Vorlieben, Prioritäten, Aktivitäten etc.)

▶ Den Wert bestimmter Kunden im Hinblick auf Kundenprofitabilität, Customer Lifetime Value (Wert einer Kundenbeziehung über deren gesamte Dauer) und zukünftig zu erwartendes Umsatzpotenzial

▶ Die Zusammensetzung des Kundenkreises

Modellierung des Kundenverhaltens

Die Modellierung des Kundenverhaltens erschließt den Unternehmen weiteres Wissen darüber, wer ihre Kunden sind. Aus der Beobachtung des Kundenverhaltens werden Kundenprofile erstellt und einschlägige Verhaltensmuster erkannt. Die so gewonnenen Informationen können zur Erstellung von Vorhersagemodellen genutzt werden, um attraktive und gewinnbringende Kunden zu identifizieren und langfristig zu binden.

Die Modellierung des Kundenverhaltens unterstützt folgende Aktivitäten:

▶ *Definition homogener Kundensegmente* und Entscheidungsfindung in Marketing, Vertrieb und Kundenservice. Analysemethoden wie das Bilden von Clustern und Kunden-Scoring (Bewertung) mit bewährten Methoden wie RFM (siehe Kapitel 13.3.3) sind dabei wertvolle Werkzeuge.

▶ *Gewinnung der besten Neukunden* durch Auswertung der Profile der bestehenden Top-Kunden. Auch hier helfen Methoden wie Scoring sowie Entscheidungsbäume, die den Datenbestand hierarchisch strukturieren, bei der Erkennung der ertragreichsten Kunden, die z. B. in der nächsten Marketing-Kampagne angesprochen werden sollten.

▶ *Steigerung des Umsatzes mit Bestandskunden*, denen exakt auf ihre Bedürfnisse zugeschnittene Angebote unterbreitet werden. Analysemethoden wie die Assoziationsanalyse (z. B. Produktassoziation: Untersuchung, welche Produkte in der Regel zusammen gekauft werden) helfen beim Ausschöpfen von Cross-Selling- und Up-Selling-Potenzialen.

▶ *Bindung der profitablen Ertragskunden* durch Erkennen der Verhaltensmuster, die ihrem Kaufverhalten zugrunde liegen. Analysemethoden helfen bei der Erkennung von Tendenzen und Mustern im Kaufverhalten. Auf dieser Grundlage können z. B. Abwanderungssignale einzelner Kunden erkannt werden. Data-Mining-Methoden wie z. B. Entscheidungsbäume sind besonders auf diese Art der unternehmerischen Analyse zugeschnitten und stellen eine ideale Methode dar, um in diesem Bereich Erkenntnisse zu gewinnen.

Der betriebswirtschaftliche Nutzen von analytischem CRM hängt entscheidend von vorgefertigten, gebrauchsfertigen Modellen und Methoden ab, die bei der Beantwortung von betriebswirtschaftlichen, kundenorientierten Fragestellungen helfen. Kennzahlen wie

- ▶ Zufriedenheitsindex (Messung der Kundenzufriedenheit)
- ▶ Kundenbindungsindex (Messung der Stärke der Kundenbindung)
- ▶ Abwanderungsraten (*Retention Rate*)
- ▶ Anteil am Kundenumsatzpotenzial (*Share of Wallet*)
- ▶ Reaktionsraten (*Response Rate*)

helfen bei der Messung und der Beeinflussung der Qualität von Kundenbeziehungen (siehe auch Kapitel 4.3).

Beurteilung des Kundenwertes

Die Kundenbewertung ist ein zentraler Bestandteil des analytischen CRM. Sie unterstützt Unternehmen bei der Konzentration ihrer begrenzten Ressourcen auf die besten und wertvollsten Kundenbeziehungen. Zur Kundenbewertung gehören im Allgemeinen die Betrachtung der Kundenprofitabilität, der Customer Lifetime Value und das *Kunden-Rating* (Kundeneinstufung).

Kundenprofitabilität

Eine der häufigsten und wichtigsten Kennzahlen zur Kundenbewertung ist die Kundenprofitabilität. Die einfachste Form zur Ermittlung dieser Kennzahl ist die Berechnung der Differenz zwischen Erlösen und Kosten pro Kunde. Viele CRM-Lösungen bieten ein solches *Margen-Reporting* an und verkennen dabei, dass dies allein für eine solide Auswertung der Kundenprofitabilität nicht ausreicht. Vielmehr ist eine *Deckungsbeitrags-Analyse* erforderlich, die unter Einbeziehung verschiedener Erlösformen, von Produkt- und Umsatzkosten ein in sich stimmiges Bild der Kundenprofitabilität ergibt (vgl. Abbildung 13.3). Moderne Software-Lösungen verknüpfen dazu auch die Prozesskostenrechnung mit der Kundenprofitabilität – bei nur minimalem manuellem Aufwand. Daraus ergibt sich eine äußerst einfache Zuordnung kundenbezogener Kosten (z.B. Kosten für Kundenbesuche, Kundenunterstützung oder Kampagnen) zum betreffenden Kunden. Natürlich ersetzt die Kundenprofitabilität nicht die Produktprofitabilität, die ihrerseits unerlässlich für den Unternehmenserfolg ist.

Der Wert einer Kundenbeziehung (Customer Lifetime Value)

Die Kundenliste – das wichtigste betriebswirtschaftliches Kapital vieler Unternehmen – erscheint nicht in der Bilanz. Und die Bilanz reflektiert auch nicht den härtesten und teuersten Verkaufsvorgang: nämlich den ersten.

Absatzmenge	**30 ST**
Bruttoumsatz	**500**
- Erlösschmälerungen	20
Nettoerlös	**480**
- Produktkosten	250
Deckungsbeitrag I	**230**
- Vertriebseinzelkosten	20
- Kampagnen- u. Promotionskosten	10
- Kundenbezogene Auftragskosten	10
- Kundenbezogene Frachtkosten	40
Deckungsbeitrag II	**150**
- Kundenbesuche	30
- Kundenunterstützung	10
- Kundenpflege	50
Deckungsbeitrag III	60

Abbildung 13.3 Kundenprofitabilität

Hat ein Unternehmen erst einmal das Vertrauen eines Kunden gewonnen, so öffnet dies vielen Nachverkäufen die Tür. Außerdem lassen sich nun Neukunden durch Kundenempfehlungen gewinnen. Kunden sollten deshalb auch als Investitionen betrachtet werden, über die Entscheidungen getroffen, die bewertet und schließlich auch geschützt werden müssen.

Unter *Customer Lifetime Value* versteht man den aktuellen Nettogewinn, den ein Unternehmen mit einem durchschnittlichen Neukunden eines bestimmten Kundensegments in einer bestimmten Anzahl an Jahren erzielen kann. Dies ist der wahre Wert eines Kunden, der bei einer Investitionsentscheidung in neue Kunden berücksichtigt werden sollte. Im Gegensatz zur Kundenprofitabilität, basierend auf einer kalendarischen Periodensicht, liefert der an Lifetime-Perioden orientierte Customer Lifetime Value ein Maß dafür, wie viel ein Unternehmen zu investieren bereit sein sollte, um einen neuen Kunden zu gewinnen.

Kundenprofil und Kunden-Scoring

Die Erstellung von Kundenprofilen mit geeigneter Klassifizierung, z.B. ABC-Analyse (absteigende Sortierung der Kunden nach Umsatz, Deckungsbeitrag oder Gewinn), ermöglicht einen tiefen Einblick in die Struktur des Kundenstamms eines Unternehmens.

Bei der Bewertung von Kunden, dem Kunden-Scoring, gehen verschiedene, kundenrelevante Aspekte mit unterschiedlicher Gewichtung in eine umfassende Beurteilung der einzelnen Kunden ein. Z.B. kann das Umsatzpotenzial und die Zufriedenheit der Kunden bewertet und pro Kunde zu einer einzigen Bewertungskennzahl zusammengefasst werden. Die Resultate dieser Analyse liefern eine wertvolle Grundlage für die Zuordnung von Marketing-, Vertriebs- und Kundenservice-Ressourcen auf einzelne Kunden.

Subjektive Einschätzungen lassen sich bei dieser Art der Gesamtbewertung von Kunden nicht ganz ausschließen. Auf der anderen Seite bietet Kunden-Scoring aber den großen Vorteil, dass es eine schnelle und effiziente Kundenbewertung ermöglicht, die z. B. im Interaction Center oder im Service-Bereich sofort genutzt werden kann. Außerdem bietet sich eine solche Kennzahl auch als Grundlage für Überlegungen zur Kundenzusammensetzung (Kundenportfolio) an.

Optimierung des Kundenportfolios

Für strategische Entscheidungen im Bereich Marketing, Vertrieb oder Kundenservice wird üblicherweise nicht jeder einzelne Kunde nach bestimmten Merkmalen untersucht. Vielmehr dient die Zusammensetzung der Kundenbasis als Ganzes als Entscheidungsgrundlage. Die Analyse der Kundenbasis mit einer geeigneten Klassifizierung der Kundeprofile, dem *Kundenportfolio*, ist ein wichtiges Werkzeug zur Optimierung der Kundenzusammensetzung. Beispielsweise können Kunden basierend auf den Kennzahlen *Kundenattraktivität* und *Intensität der Kundenbeziehung* in verschiedene Kategorien eingeteilt werden (siehe Abbildung 13.4). Weitere Kennzahlen wie Customer Lifetime Value, Kunden-Scoring oder Intensität der Kundenbeziehung stehen zur Bewertung von Kunden oder Kundengruppen zur Verfügung und unterstützen die Auswahl der am besten geeigneten Maßnahmen zur Optimierung des Kundenportfolios. Dies dient der gezielten Gewinnung neuer Kunden bzw. der Bestandssicherung.

13.2.3   Optimierung der Interaktion mit Kunden

In allen nachfolgend genannten Fällen trägt das Wissen über Kundenvorlieben und -prioritäten sowie die Kenntnis des Kundenwertes dazu bei, dass unterschiedliche Kunden in der ihnen jeweils angemessenen Weise angesprochen und begrenzte Unternehmensressourcen auf die attraktivsten Kunden konzentriert werden:

▶ **Verkauf im Interaction Center**
  Ausstattung der Mitarbeiter mit Wissen über Einstufungen der Kreditwürdigkeit, Attraktivität und Zufriedenheit der Kunden

▶ **Weiterleitung im Interaction Center**
  Weiterleitung von Kundendienstanrufen an die geeignete Person im Service Center, abhängig von der Kundeneinstufung und dem Kundenwert

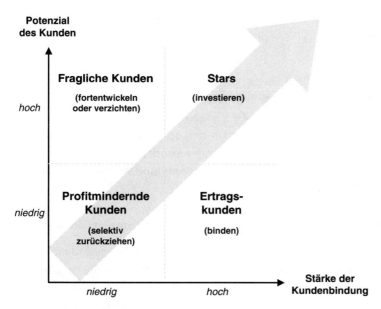

Abbildung 13.4 Kundenportfolio

▶ **Marketingkampagnen**
Zielgruppenoptimierung durch Anwendung von Kundenmustern, die Auskunft über die zu erwartenden Reaktionsraten geben

▶ **Web-Shop**
Unterbreitung persönlicher Produktvorschläge oder besonderer Angebote an bestimmte Kunden

Besonders wichtig ist es, dass die gewonnenen Kundeninformationen den entsprechenden Mitarbeitern in Marketing, Vertrieb und Kundenservice zeitnah zur Entscheidungsunterstützung zugänglich gemacht werden. Dazu sind elektronische Formulare oder – in innovativen Unternehmen – auch Informations-Portale erforderlich, die Kundenanalyseergebnisse über alle Unternehmensbereiche und Kommunikationswege hinweg konsistent wiedergeben. Außerdem müssen Geschäftsabläufe so gestaltet werden, dass die benötigten Informationen auch für Vorgänge z.B. im operativen CRM oder im Interaction Center schnell und reibungslos zur Verfügung stehen. Für eine schnelle und eindeutige Interpretation von Analysedaten könnten auch Ampel- oder Symboldarstellungen verwendet werden.

Analysedaten bilden eine gute Grundlage für eine weitere Automatisierung der Kundeninteraktionen. Insbesondere im Web-Shop können mit Hilfe von umfassendem Wissen über Kunden und deren Verhalten Geschäftsregeln zur Optimierung und zur individuellen Gestaltung von Kundendialogen festgelegt werden. Produktvorschläge sind so individuell an den Bedürfnissen einzelner Kunden ausrichtbar.

Unternehmen sollten aber nicht versuchen, die Kontaktkanäle mit ihren Kunden einzeln oder nacheinander zu optimieren (z.B. erst die Web-Seite und dann das Interaction Center). Ziel des Interaktionsmanagements ist es vielmehr, alle Interaktionskanäle zu integrieren und gemeinsam den so genannten *Channel Mix* zu optimieren. Z.B. wickeln Unternehmen häufig die Kundenakquisitionsphase über das Internet ab und beziehen dann in der Vertriebs- und Auftragsabwicklungsphase andere Kanäle mit ein.

13.2.4 Kundenzentrierte Planung und Unternehmensführung

> *»Konzentration auf Marktanteil und Ertragswachstum sind nicht ausreichend für den Erfolg in umkämpften Märkten. Ein überlegenes Geschäftsmodell vereint überragendes Wissen über Kunden und Gewinne mit einem hohen Maß an Phantasie.«* [Slywotzky 1998]

Die enge Verknüpfung zwischen Kundenwert und Shareholder-Value basiert auf der Tatsache, dass der Marktwert eines Unternehmens in hohem Maße vom Wert seiner Kundenbasis abhängt. Unternehmen müssen sich neuerlich Gedanken darüber machen, wie sie in stark umkämpften Märkten Kunden gewinnen und binden können. Jedes Unternehmen muss lernen, wie es kundenzentrierte Strategien erfolgreich einführt und umsetzt.

Die von Robert Kaplan und David Norton [Kaplan 1996] entwickelte *Balanced Scorecard* ist eine Methode zur Umsetzung einer solchen Unternehmensstrategie in verständliche, kommunizierbare, überwachbare und umsetzbare Begriffe. Sie gibt dem Management ein umfassendes Kennzahlensystem für die Unternehmenssteuerung an die Hand. Dazu werden nicht nur traditionelle Finanzkennzahlen generiert, sondern auch nichtmonetäre Größen wie Kundenzufriedenheit und Innovationsfähigkeit des Unternehmens berücksichtigt. Solche Größen lassen sich z.B. bewerten, indem man Beschwerden und Retouren oder die Anzahl neuer Produktentwicklungen pro Zeiteinheit beobachtet. Alle Messgrößen werden miteinander in Beziehung gesetzt, um sowohl kurzfristige Handlungsbedarfe als auch langfristige Unternehmensstrategien daraus abzuleiten.

Um Unternehmensziele in konkrete Marketing-, Vertriebs- und Kundendienststrategien sowie in operative Ziele umzusetzen, unterstützen moderne Managementsysteme folgende Schritte:

- ▶ Schwachstellenanalyse und Szenario-Planung
- ▶ Formulieren transparenter Strategien
- ▶ Kommunizieren der Strategie im gesamten Unternehmen
- ▶ Koordination der Unternehmensstrategie mit den Mitarbeitern
- ▶ Verknüpfung der Ziele mit dem Jahresbudget
- ▶ Definition und Koordination strategischer Initiativen
- ▶ Durchführung regelmäßiger Performance-Überprüfungen mit Feedback sowie – wo erforderlich – Anpassung der Strategien

Die Einführung eines strategischen Managementsystems (*Strategic Enterprise Management*), kombiniert mit Analysefunktionen und Kennzahlen aus dem analytischen CRM, ist ein adäquater Ansatz, um Unternehmensmanagement und Unternehmensstrategie zu synchronisieren.

13.2.5 Unterstützung des operativen Betriebs

Die Einführung von CRM-Lösungen beschränkt sich in vielen Unternehmen darauf, Marketing, Vertrieb und Kundenservice mit Hilfe von operativen Front-Office-CRM-Anwendungen zu automatisieren. Operatives CRM versetzt z.B. Vertriebsmitarbeiter in die Lage, Kunden effizient zu bedienen und schafft die Voraussetzungen dafür, dass Kundeninteraktionen kanalübergreifend synchronisiert werden. Wenn Unternehmen allerdings sicherstellen wollen, dass diese Bemühungen zu den bestmöglichen Ergebnissen führen, so müssen sie das operative mit dem analytischen CRM verknüpfen. Denn analytisches CRM zielt auf weit mehr ab als nur auf die Ermittlung von Analyseergebnissen und Kennzahlen. Durch Analyseverfahren gewonnenes Wissen über Kunden und Kundenbeziehungen muss vielmehr den betroffenen Mitarbeitern, Systemen und Prozessen im Unternehmen nahtlos für das Tagesgeschäft zur Verfügung gestellt werden. Denn ein detailliertes Wissen über Kunden ist für ein Unternehmen nur dann von Wert, wenn diese Erkenntnisse im Tagesgeschäft wirksam angewendet und weiterentwickelt werden.

Um eine kontinuierliche Verbesserung und Optimierung der Prozesse in Marketing, Vertrieb und Service zu ermöglichen, muss eine Rückkopplungskette (*Feedback Loop*), wie in Abbildung 13.5 gezeigt, installiert werden. Für die CRM-Lösung bedeutet die nahtlose Integration von analytischen Aspekten in die operativen Abläufe:

- ▶ Berücksichtigung der Analyseergebnisse während der kundenorientierten Planung

▶ Steigerung der Mitarbeiterleistung durch in sich abgestimmte und korrekte Informationen

▶ Nutzung der Analyseergebnisse für die Optimierung der Marketing-, Vertriebs- und Kundendienstprozesse und die intelligente Kundeninteraktion

Abbildung 13.5 Rückkopplungskette von operativem und analytischem CRM

13.3 Analytisches CRM als Bestandteil von mySAP CRM

13.3.1 Überblick

SAPs Lösung für analytisches CRM ist eine offene, auf dem SAP Business Information Warehouse (SAP BW) aufsetzende Analyseplattform. SAP BW bündelt und integriert alle relevanten Kundeninformationen aus einer Vielzahl unterschiedlicher Quellen mit Hilfe geeigneter Daten-Extraktoren. Eine umfassende Palette analytischer Anwendungen mit betriebswirtschaftlichen Methoden, Data-Mining-Techniken und Schnittstellen zu Fremdprodukten nutzt die Kundenwissensbasis für alle Arten von Analysevorgängen. Kennzeichen von SAPs Lösung für analytisches CRM sind:

▶ Der Anwender arbeitet mit einem browserbasierten Portal, bereitgestellt von mySAP Enterprise Portals. Diese Benutzerschnittstelle ermöglicht den einfachen Zugriff auf alle Analyseergebnisse, Ausnahmesituationen und zusätzliche Funktionen.

► Ein breites Spektrum an Kennzahlen (Key Performance Indicators, KPIs) steht dem Nutzer zur Analyse seiner Kundenbeziehungen zur Verfügung.

► Die SAP-Funktionen für analytisches CRM sind vollständig mit SAPs umfangreicher Lösung für Unternehmensanalysen entlang der Wertschöpfungskette integriert. Dies gilt gleichermaßen für SAP Business Analytics und SAPs Strategic-Enterprise-Management-Lösung (SAP SEM).

13.3.2   Analytische Funktionen in mySAP CRM

Analytisches CRM als Bestandteil von mySAP CRM ist ein integriertes Paket von Analyseanwendungen, mit denen Kundendaten in strategische Informationen umgewandelt und so Kundenbeziehungen gemessen und optimiert werden können. Diese Analyseanwendungen bestehen aus mehr als nur vorgefertigten, sofort einsatzbereiten Reporting-Anwendungen und flexiblen, einstellbaren OLAP-Analysen. Während solche Analysen häufig die Vergangenheit betreffen, müssen Analysemethoden sich auch mit der Zukunft beschäftigen und das Kaufverhalten oder den Customer Lifetime Value voraussagen. So können sie viel zu aktuellen Entscheidungsprozessen beitragen.

Zu den analytischen Funktionen von mySAP CRM gehören:

► Kundenwissensbasis

► Kundenanalysen

► Marketinganalysen

► Vertriebsanalysen

► Serviceanalysen

► Kanalanalysen

Diese Funktionsbereiche werden im Folgenden kurz vorgestellt.

Kundenwissensbasis

Die Kundenwissensbasis vereinigt alle relevanten Kundeninformationen und ist in SAP BW eingebettet. Das mit SAP BW gemeinsam genutzte Datenmodell gewährleistet die Verfügbarkeit dieser Informationen in allen Analyseanwendungen. Daten aus den folgenden Quellen werden in der Kundenwissenbasis zusammenführt:

► Kundeninteraktionen über alle Kanäle und Kommunikationswege hinweg

► Interne Systeme (CRM, SCM, Backend etc.)

► Externe Quellen (Marktdaten, Wettbewerberdaten, Internet-Umfragen usw.)

► Analyseergebnisse

Kundenanalysen

Die Kundenanalysen bieten eine Reihe von Methoden zur Analyse und Auswertung der Kundenwissensbasis und zur Gewinnung von Erkenntnissen über diese Daten. Um ein gutes Verständnis für die Kunden zu entwickeln, stehen umfangreiche Lösungen für die Modellierung des Kundenverhaltens (*Customer Behavior Modelling*), für die Einschätzung des Kundenwertes und die Kundenportfolioanalyse zur Verfügung.

Marketinganalysen

Die Marketinganalysen bieten eine Vielzahl von Auswertungsmöglichkeiten:

▶ Marktforschung und Recherchen zum Wettbewerb helfen bei der Aufdeckung neuer Marktchancen und der Einschätzung des ihnen innewohnenden Potenzials.

▶ Werkzeuge für die Marketingplanung und -optimierung unterstützen Führungskräfte und Marketingmanagement bei der Messung und Planung der Marketingleistung nach Zeit, Gebiet, Vertriebsweg usw.

▶ Werkzeuge zur Kampagnenplanung und -optimierung gehen über die Planung von Kampagnen im engeren Sinne hinaus, indem sie deren Resultate simulieren und bei der Durchführung den Erfolg überwachen. Diese Messungen können anhand von Reaktionsquoten, Deckungsbeiträgen pro Kampagne, Umwandlungsquoten, ROI der Kampagnen usw. durchgeführt werden.

▶ Produkt- und Markenanalysefunktionen bieten die vollständige Palette produktbezogener Planungs- und Analysemöglichkeiten, mit denen die Leistungen einzelner Produkte oder Produktgruppen gesteuert und optimiert werden können.

Vertriebsanalysen

Vertriebsanalysen liefern Antworten auf zahlreiche unternehmerische Fragen:

▶ Vertriebsplanungswerkzeuge bieten eine umfassende Plattform zur Planung, Voraussage und Simulation von Umsatzzahlen und Gewinnen.

▶ Pipeline-Analysen helfen bei der Auswertung und Voraussage der Pipeline aus Opportunities, Angeboten und Kontrakten, um mögliche Verkaufschancen besser nutzen zu können.

▶ Vertriebszyklusanalysen unterstützen bei der Gewinnung von Erkenntnissen über den gesamtem Vertriebsprozess hinweg – angefangen bei Leads über Opportunities bis hin zur Auftragsabwicklung.

▶ Teamleistungsanalysen ermitteln, welche Leistungen Vertriebsorganisation, Vertriebswege und Vertriebsgebiete erbringen und wie erfolgreich Vertriebsaktivitäten waren.

Serviceanalysen

Serviceanalysen liefern ein ganzes Spektrum an Antworten auf alle den Service betreffenden Fragen – von der Kundenzufriedenheit über die Produktqualität und Trends bei den Beschwerden bis hin zu Kennzahlen wie Erledigungsquoten und Arbeitsbelastung der Service-Abteilung. Detaillierte Analysen von Service-Erträgen und -Kosten helfen bei der Leistungsoptimierung der Service-Abteilung.

Kanalanalysen

Kanalanalysen bieten eine auf einzelne Kanäle zugeschnittene Analysefunktionalität, zum Beispiel für das Web oder das Interaction Center. Die zugehörigen Informationen über Kundeninteraktionen sind ebenfalls in der Kundenwissensbasis abgelegt.

Web-Analysen umfassen zum einen technische Analysen über Zugriffszahlen und Leistungsverhalten. Damit kann ein Unternehmen erkennen, was auf seiner Web-Site vor sich geht und welche Bereiche auf besonderes Interesse der Kunden stoßen. Noch wichtiger sind jedoch die *Geschäftsanalysen*, mit denen Unternehmen das Kaufverhalten der Internet-Kunden erkennen und verschiedene Messgrößen ermitteln können, wie etwa Umwandlungsquoten, die Anzahl von Einmalbesuchern und die Häufigkeit der Besuche.

Analysen für das Customer Interaction Center helfen bei der Einschätzung von dessen Leistungsfähigkeit und Arbeitsbelastung.

13.3.3 Anwendungsszenarien

Die folgenden Szenarien dokumentieren entlang des Kundenlebenszyklus, welchen Beitrag analytische Applikationen zu einem erfolgreichen Kundenbeziehungsmanagement leisten können.

Neukundengewinnung und Customer Lifetime Value

Das Thema Neukundengewinnung umfasst verschiedene Fragestellungen, die es zu beantworten gilt:

▶ Welche Neukunden haben das Potenzial, zukünftige Top-Kunden zu werden?

▶ Was zeichnet sie aus? Durch welche Angebote kann man diese Kunden optimal ansprechen?

▶ Wie viel lohnt es sich in eine entsprechende Kampagne oder Werbemaßnahme zu investieren?

Die Beantwortung dieser Fragen kann selbstverständlich nicht alleine durch analytische Anwendungen erfolgen, sondern zuallererst sind hier die bekannten Methoden des Marketings gefragt. Doch analytisches CRM kann dazu ebenfalls beitragen:

▶ Zunächst gilt es, den Markt zu analysieren und beispielsweise mit Hilfe externer Datenanbieter wie Dun&Bradstreet (vergl. z. B. [Bader 2001]) die Marktdurchdringung und letztlich das Potenzial möglicher Interessenten zu ermitteln. Die analytische Applikation *Marktanalyse* hilft, nicht nur die besten potenziellen Kunden zu finden, sondern gibt zusätzlich Hinweise, wie diese am besten anzusprechen sind.

▶ Weiterhin spielen auch die Kundenprofile eine große Rolle. Antworten auf die Frage, wodurch sich die besten Kundensegmente eines Unternehmens auszeichnen, werden benötigt. Dazu ist es beispielsweise sinnvoll, die besten Kunden anhand von Alter, Geschlecht, Wohnort, Einkommen oder gar Vertragstyp zu beschreiben und letztlich die den höchsten Ertrag versprechenden Interessenten zu identifizieren.

▶ Die so ermittelten Kundensegmente können im Hinblick auf ihren Customer Lifetime Value bewertet werden. Der Customer Lifetime Value kann genaue Anhaltspunkte darüber liefern, wie viel ein Unternehmen in einen Kunden eines bestimmten Kundensegments investieren sollte.

Bindung der besten Kunden an das Unternehmen

Die umfassenden Kennzahlen des analytischen CRM wie z. B. Kundenprofitabilität, Customer Lifetime Value oder Kunden-Score-Werte eignen sich hervorragend dafür, den Wert existierender Kunden oder Kundensegmente zu ermitteln. Analytisches CRM hilft die Profile der besten Kunden zu verstehen und dieses Wissen gewinnbringend in Marketing und Vertrieb anzuwenden. Beispielsweise könnte sich im Rahmen der Kundenverhaltensmodellierung aus einer Entscheidungsbaumanalyse ergeben, dass Kunden in der Altersgruppe von 30–40 Jahren, mit dem Familienstand *ledig* und dem Vertragstyp *XY* besonders häufig *Top-Kunden* sind. Gleichzeit ergibt sich bei weitergehender Analyse, dass diese Gruppe besonderen Wert auf guten Service und die Zuverlässigkeit ihrer Produkte legen. *Analytical CRM* unterstützt die Beantwortung dieser Fragestellungen zum einen durch Data-Mining-Verfahren, zum anderen auch durch klassische Web-Surveys, die zu den oben genannten Ergebnissen führen können.

Der nächste Schritt eines Kundenbindungsmanagements besteht darin, effektive Maßnahmen zu entwickeln, die genau diese Kunden besser an das Unternehmen binden. Die Maßnahmen reichen von gezielten Marketingkampagnen, die die Wahrnehmung dieser Zielgruppe entsprechend beeinflussen, über das gezielte

Angebot spezifischer Produkte und Serviceleistungen bis hin zu einer besseren Einbindung des Kunden in unternehmensübergreifende Prozesse.

Ausschöpfung des Kundenpotenzials durch Up- und Cross-Selling

Ein weiterer Weg, die Kundenzufriedenheit zu erhöhen und letztlich die Kundenbindung zu festigen, besteht darin, Cross-Selling-Potenziale zu erkennen und diese optimal wahrzunehmen. Analytisches CRM bietet umfangreiche analytische Methoden an, um Cross-Selling-Verhalten zu untersuchen und für die Vorhersage des Kaufverhaltens von Kunden zu nutzen.

Die Assoziationsanalyse ist das wichtigste Data-Mining-Verfahren für Warenkorbanalysen und das Erkennen von Cross-Selling-Mustern. Die ermittelten Kombinationen von Produkten oder auch Produktgruppen dienen als Ausgangsbasis für Kampagnen oder für die Zusammenstellung ganz neuer Angebote (*Bundling* oder *Category Management*).

Die Cross-Selling-Analysen können für verschiedene Kundensegmente (Zielgruppen) oder für Einzelkunden durchgeführt werden, um so das unterschiedliche Kaufverhalten dieser Zielgruppen (oder einzelner Kunden) zu berücksichtigen. Auch geografische Unterschiede können in die Untersuchungen mit eingehen, an deren Ende explizite Handlungsempfehlungen für das Marketing abgeleitet werden, da dann genau bekannt ist, welches Kundensegment welche Produkte kauft.

Optimierung von Mailing-Aktionen mit der RFM-Methode

In der Vergangenheit waren Mailing-Aktionen mit hohen Auflagen und minimaler Rücklaufquote von weniger als 2% keine Seltenheit. Häufig wurden nach dem Gießkannenprinzip Angebote breit gestreut, wobei die erzielten Umsätze die hohen Gesamtkosten solcher Aktionen nicht einspielen konnten. Derart undifferenziertes Marketing führt nicht nur zu hohen Kosten, sondern nicht selten auch zu einer Verärgerung des Kunden.

Analytisches CRM kann nun durch die Integration von kunden-, produkt- und marktbezogenen Daten erheblich dazu beitragen, eine Kampagne zielgruppengerechter und erfolgreicher durchzuführen. Dies soll im Folgenden am Beispiel der *RFM-Methode* demonstriert werden:

▶ R(ecency)

▶ F(requency)

▶ M(onetary Value)

Diese Methode beruht auf der Annahme, dass die Rücklaufquote sehr stark davon abhängt, wann der Kunde zum letzten Mal gekauft hat, wie häufig er kauft, und wie hoch sein Einkaufswert ist. Mit analytischem CRM können die Transaktions-daten der Kunden dazu benutzt werden, so genannte *RFM-Segmente* zu bestim-men. Es handelt sich hierbei um Kundensegmente, die bezüglich der oben erwähnten Kriterien homogene Verhaltensweisen zeigen.

Im Rahmen einer Segment-Bewertung kann für jedes RFM-Segment eine zu erwartende Rücklaufquote vorhergesagt werden. Diese Erkenntnisse können ent-weder auf historischen Kampagnenerfolgen oder auf einer Testkampagne beru-hen.

RFM-Segmente haben eine viel größere Gültigkeit bei Vorhersagen als Modelle, die aus demografischen Merkmalen wie Alter, Einkommen, oder Immobilienbe-sitz konstruiert werden. Dies beruht auf der Tatsache, dass demografische Modelle auf der Frage aufbauen, wer der Kunde ist, und nicht, was er tut. Die Vorhersage von Kaufverhalten auf der Basis von vergangenem Kaufverhalten erweist sich demgegenüber als überlegene Marketingtaktik.

RFM-Segmente werden nach ihrer zu erwartenden Rücklaufquote sortiert. Die wesentliche betriebswirtschaftliche Frage der Kampagnenoptimierung lautet:

> *Wie viele Kundensegmente soll der Marketingmitarbeiter in die Kampagne auf-nehmen, um ein optimales Kampagnenergebnis zu erzielen?*

Unter Berücksichtigung der erwarteten Rücklaufquoten, der erwarteten Erlöse und auch der Kampagnenkosten kann der optimale Umfang der Kampagne ermit-telt werden.

Der besondere Vorteil von analytischem CRM liegt darin, dass diese Optimie-rungsverfahren vollständig und nahtlos in das Kampagnenmanagement im opera-tiven CRM integriert sind. Dort ermöglicht der Segment Builder, entweder eine manuelle Vorselektion der Zielgruppe vorzunehmen, oder, wenn gewünscht, schon bei der Zielgruppenselektion bereits existierende RFM-Segmente zugrunde zu legen. Diese Zielgruppe bildet dann die Grundgesamtheit, auf die die oben beschriebene RFM-Methode angewendet wird.

Reduzierung des Abwanderungsrisikos

Um abwanderungsgefährdete Kunden frühzeitig zu erkennen und anzusprechen, bietet analytisches CRM die folgende, aus zwei Teilen bestehende Lösung:

▶ Zum einen ist es sehr wichtig, Auswertungen durchzuführen, die im Rahmen einer Kundenstatusüberwachung das Abwanderungsverhalten in einzelnen Kundensegmenten betrachten. Hierzu ermittelt analytisches CRM regelbasiert einen Kundenstatus, der verdeutlicht, welche Kunden inaktiv und damit abwanderungsgefährdet sind. Die daraus ermittelten Bindungsraten zeigen, welche Kundensegmente in besonderem Maß von Abwanderungsproblemen betroffen sind.

▶ Um proaktiv Abwanderungsrisiken begegnen zu können, ist es zum anderen von großer Bedeutung, die Gründe und auch die Muster im Abwanderungsverhalten besser zu verstehen. Hier ist wiederum Data Mining von großer Hilfe.

Beispiel Drei Monate vor Ablauf des Mobilfunkvertrages möchte ein Mobilfunkunternehmen wissen, welche der Vertragsteilnehmer voraussichtlich kündigen werden. Dabei sollen nicht alle Kunden angesprochen werden – da damit die Gefahr verbunden ist, dass einige Kunden erst auf ihr Kündigungsrecht hingewiesen werden und tatsächlich kündigen – sondern nur abwanderungsgefährdete Kunden, mit denen man eine Vertragsverlängerung anstrebt.

So werden durch eine gezielte Selektion der Kunden die Kosten einer Kampagne minimiert. Um abwanderungsgefährdete Kunden zu erkennen, muss zuerst das Verhalten der abwanderungsgefährdeten Kunden identifiziert werden. Dafür werden Merkmale festgelegt, die dieses Verhalten beschreiben. Dies sind zum einen soziodemografische Daten (z.B. Adresse, Region, Angaben zur Wohngegend oder Beruf), zum anderen Merkmale zum Mobilfunkvertrag (z.B. Umsatz Hauptzeit, Umsatz Nebenzeit, Mobilfunkmodell, Preis des Mobiltelefons oder Art des Mobilfunkvertrages).

Diese Merkmale werden mit dem Data-Mining-Entscheidungsbaum analysiert, um festzustellen, ob und mit welcher Wahrscheinlichkeit ein Kunde abzuwandern droht. Die berechneten Segmente liefern nun eine Beschreibung der potenziellen Kündigungskandidaten und die Wahrscheinlichkeit, mit der sie kündigen. Ein solches Resultat könnte z.B. lauten: *Kunden im Privattarif, die unter 40 Jahre alt sind und ein Mobiltelefon zum Preis von über 180 € besitzen, kündigen mit einer Wahrscheinlichkeit von 75 %.* So kann man alle weiteren Segmente beschreiben.

Mit einer anschließenden Segmentierung (in der der Customer Lifetime Value eine entscheidende Rolle spielt) können die abwanderungsgefährdeten und profitablen Kunden (das sind die Top-Kunden in diesem Segment) identifiziert werden. Für diese können dann entsprechende Maßnahmen zur Verhinderung eines Wechsels geplant, eingeleitet, durchgeführt und überprüft werden. Dies geschieht durch eine Übergabe der identifizierten und bewerteten Segmente an das Kampagnenmanagement. Somit wird auch hier das Kundenportfolio weiter optimiert.

13.4 Markttendenzen

Das Internet bietet eine Vielzahl von noch nicht ausgeschöpften Möglichkeiten zur Interaktion mit Kunden und zur Koordination unternehmensübergreifender Geschäftsbeziehungen. Die Durchdringung mit mobilen Anwendungen und Geräten wird diese Tendenz noch verstärken. Künftige Lösungen für analytisches CRM werden stark von den folgenden Trends beeinflusst:

▶ Transition von der Kundenanalyse zur Beziehungsanalyse

▶ Entwicklung vom herkömmlichem Marketing zum Echtzeitmarketing

▶ Wachsende Bedeutung von analytischem CRM für das Leistungsmanagement von Unternehmen

▶ Marketplace Analytics (Ermittlung zukünftiger Schlüsseltrends durch Analysen auf elektronischen Marktplätzen)

13.4.1 Von der Kundenanalyse zur Beziehungsanalyse

Die klare Tendenz in Richtung Unternehmensnetzwerke durch Externalisierung von Geschäftsprozessen und unternehmensübergreifende Zusammenarbeit schafft einen wachsenden Bedarf an Analysemöglichkeiten, die sich über die herkömmlichen Unternehmensgrenzen hinaus erstrecken. Unternehmen, die ihre Kundenbedürfnisse erfüllen und gleichzeitig ihre Ertragskraft steigern wollen, brauchen einen Überblick über die gesamte Wertschöpfungskette – vom Produkt bis zum Kundenservice. Außerdem erfordert die Zusammenarbeit über Unternehmensgrenzen hinweg, dass Partner und Lieferanten alle erforderlichen Informationen erhalten. Bei dieser Art der Kooperation können alle an der Wertschöpfungskette Beteiligten nur gewinnen, weil die so erzielten Wettbewerbsvorteile bei weitem größer sind, als einzelne Unternehmen allein je erreichen können.

Aus dieser Perspektive heraus müssen Unternehmen ihre Lieferanten, Partner und Mitarbeiter in alle Analysen mit einbeziehen; eine Konzentration allein auf den Kunden wäre nicht ausreichend. Dies gilt besonders für integrierte Unternehmensnetzwerke. Geschäftspartnern gemeinsame Stammdaten zur Verfügung zu stellen, ist beispielsweise eine der wesentlichen Voraussetzungen dafür, aus reinen Kundenanalysen Analysen von Unternehmensbeziehungen zu machen.

13.4.2 Vom herkömmlichen Marketing zum Echtzeitmarketing

Marketingsysteme entwickeln sich vom Datenbankmarketing über herkömmliches Kampagnenmanagement zu einem neuen, interaktiven Marketingansatz, der sich an den individuellen Kundenbedürfnissen orientiert. Dementsprechend bewegt das Marketing sich heute weg von einem datenorientierten, nach außen gerichteten Massenverarbeitungsprozess hin zu ereignisgesteuerten Interaktionen in Echtzeit [Martin 2000]. Große Technologiesprünge ermöglichen es Unternehmen, zeitnahes, interaktives Marketing durchzuführen und Kunden mit auf ihre individuellen Anforderungen zugeschnittenen Angeboten und Produkten gezielt zu umwerben. Auf diese Weise kann jede Interaktion zwischen Unternehmen und Kunden als Marketingchance genutzt werden.

Ein kanalunabhängiges Repository von Analyseergebnissen und Verhaltensmodellen bildet eine ausgezeichnete Grundlage für personalisierte Kundeninteraktionen. Je nachdem, wie viele Informationen Kunden über sich preisgeben, können beispielsweise Web-Seiten oder der Dialog mit dem Kunden im Interaction Center dynamisch angepasst und an den individuellen Vorlieben und Interessen des Kunden ausgerichtet werden. Die Automatisierung einer solchen Marketingform erfordert ein intelligentes Interaktionsmanagement, das bestehende Analysemodelle zeitnah und dynamisch nutzt, um die jeweils optimale Marketinginteraktion zu identifizieren.

13.4.3 Zunehmende Bedeutung des analytischen CRM für die Unternehmensführung

Mit der Entwicklung von CRM vom Abteilungsprojekt zur Unternehmensstrategie erhält das analytische CRM mehr Aufmerksamkeit von der Unternehmensleitung, die heute – zusammen mit den finanziellen Größen – CRM-Kenngrößen als wesentliche Indikatoren für die finanzielle Leistungsfähigkeit von Unternehmen betrachtet [Morris 2000]. Mit der integrierten Balanced-Scorecard-Lösung sind Unternehmen gut für diese Herausforderungen gerüstet.

Die sich immer schneller verändernden Märkte beeinflussen auch die Planungsmethoden in Marketing, Vertrieb und Kundenservice. Die Planung wird sich wegentwickeln von der zeitpunktbezogenen und retrospektiven Budgetierung hin zu rollierenden, kontinuierlichen Voraussagemodellen. Beispielsweise werden die aus Vergangenheitsdaten gewonnenen Verhaltensmuster genutzt, um künftiges Verhalten vorauszusagen. Die in der analytischen CRM-Lösung der SAP realisierte Anbindung an Planung und Voraussagemodelle wird in dem Maße, in dem sich Unternehmen dieses Wandels bewusst werden, zunehmend an Bedeutung gewinnen.

13.4.4 Wachsende Bedeutung von Marketplace Analytics

Unternehmensübergreifende Zusammenarbeit im E-Business stellt hohe Anforderungen an die Zusammenführung von Informationen über Kunden, Partner und Lieferanten. Kommerzielle Web-Sites, Marktplätze und Online-Börsen werden sich weiterentwickeln und die Externalisierung von Geschäftsprozessen vorantreiben. Als Folge davon wird die wachsende Notwendigkeit, Geschäftsprozesse über die gesamte Logistikkette hinweg zu optimieren, die gemeinsame Nutzung von Informationen zwischen Partnern und die Entwicklung entsprechender Analyselösungen vorantreiben. Neue Lösungen für Marktplatzanalysen werden bei künftigen Lösungen für analytisches CRM eine größere Rolle spielen. Die Marktplätze, die SAP derzeit zusammen mit Partnern implementiert, decken bereits heute neue Herausforderungen an die Analyse auf. Mit diesen Pilotprojekten zeichnen sich bereits in Umrissen neue Beispiele für die unternehmensübergreifende Zusammenarbeit ab.

14 Workforce Management mit mySAP CRM

14.1 Was ist Workforce Management?

Mitarbeiter im Interaction Center, Servicetechniker, Vertriebsmitarbeiter, Support-Personal etc. sind alle in irgendeiner Form am Produktionsprozess im Unternehmen beteiligt. Unter dem Begriff *Workforce Management* fasst man alle Geschäftsprozesse zusammen, die das Management und die Einplanung dieser Personen im Produktionsprozess betreffen. Dazu gehört:

▶ Einplanung von Personalressourcen mit bestimmtem Fähigkeitsprofil für bestimmte Aufgaben zu bestimmten Zeiten inklusive exakten Prognosen und Terminplänen

▶ Einbeziehen von Zeit- und Anwesenheitsdaten sowie individuellen Bedürfnissen in den Planungs- und Terminierungsprozess

▶ Bewertung der Produktivität und Leistung von Mitarbeitern und Managern

▶ Erkennen von Schulungsbedarfen und Entwicklungschancen für Mitarbeiter

▶ Management von Motivations- und Leistungsanreizen für Mitarbeiter (*Incentives & Commissions*)

Um die Rolle von Workforce Management in CRM zu verstehen, muss man zunächst die Frage beantworten, weshalb die damit zusammenhängenden Aufgaben nicht im Personalwirtschaftssystem oder in der Ressourcen-Planung der Produktionssysteme gelöst werden.

14.2 Warum gehört Workforce Management zu CRM?

Workforce Management unterscheidet sich von Personalwirtschaftssystemen (Human Resources, HR) grundsätzlich darin, dass es mit Bedarfen aus einem Produktions- oder Serviceprozess umgeht, was bei HR-Systemen nicht unbedingt der Fall ist. Personalwirtschaft betrachtet den Mitarbeiter ganzheitlich mit all seinen Erfahrungen und seiner Historie im Unternehmen. Beim Workforce Management geht es dagegen nur um den Mitarbeiter als Ressource im Geschäftsablauf.

Warum ist Workforce Management dann nicht Bestandteil der traditionellen Produktionssysteme wie zum Beispiel Supply Chain Management (SCM)? Der Grund ist einfach: Menschen erfordern andere Lösungen als Materialien. Jeder Mensch ist einzigartig. SCM hat sich traditionell auf Materialien, Verbrauchsmaterial oder Maschinen konzentriert. Diese unbelebten Objekte sind eher homogen, während Menschen generell heterogen sind und jeder deshalb einen individuellen Prozess benötigt.

Jede Kundenbeziehung hat in erster Linie mit Menschen zu tun. Darum ist Workforce Management für CRM-Prozesse von so hoher Relevanz. Menschen nehmen am Telefon Kundenaufträge entgegen, erledigen Projektaufgaben oder führen Außendienstaktivitäten aus. Menschen machen bevorzugt mit denjenigen Menschen Geschäfte, die sie kennen und denen sie vertrauen. Menschen machen miteinander Geschäfte, wenn der Kundenservice gut ist. Der Aufbau und die Erhaltung von Beziehungen durch guten Kundenservice wird zum erklärten Geschäftsziel. Workforce Management ist das CRM-Werkzeug, mit dem die menschlichen Ressourcen eines Unternehmens an diesem Ziel ausgerichtet werden.

14.3 Die Workforce-Management-Lösung von mySAP CRM

Workforce Management wird mit dem Nachfolge-Release von mySAP CRM 3.0 zur Verfügung stehen und unterstützt alle den Personaleinsatz und dessen Planung betreffenden Aktivitäten, unabhängig davon, ob es sich bei einer Personalressource um einen Berater, einen Techniker im Außendienst, einen Servicemitarbeiter oder um alle drei gleichzeitig handelt. Grundlage ist eine enge Kooperation mit den mySAP.com-Lösungen mySAP BI und mySAP HR.

Zu den vom Workforce Management in mySAP CRM unterstützen Aktivitäten gehören:

▶ **Personalbedarf planen**
Planen, wie viele Vollzeitkräfte mit welchen Kenntnissen zu welchem Zeitpunkt benötigt werden

▶ **Personal beschaffen**
Feststellen, wem die anstehende Arbeit zugeteilt werden kann und welche Personalbeschaffungsmaßnahmen erforderlich sind

▶ **Personal einsetzen**
Mitarbeiter-Ressourcen dem Bedarf zuordnen. Wie hoch sind die geschätzten Mitarbeiterkosten? Können die Tätigkeiten der Mitarbeiter und ihre Leistung verfolgt werden?

▶ **Personal motivieren**
Mitarbeiter gewinnen, motivieren und langfristig an das Unternehmen binden. Nutzung von Leistungsanreiz- und Bonussystemen

▶ **Personal entwickeln**
Wie können Mitarbeiter ihre perönliche Karriere weiterentwickeln? Welche konkreten Möglichkeiten zur Karriereentwicklung stehen zur Verfügung?

▶ **Personal ausstatten**

Ausstattung der Mitarbeiter mit einer adäquaten Arbeitsumgebung, damit sie ihre Aufgabe optimal erfüllen können

▶ **Personaleinsatz analysieren**

Anwendung von Analyse-, Berichts- und Simulationsanwendungen zur Optimierung des Personaleinsatzes

14.3.1 Interaction Center

Interaction Center unterstützen Kundeninteraktionen über verschiedene Kontaktkanäle und bei Bedarf rund um die Uhr. Workforce Management von mySAP CRM stellt sicher, dass die erforderlichen Personalressourcen zum vorgegebenen Zeitpunkt in der benötigten Anzahl zur Verfügung stehen. Führungskräfte können dazu folgende Dienste nutzen:

▶ Langfristige Geschäfts- und Kapazitätsplanung

▶ Langfristige Personal-, Budget- und Service-Level-Planung

▶ Mit mySAP HR integrierte Pflege von Mitarbeiterdaten

▶ Kurzfristige Planung und Zuordnung von Mitarbeitern zu bestimmten Aufgaben sowie Handhabung von Ausnahmesituationen (z.B. Erkrankung von eingeplanten Mitarbeitern)

▶ Echtzeitüberwachung (Abwesenheitszeiten, Wartezeiten etc.) und Intraday-Prognosen

▶ Geschäftsanalyse nach Periodenabschluss unter Berücksichtigung von Budget, Geschäftszielen und Mitarbeiterleistung

▶ Verwaltung mehrerer Standorte

▶ Umfassende Berichte und Analysen

In mySAP CRM liefert das Interaction Center der Workforce-Management-Anwendung alle relevanten und aktuellen Informationen, die zur Erstellung präziser und vollständiger Arbeitspläne benötigt werden.

Die Vorhersage von Personalbedarfen kann anhand der Geschäftsaktivitäten über alle Kanäle unter Berücksichtigung von historischen Lastvolumina, strategischen Unternehmenszielen sowie lokalen Zielen und Erfahrungen erfolgen. Kurzfrist- und Langfristprognosen können eingesehen, neu erstellt oder angepasst werden, wenn ein bestimmter Planungszeitpunkt erreicht wird. Da Workforce Management ein integraler Bestandteil von mySAP CRM ist, können diese Prognosen oder Personalpläne an andere Geschäftsbereiche weitergeleitet werden, um dort z.B. die Personalbeschaffung und Budgetierung zu unterstützen.

Sobald ein Bedarf prognostiziert worden ist, kann die Führungskraft einen optimalen Arbeitsplan auf der Grundlage verschiedener, konfigurierbarer Zielsetzungen erstellen. Ein Arbeitsplan kann z.B. bestimmte Kenntnisanforderungen, Personalvorschriften, Mitarbeiterwünsche oder bewährte Praxisregeln berücksichtigen. Je nach gewünschter Komplexität können diese Aspekte unterschiedlich gewichtet in die Planung eingehen.

14.3.2 Außendienst

Mit der *Einsatzplantafel* (*Resource Planning Tool*, siehe Kapitel 7.5.5) hat der Einsatzplaner die Möglichkeit, Serviceaufträge auf der Grundlage von bestimmten Vorgaben (z.B. Service Level Agreements), geografischen Überlegungen, Verfügbarkeiten sowie persönlichen Kenntnissen und Ausrüstungsbedarfen den Außendienstmitarbeitern zuzuordnen. Alternativ kann auch eine automatische Zuordnung durchgeführt werden.

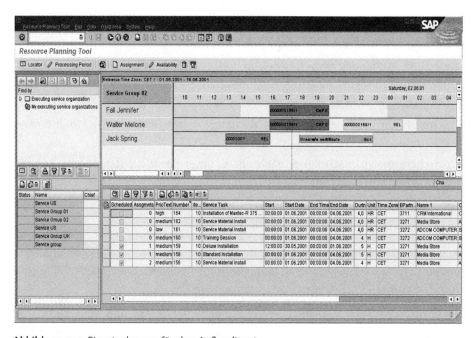

Abbildung 14.1 Einsatzplanung für den Außendienst

Basierend auf der Integration mit mySAP HR kann sich der Einsatzplaner über die Verfügbarkeit einzelner Mitarbeiter informieren. Mobile Kommunikationsdienste wie Pager und SMS erlauben es ihm, aktualisierte Informationen zum laufenden Terminplan des Außendienstmitarbeiters sowie zu möglicherweise aufgetretenen Notfällen weiterzugeben. Termine werden den Außendienstmitarbeitern im Kalenderformat von SAP oder alternativ in Microsoft Outlook oder Lotus Notes präsentiert. Außendienstmitarbeiter können Statusangaben zu Einsätzen an den Einsatzplaner zurücksenden, z.B. *angenommen*, *abgelehnt*, *erledigt*, *vor Ort* etc. Außerdem kann der Außendienstmitarbeiter Arbeitszeiten, verbrauchtes Material, eventuelle Schaden-Codes, Fahrtzeiten sowie Auslagen rückmelden.

Einsätze können automatisch, z.B. von einem Agenten im Interaction Center, oder manuell von einem Einsatzplaner zugewiesen werden. Dabei gilt es, sowohl die Interessen des Kunden (Kundenwunschtermine, Service Level Agreements etc.) als auch die Optimierung der Serviceabläufe zu berücksichtigen. Flexibilität gewinnt der Einsatzplaner durch Zuordnung mehrerer Mitarbeiter eines Teams zu den einzelnen Positionen eines Servicevorgangs. Ferner können verschiedene Einsatzplaner auf Planungsdaten zu gemeinsam verplanbaren Außendienstmitarbeitern zugreifen. Mit zukünftigen ATP-(Available-to-Promise-)Funktionen wird der Einsatzplaner außerdem sicherstellen können, dass der Außendienstmitarbeiter über das zur Ausführung der jeweiligen Aufgabe benötigte Material verfügt.

14.3.3 Beratereinsatz

Viele Arbeiten werden heute in Form von Projekten geplant und ausgeführt. An diesen Projekten sind die verschiedensten Mitarbeiter beteiligt, interne Angestellte wie auch externe Berater. Die Zuordnung von Beratern zu Projektaufgaben unter Berücksichtigung ihrer Verfügbarkeit und ihrer individuellen Fähigkeiten ist Aufgabe des Beratermanagements in mySAP CRM.

Der Einsatzplaner eines Beratungsunternehmens hat die Möglichkeit, Kundeneinsätze für bestimmte Mitarbeiter fest einzuplanen (*Hard Booking*) und dabei die Integrationsmöglichkeiten zu verschiedenen Projektmanagement- und Kalenderanwendungen wie Microsoft Outlook und Lotus Notes zu nutzen. Für längerfristige Planungen können auch die Funktionen zur bedingten Einplanung (*Soft Booking*) verwendet werden, bei der Personal-Ressourcen anhand von Fähigkeiten, Verfügbarkeit oder Präferenzen belegt werden, ohne die Aufgabe bereits einem konkreten Mitarbeiter zuzuordnen.

15 Einführung von mySAP CRM im Unternehmen

15.1 Einführung

Die Notwendigkeit einer Strategie zur erfolgreichen Implementierung von CRM zeigt die Studie der Gartner Group über die Gründe des Scheiterns von CRM-Projekten [Nelson 2001]. Zu den wichtigsten Ursachen zählen die Experten eine unzureichende Planung, eine fehlende Implementierungsstrategie und daraus resultierende Akzeptanzprobleme. Denn häufig werden CRM-Initiativen gestartet, ohne sich im Vorfeld über den Umfang der damit verbunden und notwendigen Veränderungen im Klaren zu sein. Eine unzureichende Einbindung und mangelndes Interesse der Unternehmensführung sowie ungenaue und praxisferne Zielvorgaben sind weitere Fehler, die CRM-Implementierungen scheitern lassen.

Für ein erfolgreiches CRM-Einführungsprojekt sollten schon frühzeitig folgende Maßnahmen getroffen werden:

▶ Änderung der Geschäftsprozesse antizipieren

▶ Endanwender der CRM-Software mit einbinden

▶ Aufbau einer klaren Projektorganisation

▶ Verwendung einer auf CRM ausgerichteten Einführungsmethodik, die als Leitfaden für den gesamten Verlauf des CRM-Einführungsprojektes verstanden wird und auf Erfahrungen aus erfolgreich abgeschlossenen CRM-Implementierungsprojekten beruht

15.2 Erfolgsfaktoren einer CRM-Implementierung

Die wesentlichen Erfolgsfaktoren von CRM-Einführungsprojekten sind:

▶ **Akzeptanz der CRM-Software im Unternehmen**
Oft werden durch ein CRM-Projekt zuerst Endanwender-Funktionalitäten realisiert (*Endanwender-Effizienz*), bevor das System weiter ausgebaut wird. Immer mehr Mitarbeiter werden schrittweise zu Anwendern der CRM-Lösung (Endanwender- und *Team-Effektivität*), welche schließlich ganze Prozesse innerhalb des Unternehmens und zwischen Unternehmen unterstützt (unternehmensinterne und unternehmensübergreifende Effektivität). Da sich diese Mitarbeiter nicht nur in eine neue Software einarbeiten müssen, sondern auch häufig eine neue Organisationsstruktur vorfinden, ist eine frühzeitige Einbindung der Endanwender in den Projektablauf und die Einführungsmethodik wichtig. Andernfalls ist mit Widerstand der späteren Endanwender zu rechnen.

▶ **Strategie und Projektplanung**

Manche Unternehmen stehen unter einem so hohen Zeitdruck bei der Einführung eines CRM-Systems, dass sie die Gesamtstrategie aus den Augen verlieren. Die Kongruenz von Unternehmens- und IT-Strategie ist daher sehr wichtig. Die Kombination der Anforderungen aus Unternehmenssicht und IT-Sicht ist der Ausgangspunkt für die Projektplanung.

▶ **Unterstützung des Top-Managements**

Die Unterstützung des Managements ist angesichts der weitreichenden Auswirkungen der Einführung einer CRM-Lösung auf das Unternehmen absolut notwendig. Die involvierten Manager müssen sowohl über CRM-Know-how (*Content Promoter*) als auch über eine Position im Unternehmen verfügen, aus der heraus sie Entscheidungen durchsetzen können (*Power Promoter*). Das Management muss klare Aussagen zu den Zielen und der Durchführung des Projekts machen.

▶ **Festlegung von Erfolgsfaktoren**

Erfolgsfaktoren und Ziele müssen zu Beginn des Projekts festgelegt werden. Das Projekt ist so früh wie möglich zu beenden, wenn diese Faktoren nicht erreicht werden können.

▶ **Kooperation mit Endbenutzern**

Da die verwendeten Systeme unter Umständen sehr komplex sein können, ist eine Zusammenarbeit von Technikern und Endbenutzern zur Spezifikation der Anforderungen und Möglichkeiten notwendig. Die Kooperation sollte in fortlaufender Teamarbeit stattfinden.

▶ **Detaillierung des Projektplans**

Der Projektplan für eine CRM-Implementierung muss bezüglich der Ziele, Methoden, Visionen, der Verantwortlichen sowie der Terminplanung und der Ressourcen (Mitarbeiter, Budget etc.) detailliert werden.

▶ **Expertenwissen**

In einem guten Projektplan wird auch festgelegt, wann welche Person gebraucht wird und ob externes Know-how notwendig ist. Da die Analyse im Hinblick auf Geschäftsprozesse erfolgt, sollte für jeden zentralen Prozess (z.B. Kampagnenmanagement) durchgehend ein Verantwortlicher gewählt werden.

▶ **Entwicklung eines Dokumentations- und Kommunikationsplans**

Ein Kommunikationsplan, in dem festgelegt wird, wann über welche Themen des Projekts kommuniziert wird, ist notwendig, um Informationen über das Projekt im Unternehmen zu verteilen. Zusätzlich ist eine Dokumentation des Projekts selbst und der Funktionalitäten der Lösung wichtig. Ein Benutzerhandbuch kann außerdem den Einsatz des Systems für die Systemanwender erleichtern.

► **Pilotanwender und Einsatz des Systems**

Für eine möglichst frühe praktische Einbindung der betroffenen Anwender sollte eine Pilotnutzung des Systems ermöglicht werden. Dadurch wird die Akzeptanz des Projekts erhöht und seine Ergebnisse werden transparent gemacht. Für das *Roll-Out* im Unternehmen muss ebenfalls eine Planung erfolgen.

► **Benutzertraining**

Vor dem Produktiveinsatz des Systems sind Anwenderschulungen durchzuführen, die sich hauptsächlich mit dem System und seinem Nutzen für die Abwicklung der Geschäftsprozesse beschäftigen. Für technische Themen (z. B. Systemverwaltung) sind separate Schulungen durchzuführen.

15.3 SAP Solution Architect und SAP Solution Manager

Für die Einführung und den Betrieb von mySAP.com-Lösungen im Unternehmen stehen zwei umfassende Werkzeuge zur Verfügung:

► SAP Solution Architect (betriebswirtschaftliche Planung und Einführung)

► SAP Solution Manager (technische Einführung und Produktivbetrieb)

Der *SAP Solution Architect* ist ein Portal für die betriebswirtschaftlich orientierte Evaluierung, Implementierung sowie die schnelle Anpassung und Verbesserung von mySAP.com-Lösungen.

Der SAP Solution Architect umfasst folgende Methoden, Werkzeuge und Inhalte:

► AcceleratedSAP-Methode für die Planung und Durchführung von mySAP.com-Einführungsprojekten inklusive Vorgehensmodell (Roadmap) für alle Phasen des Implementierungsprojektes

► Best Practices for mySAP.com zur Implementierung von E-Business-Lösungen auf Basis vorkonfigurierter Systeme

► Collaborative Business Maps für unternehmensübergreifende Geschäftsprozesse

► E-Business Case Builder zur ROI-(Return-on-Investment-)Ermittlung bereits im Vertriebsprozess, also zur Berechnung der Investitionsrentabilität einer mySAP.com-Lösung

► Customizing-Werkzeuge für die individuelle Ausprägung der mySAP.com-Implementierung

► Autorenumgebung, mit der Kunden und Partner ihre eigenen, vorkonfigurierten Implementierungslösungen bauen können.

Abbildung 15.1 ASAP Roadmap (ohne die CRM-Phase »Einsatzuntersuchung«)

Der *SAP Solution Manager* ist das Service-Portal der SAP für die technische Unterstützung der Implementierungs- und Produktivphase von mySAP.com-Lösungen.

Folgende Dienste werden vom SAP Solution Manager angeboten:

▶ Management der technischen Einführung und des Betriebs von mySAP.com-Lösungen

▶ Sicherstellung der technischen Ablauffähigkeit aller zentralen Geschäftsprozesse

▶ Überwachung aller zentralen Geschäftsprozesse (Anwendungs-Monitoring)

▶ Überwachung der gesamten mySAP.com-Systemlandschaft inklusive der Schnittstellen zu Drittsystemen (System-Monitoring)

▶ Zugriff auf SAP-Support-Leistungen wie

   ▶ *GoingLive Check* (praxiserprobte Vorgehensweise für den erfolgreichen Produktivstart)

   ▶ *Early Watch Service* (proaktive Systemdiagnose)

   ▶ *EarlyWatch Alert* (automatisierte Systemanalyse zur Optimierung von Performance und Verfügbarkeit)

▶ Zugriff auf *SAP Notes Assistant* mit aktuellen Informationen, Hinweisen und Fehlerkorrekturen

▶ Remote Support

▶ Serviceplanung für Optimierung und Wartung von mySAP.com-Lösungen über deren gesamten Lebenszyklus hinweg

Eine allgemeine Diskussion aller Dienste von SAP Solution Architect und SAP Solution Manager würde über den hier zur Verfügung stehenden Rahmen hinausgehen. Spezielle, mit der Einführung von mySAP CRM verbundene Aspekte ergeben sich allerdings bei der Betrachtung der Einführungsmethodik und der Nutzung von vorkonfiguriertem Business-Know-how. Diese Themen werden in den beiden nachfolgenden Kapiteln zu behandelt.

15.4   AcceleratedSAP for mySAP CRM

AcceleratedSAP (*ASAP*) ist SAPs allgemeine Einführungsmethodik für die erfolgreiche, schnelle und effiziente Einführung von SAP-Software-Lösungen. Die Vorteile von ASAP sind:

▶ Standardisierung der Implementierung von CRM-Lösungen

▶ Garantie einer erfolgreichen Implementierung unter Berücksichtigung der Faktoren *Zeit*, *Budget* und *Qualität*

▶ Wissenstransfer innerhalb der SAP sowie zu Kunden, Beratungspartnern etc.

Um die besonderen Anforderungen bei CRM-Einführungsprojekten zu berücksichtigen, wurde eine spezielle ASAP-Variante unter der Bezeichnung *AcceleratedSAP for mySAP CRM* entwickelt.

15.4.1   Überblick

AcceleratedSAP for mySAP CRM (ASAP for mySAP CRM) ist die von der SAP entwickelte Einführungsmethodik für CRM-Lösungen und CRM-Projekte. Sie ist an die Anforderungen von CRM angepasst und basiert in den Hauptprojektphasen auf ASAP für SAP R/3. Die Bestandteile von ASAP for mySAP CRM (Prozessbibliothek und Vorgehensmodell) werden mit dem SAP Solution Architect ausgeliefert.

Eine spezielle, an die Erfordernisse von CRM-Projekten angepasste Einführungsmethodik ist notwendig, da sich ein CRM-Projekt in wesentlichen Punkten z.B. von einem R/3-Projekt unterscheidet:

▶ Unterschiede in Technik und Systemlandschaft (z.B. für Mobile Sales)

▶ Unterschiedliche Benutzergruppen

▶ Anderer Einfluss auf die firmeninterne Organisation

▶ Unterschiedliche Rollen und Projektstrukturen

▶ Kundenwünsche gehen häufiger als bei SAP R/3 über die Standard-Funktionalität hinaus

15.4.2   Projektplan für die Einführung von mySAP CRM

Die Implementierung der CRM-Lösung wird von ASAP for mySAP CRM durch einen speziellen Projektplan (Roadmap) mit den folgenden Phasen unterstützt:

▶ Einsatzuntersuchung

▶ Projektvorbereitung

▶ Business Blueprint

▶ Realisierung

- ▶ Produktionsvorbereitung
- ▶ Go-Live und Support

Einsatzuntersuchung (Machbarkeitsstudie)

Ein wesentlicher Unterschied von ASAP for mySAP CRM zur Standardmethode ist die Berücksichtigung der Einsatzuntersuchung als wichtige Vorabphase des eigentlichen CRM-Einführungsprojektes.

Diese Phase findet statt, wenn ein Unternehmen sich für eine CRM-Lösung entschieden hat und zu prüfen ist, inwieweit die Software die funktionalen Anforderungen des Kunden abdeckt. In dieser Phase wird der Kunde bei der Festlegung seiner Geschäfts- und IT-Strategie sowie bei der Auswahl der aus Geschäftssicht relevanten Prozesse unterstützt. Das Ergebnis dieser Phase ist in der Regel ein Angebot inkl. Aufwandsschätzung (grobe Projektplanung, Terminplanung, Ressourcenaufwand intern und extern etc.).

Ziele der Einsatzuntersuchung sind:

- ▶ Geschäft und Anforderungen des Kunden verstehen
- ▶ Geschäftsprozesse des Kunden nachvollziehen
- ▶ Die bestehende Systemlandschaft und den Customizing-Grad der eingesetzten Anwendungen verstehen
- ▶ Daten über Umfang, Ressourcen und Kosten des Projekts sammeln
- ▶ Hardware- und softwarespezifische Anforderungen erarbeiten
- ▶ Abstimmung mit relevanten Entscheidungsträgern: Kunde, SAP und Partner

Projektvorbereitung

Diese Phase dient der Planung und der Vorbereitung des CRM-Einführungsprojektes. Auch wenn jedes SAP-Projekt bezüglich Zielsetzung, Umfang und Prioritäten Unterschiede aufweist, sind die folgenden, allgemein gültigen Arbeitsschritte von großer Bedeutung für den weiteren Projekterfolg:

- ▶ Projektauftrag erstellen
- ▶ Festlegung der Ziele des Projekts
- ▶ Klärung des Einführungsumfangs
- ▶ Festlegung der Einführungsstrategie
- ▶ Festlegung des generellen Zeitplans für das Projekt und der Reihenfolge der Einführung
- ▶ Einrichtung der Projektstruktur und der Projektausschüsse

- ▶ Zuordnung von Personalressourcen
- ▶ Projekt-Kick-Off

Durch frühzeitige Klärung dieser Aspekte wird eine solide Grundlage für eine erfolgreiche SAP-Einführung geschaffen und ein effizienter Ablauf des Projekts sichergestellt.

Business Blueprint (Sollkonzept)

Ziel dieser Phase ist es, die in Anforderungs-Workshops ermittelten Geschäftsprozessanforderungen des Unternehmens in einem *Business Blueprint* zu dokumentieren. Auf dieser Grundlage wird ein gemeinsames Konzept dafür erarbeitet, wie das Unternehmen seine betriebswirtschaftlichen Abläufe mit dem CRM-System abbilden möchte.

Während dieser Phase werden außerdem folgende Schritte vorgenommen:

- ▶ Verfeinerung der ursprünglichen Projektziele und Zielsetzungen
- ▶ Einführung von Change Management
- ▶ Einrichtung der Systemumgebung
- ▶ Festlegung des Grundumfangs der Lösung
- ▶ Detaillierte Ausarbeitung des gesamten Projektzeitplans und des Ablaufs der Einführung

Realisierung

Zweck dieser Phase ist es, die im Business Blueprint festgelegten Geschäfts- und Prozessanforderungen einzuführen. Das Ziel dieser Phase ist die abschließende Einführung des Systems, ein übergreifender Test und die Freigabe des Systems für den Produktivbetrieb.

Die Realisierung erfolgt in zwei Arbeitspaketen: Baseline-Konfiguration (Hauptumfang) und Detail-Konfiguration (Detailumfang). Das Baseline-System zeichnet sich dadurch aus, dass Organsationsstrukturen vollständig und Geschäftsprozesse zu ca. 60 % konfiguriert sind. Durch diese Vorgehensweise kann nach der Abnahme des Baseline-Systems systematisch an den Details weitergearbeitet werden.

Produktionsvorbereitung

Gegenstand der Produktionsvorbereitung ist es, die Produktionsvorbereitung einschließlich Tests, Benutzerschulung und dem Aufsetzen von Systemmanagement und Anwender-Support-Organisation abzuschließen. Alle offenen Fragen für die endgültige Bereitschaft zum Produktionsanlauf werden geklärt. Nach dem erfolgreichen Abschluss dieser Phase können produktive Geschäftsprozesse im CRM-System ablaufen.

Go-Live und Support

Ziel dieser Phase ist es, von der vorproduktiven Umgebung zum Produktivbetrieb überzugehen. Hierbei ist es wichtig, einen Benutzer-Support einzurichten, der nicht nur in den ersten kritischen Tagen des Produktivbetriebs, sondern auch langfristig zur Verfügung steht.

In dieser Phase sammeln die Benutzer der CRM-Lösung praktische Erfahrungen. Es muss daher ein gut organisierter Benutzersupport bereitgestellt werden, auf den alle Mitarbeiter zugreifen können. Diese Phase dient außerdem dazu, die Systemtransaktionen zu überwachen und die Gesamtleistung des Systems zu optimieren. Am Ende dieser Phase steht der Abschluss des Projekts.

15.4.3 Mitarbeiterrollen im CRM-Einführungsprojekt

Die Anwendung der Methode ASAP for mySAP CRM erfordert das Aufsetzen einer geeigneten Projektorganisation. Außerdem ist zur optimalen Erfüllung der mit der Methode zusammenhängenden Aufgaben und Ablaufschritte eine klare Festlegung der Verantwortlichkeiten notwendig.

Nachstehend wird ein Überblick über die wesentlichen Rollen innerhalb eines CRM-Implementierungsprojektes gegeben:

▶ **Projektleiter**
Der Projektleiter ist für die Projektgebnisse und die operative Projektleitung zuständig. Er sieht Projektabweichungen voraus und nimmt sofortige Korrekturmaßnahmen vor. Ferner sollte er die Systemintegration der Geschäftprozesse in die Unternehmensumgebung verstehen.

Er besitzt Entscheidungsbefugnis bei Fragen, die das Projekt und das Budget betreffen. Er leitet die strategischen Fragen an den Auftraggeber weiter, um gemeinsame Entscheidungen zu treffen.

Je nach Größe und Komplexität der mySAP CRM-Einführung kann ggf. eine zweite Projektleitungsebene eingeführt werden. In diesem Fall würde der Projektleiter von regionalen Projektleitern unterstützt werden.

▶ **Anwendungsberater**
Der Anwendungsberater ist dafür zuständig, dass die Softwarekonfiguration an die Geschäftsprozesse angepasst ist und die Analyse- und Berichtsanforderungen erfüllt werden. Außerdem vermittelt er den Geschäftsprozessteamleitern und den anderen Teammitgliedern Anwendungs- und Konfigurationskennt-

nisse. Der Anwendungsberater ist mit bewährten Geschäftsverfahren vertraut, um so bei der Gestaltung unterstützend mitzuwirken. Der Anwendungsberater fungiert auch als Ratgeber und ist dem Projektteam ggf. bei allen Aufgaben behilflich.

Modifikationen führen oftmals zu offenen Fragen im *Change Management*. Der Anwendungsberater nimmt eine Schlüsselposition ein, indem er das *Organizational Change Management* durch wertvolle Informationen unterstützt. Wenn Altdaten extrahiert werden, ist eine enge Zusammenarbeit mit dem Altsystemexperten unumgänglich.

▶ **Technischer Berater**
Der technische Berater arbeitet zusammen mit dem Projektleiter und dem Leiter des technischen Teams an der Planung der technischen Anforderungen und führt dann die technischen Systemaufgaben und die kundenspezifische Entwicklung aus.

Je nach Umfang und Komplexität der Einführung kann dieser Berater in einem oder mehreren Bereichen tätig sein, also z.B. in der Systemadministration, Datenbankadministration, Netzwerkadministration, Betriebssystemadministration, Entwicklung anwendungsübergreifender Komponenten oder in der ABAP-Entwicklung.

Bei einem internationalen Projekt übernimmt der technische Berater auch die Beratungsleitung in folgenden Bereichen:

▷ Länderspezifische Geschäfts- und SAP-Softwareanforderungen

▷ Sprachen- oder codepagespezifische Anforderungen

▷ Umgang mit verschiedenen Zeitzonen

15.5 Best Practices for mySAP CRM

Best Practices for mySAP CRM verfolgt das Ziel, SAP-Kunden die Möglichkeit zu geben, mit Hilfe von Vorkonfigurationen möglichst schnell und problemlos umfangreiche CRM-Funktionalitäten zu nutzen.

Im Vordergrund steht dabei

▶ Schaffung der organisatorischen und technischen Grundlagen für die reibungslose Realisierung der neuen CRM-Lösung

▶ Gewährleistung der optimalen Ausrichtung aller im CRM-System abzubildenden Geschäftsprozesse an den Kundenbedürfnissen

Des Weiteren ermöglicht Best Practices for mySAP CRM den SAP-Kunden den Zugriff auf den E-Business-Wissensschatz, den SAP und SAP-Partner in zahlreichen Evaluierungs- und Implementierungsprojekten gesammelt haben.

Eine Umfrage bei Kunden, die Best Practices im Einsatz hatten, ergab, dass Best Practices den oben angeführten Anforderungen voll gerecht wurde. Dies belegt auch eine Analyse der Auslieferungsdaten aller existierenden Produktversionen von Best Practices for mySAP.com, zu denen auch Best Practices for mySAP CRM gehört. Bis Ende des Jahres 2001 waren über 4000 Auslieferungen zu verzeichnen. Ein Grund für den Erfolg von Best Practices besteht sicherlich auch darin, dass sich durch die zunehmende Komplexität technischer und betriebswirtschaftlicher Erfordernisse die Notwendigkeit ergibt, auf vorkonfigurierte Systeme zurückzugreifen, um so die Kosten, die Zeit und das Risiko eines Evaluierungs- bzw. Implementierungsprojektes gering zu halten.

Im folgenden Abschnitt wird auf die Komponenten von Best Practices eingegangen.

15.5.1 Komponenten von Best Practices for mySAP CRM

Zu *Best Practices for mySAP CRM* gehören folgende Elemente:

▶ **Verständliche Einführungsmethode**
Die Methode von Best Practices basiert auf der AcceleratedSAP-Methode. Sie wird ergänzt durch zusätzliche Dokumente und Verfahren, die dabei helfen, das gebündelte Fachwissen optimal zu nutzen.

▶ **Ausführliche Dokumentation**
Die wiederverwendbare Dokumentation zu mySAP CRM eignet sich für das Selbststudium, die Evaluierung sowie für die Schulung von Projektteams und Benutzern.

▶ **Vollständige Vorkonfiguration**
Die vorkonfigurierten Einstellungen ermöglichen es, in kurzer Zeit integrierte Kernprozesse produktiv einzusetzen. Es ergibt sich dadurch lediglich ein minimaler Installationsaufwand.

Die Komponenten von Best Practices for mySAP CRM ermöglichen es, aus mySAP CRM in der kürzestmöglichen Zeit einen lauffähigen Prototypen aufzubauen, der in die bestehende Systemlandschaft des Kunden integriert ist. Kundendaten aus bereits existierenden SAP-ERP-Systemen können in das neue CRM-System einfach übernommen werden. Dieser CRM-Prototyp ist vollständig dokumentiert und kann als Grundlage für weitergehende Anpassungen und damit für die sich anschließende Implementierung und Produktivsetzung verwendet werden.

Auf diese Weise können Kunden Best Practices for mySAP CRM auch verwenden, um eine bereits produktive SAP-Lösung um CRM-gestützte Geschäftsszenarien zu erweitern. Dies umfasst sowohl technische als auch betriebswirtschaftliche Aspekte. Im Lieferumfang enthalten ist beispielsweise ein weitgehend automatisierter Installationsprozess zur Anbindung von SAP Mobile Sales an den CRM Server unter Berücksichtigung aller technischen und betriebswirtschaftlichen Aspekte.

Sämtliche Konfigurationseinstellungen, die dafür sorgen, dass die CRM-Systemkomponenten miteinander kommunizieren können, werden durch Best Practices zur Verfügung gestellt. Best Practices for mySAP CRM gewährleistet, dass alle benötigten Daten zu Produkten, Geschäftspartnern und Preiskonditionen, die in einem bereits existierenden SAP R/3-System enthalten sind, problemlos in die neue Lösung übernommen und gleichzeitig den mobilen Komponenten verfügbar gemacht werden können.

15.5.2 Vorkonfigurierte Geschäftsszenarien

Best Practices for mySAP CRM bietet direkte Einführungsunterstützung durch folgende vorkonfigurierte Geschäftsszenarien:

- ▶ E-Selling
  - ▶ Bestellvorgang im B2B
  - ▶ Bestellvorgang im B2C
- ▶ Sales
  - ▶ Opportunity Management und Mobile Sales
- ▶ Field Sales
  - ▶ Kundenbesuch mit Auftragserfassung
  - ▶ Durchführung von Kampagnen
- ▶ Interaction Center
  - ▶ Information Help Desk
  - ▶ Interaction Center Service
  - ▶ Inbound Telesales
  - ▶ Outbound Telesales
- ▶ Marketing Management
  - ▶ Kampagnenmanagement
  - ▶ Lead Management
  - ▶ Kundenverhaltensanalyse
- ▶ Integrated Sales Planning (ISP)
  - ▶ ISP for Key Accounts
- ▶ Spezifische CRM-Szenarien für Servicedienstleister

Alle genannten Szenarien werden in Kapitel 8 skizziert.

15.5.3 Vorteile für den Kunden

Best Practices for mySAP CRM enthält präzise Beschreibungen wesentlicher CRM-Geschäftsprozesse sowie die entsprechende Vorkonfiguration, um diese Prozesse schnell realisieren zu können. Der Einsatzbereich von Best Practices for mySAP CRM ist vielfältig: Das Produkt kann sowohl in mittelständischen Unternehmen zum Einsatz kommen, die eine zügige Implementierung wünschen, als auch in Konzerngesellschaften, die Templates für ihre Tochterunternehmen erstellen möchten. Ganz gleich, ob ein Kunde bereits SAP-Software im Einsatz hat oder Neukunde ist, Best Practices for mySAP CRM ermöglicht es, seine E-Business-Lösung bereits innerhalb kürzester Zeit produktiv einzusetzen.

Die Vorteile von Best Practices for mySAP CRM für den Kunden lassen sich folgendermaßen zusammenfassen:

▶ **Typische Anfängerfehler im E-Business können vermieden werden**
Best Practices for mySAP CRM ist ein bewährtes Produkt und hilft dabei, die Fehler in Systemen, Geschäftsprozessen oder Konfiguration zu vermeiden, die Neueinsteigern im E-Business in der Regel unterlaufen. Bereits im Vorfeld hat SAP potenzielle Fehlerquellen identifiziert und zeigt in Best Practices for mySAP CRM, wie man sie umgehen kann.

▶ **Zeit- und Kostenersparnis**
Best Practices for mySAP CRM antizipiert größtenteils allgemeine Unternehmensanforderungen und notwendige Projektschritte. Die Dokumentation und Konfiguration ist komplett wiederverwendbar und kann problemlos an individuelle Anforderungen angepasst werden.

▶ **Wissensschatz zu E-Business-Prozessen**
Best Practices for mySAP CRM liefert neben integrierten, durchgängigen Geschäftsprozessen, die den größtmöglichen Nutzen aus mySAP CRM ziehen, alles, was man benötigt, um selbst zum Experten zu werden. Hierzu gehören Informationen zur Systemlandschaft, ein bewährter Implementierungsansatz, dokumentierte Geschäftsprozesse, Konfiguration und Dokumentation, Benutzerrollen sowie Testdaten und Praxisbeispiele.

▶ **Problemloses Erweitern von Unternehmenslösungen**
Best Practices for mySAP CRM beinhaltet ein automatisiertes Implementierungsverfahren, das auf typischen Kundensystemen basiert. Best Practices for mySAP CRM kann mit einer oder mit mehreren neuen mySAP.com-Komponenten betrieben werden. Die Anbindung des SAP Business Information Warehouses und des SAP Advanced Planner & Optimizers an mySAP CRM erfolgt ebenfalls automatisiert. Diese Kopplung ermöglicht es, die CRM-Lösung um weitere Funktionalitäten wie Cross-Selling und Up-Selling bzw. Verfügbarkeitsprüfung mit Reservierung anzureichern.

▶ **Schneller Aufbau eines lauffähigen Prototypen**

Mit Hilfe von Best Practices for mySAP CRM kann man innerhalb weniger Tage einen lauffähigen, vollständig dokumentierten Prototypen aufbauen, der als Ausgangspunkt für die weitere Einführung dienen kann.

15.6 Das mySAP CRM-Einführungsprojekt bei SAP

Durch den engen Umgang mit Kunden hat SAP seit Jahren viele Erfahrungen im Management von Kundenbeziehungen erworben, die in das SAP-Produkt mySAP CRM eingeflossen sind. Dieses Produkt kommt jetzt auch innerhalb der SAP zur Pflege der Kundenbeziehungen zum Einsatz. Die Einführung begann in den Unternehmensbereichen Marketing und Sales, gefolgt von Service und Support. Intern vorhandene Software-Lösungen, die SAP bisher für das Kundenbeziehungsmanagement genutzt hat, werden sukzessive durch mySAP CRM abgelöst.

15.6.1 Der Customer Engagement Lifecycle (CEL)

Der SAP-interne *Customer Engagement Lifecycle* beschreibt die einzelnen Phasen der Beziehung eines Kunden oder Interessenten zur SAP sowie die einzelnen Aktivitäten, die die verschiedenen Feld-Organisationseinheiten der SAP, wie Marketing, Vertrieb, Beratung, Training, Service etc., durchführen, um ihre Kunden, Partner und Interessenten optimal zu betreuen und hierdurch eine hohe Kundenbindung zu erzielen.

Der Customer Engagement Lifecycle gliedert sich in die folgenden Hauptphasen:

▶ Discovery

▶ Engage

▶ Implementation

▶ Continuous Improvement

Folgende Aktivitäten sind den einzelnen Phasen zugeordnet:

▶ Die *Discovery-Phase* beinhaltet die Akquisition von Interessenten und bestehenden Kunden. In ihr sollen die Möglichkeiten und Vorteile der SAP-Produkte aufgezeigt werden. Dazu stehen Formen des Direkt-Marketings über verschiedene Kanäle wie E-Mail, Telefon etc., aber auch die Durchführung von Kunden- und Informationsveranstaltungen zur Verfügung.

▶ In der *Engage-Phase* geht es um den Verkauf von Softwarelizenzen, Training, Consulting und Wartung. Zunächst wird mit dem Kunden ein Lösungspaket zusammengestellt, das den individuellen Anforderungen des Kunden entspricht. Nach dessen Validierung auf beiden Seiten folgt eine Verhandlungs-phase bis hin zum Vertragsabschluss.

▶ Die *Implementation-Phase* beschreibt die Aktivitäten der SAP, um den Kunden bei der Implementierung der Softwarelösung zu unterstützen.

▶ In der *Continuous-Improvement-Phase* wird der Kunde von der SAP so betreut, dass der Mehrwert, den der Kunde durch den Einsatz der SAP-Lösungen erwirtschaften möchte, gewährleistet ist oder erhöht wird. Hierzu gehören sowohl Services, die die Systemverfügbarkeit ständig überprüfen, als auch die Unterstützung bei der Anpassung der Software bei sich ändernden Rahmenbe-dingungen und Anforderungen.

Der Customer Engagement Lifecycle ist somit SAPs interne *Solution Map* für die Befriedigung von Kundenbedürfnissen. Der Customer Engagement Lifecycle steht in engem Zusammenhang mit der mySAP CRM Solution Map, die umfassende Funktionen für einen allgemeinen Lebenszyklus einer Kundenbeziehung zu einem Unternehmen beschreibt. In diesem Sinne ist der Customer Engagement Lifecycle eine SAP-spezifische, interne Ausprägung der mySAP CRM Solution Map.

15.6.2 SAP als Anwender von mySAP CRM

SAP hat die eigene mySAP CRM-Software-Lösung eingeführt, um alle Aktivitäten des Customer Engagement Lifecycles softwaretechnisch zu unterstützen. Es wur-den nicht nur existierende Softwareanwendungen mit all ihren Schnittstellen abgelöst, sondern auch Prozessverbesserungen durch die Ausrichtung aller Akti-vitäten auf den Customer Engagement Lifecycle erzielt.

Marketing Management

Mit der mySAP CRM-Einführung wurde im Bereich Marketing begonnen. Hierbei sollten hauptsächlich zwei Ziele erreicht werden:

▶ Es sollte *erstens* ermöglicht werden, globale strategische Ziele des Marketings der SAP festzulegen. Anhand der globalen strategischen Ausrichtung können die einzelnen Länder und Regionen eigene Strategien entwickeln und ihre ope-rationalen Aktivitäten daran ausrichten.

▶ *Zweitens* sollen sich alle Aktivitäten nach den Bedürfnissen des Kunden bzw. Interessenten richten und nachverfolgt werden können. Dies heißt, dass der Interessent gezielt mit Informationen versorgt wird und die Kommunikation über die Kanäle erfolgt, die der Interessent wünscht. Um dies zu gewährleis-ten, müssen alle Informationen zum Interessenten zentral für alle Aktionen und Kommunikationskanäle verfügbar sein.

Um die globalen strategischen Ziele zu erreichen, führen die einzelnen Regionen und Länder mit Hilfe der analytischen CRM-Services Marktpotenzialanalysen durch, um einzelne Kampagnen zu planen. Dies umfasst sowohl die Planung der einzelnen Aktionen innerhalb einer Kampagne als auch die Planung des Budgets. Zusätzlich werden auch Messgrößen (Key Performance Indicators, KPIs) wie z. B. die gewonnene Anzahl von Interessenten etc. definiert, die eine Benchmark für den Erfolg einer Kampagne sind.

Die einzelnen Kampagnen werden mit Marketingplänen verknüpft, die die strategische Ausrichtung der Marketingkampagnen widerspiegeln. Innerhalb eines Marketingplans werden die Budgets festgelegt, die den einzelnen Kampagnen zur Verfügung stehen. In der Marketingplanung können von einer Kampagne abweichende KPIs definiert und geplant werden, um neben dem Erfolg einer Kampagne auch den Erfolg der strategischen Ausrichtung später überprüfen zu können. Über einen Workflow werden die geplanten Kampagnen und die hierfür geplanten Budgets vom Management genehmigt.

Durch die Erfassung der entstandenen Kosten, der angelegten Interessenten-Kontakte etc. werden nach Beendigung der Kampagne die Ist-Daten mit den geplanten Werten verglichen und wird so der Erfolg einer Kampagne bewertet. Hierdurch ist zum einen eine Übersicht über alle Aktivitäten möglich, die zur Realisierung der strategischen Ziele erfolgen, zum anderen kann der Erfolg bis hin zum Beitrag der Kampagne zum Gesamtumsatz ausgewertet werden.

Für die Realisierung des zweiten Ziels, der kanalunabhängigen Kommunikation mit dem Kunden, wurde mit der Einführung der mySAP CRM-Lösung ein Wechsel von einer *kanalspezifischen* (E-Mail, Telefon etc.) zu einer *themenspezifischen* Kampagnenplanung vollzogen. Eine Kampagne besteht in der Regel aus mehreren Aktionen, die sich über verschiedene Kanäle erstrecken und sukzessive aufeinander aufbauen. Durch diese Systematik wird eine Vorqualifizierung eines möglichen Kaufinteresses eines Interessenten (Lead) ermöglicht, indem dieser in Abhängigkeit von seiner Reaktion auf eine zielgruppenspezifische Kampagnenaktion einer weiteren Aktion der Kampagne zugeordnet werden kann.

SAP nutzt die folgenden Kommunikationskanäle bei der Ausführung einzelner Marketingaktionen:

▶ Es werden Telefonaktionen durchgeführt, bei denen Interaction-Center-Agenten den Kunden bzw. Interessenten anrufen (*Outbound*). Durch ein interaktives Scripting erhält der Interaction-Center-Agent einen Gesprächsleitfaden. Hierbei werden Profile des Kunden bzw. Interessenten erstellt bzw. es werden z. B. Auslieferungswünsche des Kunden für Informationsmaterial oder Ähnliches erfasst. Hierbei stehen dem Interaction-Center-Agenten stets alle Informationen zum Gesprächspartner zur Verfügung.

▶ Außerdem gibt es Aktionen, bei denen Kunden bzw. Interessenten bei der SAP anrufen können (*Inbound*), um sich z.B. für Events zu registrieren oder um Fragen zu den Produkten der SAP zu stellen. Hierbei unterstützt die Solution Database von mySAP CRM den Interaction-Center-Agenten.

▶ Weiterhin werden personalisierte E-Mails verschickt. Diese können in Abhängigkeit vom Profil des Kunden bzw. Interessenten unterschiedliche Textelemente enthalten. Weiterhin können sie Links auf Informationsseiten der SAP im Internet enthalten. Es wird dann verfolgt, wie viele E-Mail-Empfänger auf diese Informationsseiten verzweigen. Auf Web-Formulare, mit denen es dem Kunden bzw. Interessenten ermöglicht wird, sich z.B. für Events zu registrieren oder sein Interesse an den Produkten der SAP mitzuteilen, kann ebenfalls aus E-Mails verzweigt werden. Hierbei wird das Kaufinteresse direkt bewertet und als Lead im CRM-System hinterlegt, was zu einer Qualifizierung des Kaufinteresses des Kunden oder Interessenten führt.

▶ Anstelle von E-Mails werden auch konventionelle Briefe an Kunden bzw. Interessenten verschickt. Diese sind wie E-Mails personalisierbar.

▶ Auf Messen oder Tagungen werden Personal Digital Assistants (PDAs) zur Befragung des Produktinteresses von Kunden bzw. Interessenten eingesetzt. Die Messe- bzw. Tagungsteilnehmer werden an den Ständen erfasst und als Interessenten in mySAP CRM angelegt. Mit Hilfe der PDAs befragen SAP-Mitarbeiter die Teilnehmer und übertragen deren Antworten direkt vom PDA zum CRM-System. In mySAP CRM wird dabei ein Lead angelegt, der in Abhängigkeit von den Antworten automatisch qualifiziert ist.

Die Anzahl und die abschließende Bewertung der aufgrund einer Kampagne angelegten Leads (*cold*, *warm*, *hot*) ist das Ergebnis, das vom Marketing an den Vertrieb übergeben wird.

Ein Workflow informiert den Vertriebsmitarbeiter über alle Leads mit dem Status *hot*. Möchte der Vertriebsmitarbeiter nun weitere Aktivitäten starten, kann er die Informationen des Leads in ein Verkaufsprojekt übernehmen. Das Verkaufsprojekt wird dann automatisch in Form einer Opportunity im CRM-System angelegt.

Opportunity Management

Der sich an die Marketingmaßnahmen anschließende Verkaufszyklus für Softwarelizenzen, Beratung, Training und Wartung findet schwerpunktmäßig in der Engagement-Phase des Customer Engagement Lifecycles statt.

Um den Vertriebsprozess zu steuern, setzt die SAP das mySAP CRM Opportunity Management ein. Dieses ermöglicht es der SAP, einen Überblick über alle Verkaufsprojekte zu gewinnen und hierdurch eine Prognose für den zu erwartenden Umsatz in den verschiedenen Perioden zu erhalten. Es soll aber auch den Vertriebsmitarbeitern und dem Verkaufsprojektteam helfen, die richtigen Aktivitäten zur richtigen Zeit durchzuführen und die Erfolgsmöglichkeiten bei einem Interessenten richtig zu bewerten.

Sales Assistant

Für die Planung der Aktivitäten innerhalb eines Verkaufprojektes wird der *Sales Assistant* im Opportunity Management verwendet. Die SAP hat hier ihre Verkaufsmethologie in Form eines Aktivitätenkatalogs hinterlegt, der in die verschiedenen Verkaufsphasen gegliedert ist. Dieser Aktivitätenkatalog ist sehr stark an die generische Verkaufsmethodik angelegt, die als *Best Practices* von der SAP ausgeliefert wird.

In Abhängigkeit von der jeweiligen Verkaufsphase, in der sich ein Projekt befindet, bekommt der Vertriebsmitarbeiter entsprechend der Verkaufsmethologie der SAP bestimmte Aktivitäten in seinen Arbeitsvorrat generiert, die er in dieser Phase ausführen soll. Weitere Aktivitäten kann er aus dem Katalog auswählen oder frei einplanen. Der Aktivitätenkatalog ist global gültig. Die in Abhängigkeit von der Verkaufsphase generierten Aktivitäten für einen Vertriebsmitarbeiter können jedoch für die einzelnen Länder unterschiedlich sein, um regionalen und kulturellen Unterschieden Rechnung zu tragen.

Der Sales Assistant ist damit ein Coach, der den Teilnehmern des virtuellen Verkaufsteams hilft, zur richtigen Zeit das Richtige zu tun. Eine Übersicht über die bereits durchgeführten Aktivitäten gibt zudem einen Überblick über den Status des Verkaufsprojektes.

Assessment

Die Assessment-Funktionalität des mySAP CRM Opportunity Managements hilft dem Management der SAP die Erfolgsaussichten eines möglichen Vertragsabschlusses richtig zu bewerten. Die Fragen eines länderspezifischen Fragenkatalogs müssen vom Verkaufsprojektteam beantwortet werden. Die Antworten auf die Fragen sind für jedes Verkaufsprojekt im Opportunity Management ersichtlich und dienen so als Grundlage für die Bewertung der Erfolgsaussichten.

Buying Center

Mit der Buying-Center-Funktionalität pflegt der Vertriebsmitarbeiter nicht nur ein Organisationsdiagramm der von Kundenseite beteiligten Personen am Verkaufsprojekt. Es wird über informelle Beziehungstypen wie z.B. *hat Einfluss auf* ebenfalls die Beziehung der Verkaufsprojektteilnehmer auf SAP-Seite zu den Ansprech-partnern des Kunden gepflegt. Dies wird in einem Organigramm grafisch aufbereitet und alle Beziehungen der am Projekt beteiligten Personen sind sofort im System ersichtlich. Gerade die Pflege der informellen Beziehungen ist für ein Verkaufsprojekt sehr wichtig, da sie eine wesentliche Rolle bei der Kaufentschei-dung spielen.

Des Weiteren wird im Opportunity Management die Strategie hinterlegt, mit der ein Verkaufsprojekt zu einem erfolgreichen Abschluss gebracht werden soll. Die Transparenz der Strategie pro Verkaufsprojekt sorgt für eine einheitliche Ausrich-tung aller Aktivitäten innerhalb des Projektes und soll widersprüchliche Aktionen ausschließen. Zudem werden im Opportunity Management die Daten der Wett-bewerber, der beteiligten Partner und des Projektteams selbst gepflegt. Ein zusammenfassender Bericht aus dem Opportunity Management sorgt dafür, dass die Geschäftsführung bei Kunden- oder Interessentenbesuchen optimal infor-miert ist.

Analytisches CRM

Mit Hilfe der analytischen Eigenschaften von mySAP CRM werden alle Opportu-nities umfangreich ausgewertet. Da jede Opportunity mit einer Kampagne ver-bunden werden kann, aus der sie hervorgegangen ist, fließt der Abschluss einer Opportunity in die Erfolgsauswertung der zugehörigen Kampagne ein.

Collaborative Opportunity Management

Bei der Aquisition neuer Kunden will SAP auch zukünftig eng mit seinen Partnern zusammenarbeiten. So soll mit der mySAP CRM-Einführung auch ein kollaborati-ves Opportunity Management mit den Partnern der SAP durchgeführt werden. Ein Pilotprojekt wurde hier bereits gestartet.

Über ein Formular im Internet sollen sowohl SAP-Mitarbeiter als auch Partner eine Opportunity im CRM-System anlegen können. Eine vom Workflow ver-sandte E-Mail benachrichtigt sowohl bei SAP als auch bei den Partnern die jeweils zuständigen Mitarbeiter, um die Opportunity weiter zu qualifizieren. Über die Partnerfindung im CRM-System werden ebenfalls die auf SAP-Seite und auf der Seite des Partners zuständigen Vertriebsmitarbeiter, die bei positiver Weiterquali-fizierung anschließend die Vertragsverhandlung durchführen sollen, ermittelt. In diesem Fall werden die Vertriebsmitarbeiter ebenfalls per E-Mail benachrichtigt.

Die beteiligten Vertriebsmitarbeiter entscheiden, ob sie das Verkaufsprojekt zusammen durchführen wollen und pflegen die Opportunity entsprechend. Eine Informationsseite über die jeweiligen gemeinsamen Opportunity-Projekte gibt eine Übersicht über die beteiligten Ansprechpartner auf Seiten der SAP und der Partner und hält alle beteiligten Personen auf dem Laufenden.

Implementation und Continuous Improvement

Die Phasen *Implementation* und *Continuous Improvement* sollen ebenfalls durch mySAP CRM unterstützt werden, und zwar durch die Service-Komponente und die Solution Database (siehe auch Kapitel 7.5).

15.6.3 Erreichte Ziele

Durch die globale CRM-Einführung bei SAP wurden bisher folgende Ziele erreicht:

▶ Die vorher eingesetzten Altanwendungen basierten auf Schnittstellen zu dem Back-Office-System der SAP, die jetzt entfallen sind. Der Wegfall dieser Schnittstellen verringert den Wartungsaufwand und die Hardwarekosten erheblich.

▶ Durch eine Harmonisierung globaler Prozesse, die trotzdem weiterhin regionale Besonderheiten berücksichtigen, wird ein globaler Überblick über die einzelnen Aktionen innerhalb der CRM-Prozesse ermöglicht.

▶ Durch die Migration bisher genutzter, verteilter Datenquellen in das zentrale CRM-System erhöht sich die Datenqualität signifikant.

▶ Die Integration der operativen Prozesse mit den analytischen Funktionen von mySAP CRM ermöglicht eine strategische Planung der Prozesse mit einer abschließenden Erfolgsanalyse über KPIs.

15.7 Schulung und Wissenstransfer für mySAP CRM

Die Einführung und der Betrieb von mySAP CRM wird durch eine Vielzahl von Ausbildungsangeboten der SAP zu folgenden Themenkreisen begleitet:

▶ Business Knowledge
▶ CRM Application Knowledge
▶ CRM Technology Knowledge
▶ New Release Knowledge

Folgende Ausbildungsformen werden angeboten:

▶ Classroom Trainings (Traditionelle Trainingsform im Klassenverband)
▶ Virtual Classroom Trainings (Training über das Web zur Überbrückung der Distanz zwischen Trainer und Teilnehmern)

- Netshows (Aufgezeichnete Trainingseinheiten, ergänzt um textuelle Informationen und Bildinformation; abrufbar über das Web)
- Web Based Trainings (Didaktisch aufbereitete, unter Verwendung diverser Multimedia-Möglichkeiten erstellte Trainingseinheiten; Zugriffsmöglichkeit über das Web)
- iTutors (Bildschirmaufzeichnung von Anwendungsfällen zur Erklärung der Benutzungsoberfläche. Interaktive Wissensabfragen sind möglich)

Als weitere Informationsquellen stehen zur Verfügung:

- IDES (Internet Demo and Evaluation System)
- Best Practices for mySAP CRM
- AcceleratedSAP for CRM
- CRM Knowledge Database (für Entwickler und Berater)

Detailinformationen zum Schulungs- und Trainingsangebot der SAP können über den SAP-Service-Marktplatz unter *http://service.sap.com* abgerufen werden.

16 mySAP CRM in der technischen Komponentensicht

16.1 Funktionale Schlüsselbereiche mit Komponenten und Backend-Systemen

In Kapitel 8 wurden die folgenden funktionalen Schlüsselbereiche von mySAP CRM identifiziert:

- ▶ E-Selling (ES)
- ▶ Field Sales (FS)
- ▶ Interaction Center (IC)
- ▶ Customer Service (CS)
- ▶ Field Service & Dispatch (FSD)
- ▶ Marketing Management (MK)
- ▶ Sales (SL)

Die zu ihrer Implementierung erforderlichen technischen Komponenten sind in der folgenden Übersicht für das CRM-Release 3.0 zusammengefasst. *X* steht für zwingend notwendige, *(X)* für optionale Komponenten.

Software-Komponenten für mySAP CRM	Schlüsselbereich						
	ES	FS	IC	CS	FSD	MK	SL
CRM Server	X	X	X	X	X	X	X
In-Q-My Application Server	X						
SAP Enterprise Portals (ehemals SAP Workplace)	(X)	(X)	(X)	(X)	(X)	(X)	(X)
SAP Internet Transaction Server (SAP ITS)	(X)			X	(X)	(X)	(X)
SAP Internet Pricing and Configurator (SAP IPC)	X	X	(X)	(X)	(X)	(X)	(X)
Standalone Gateway	X		(X)				
Internet Sales Web Application Components	X		(X)				
Text Retrieval & Information Extraction (TREX)	X						

Tabelle 16.1 Zuordnung von Software-Komponenten zu Schlüsselbereichen von mySAP CRM

Software-Komponenten für mySAP CRM	Schlüsselbereich						
	ES	FS	IC	CS	FSD	MK	SL
Communication Station		X			(X)	(X)	
Computer Telephony Integration (CTI)			(X)				
Broadcast Messaging Server			(X)				
Mobile Client Software		X			(X)	(X)	
INXIGHT RFC Server	(X)		(X)	(X)			
TeaLeaf	(X)						
SAPMarkets Dynamic Pricing Engine (DPE)	(X)						
SAP Business Connector	(X)						
BackWeb		(X)					
SAP Content Server	(X)		(X)				
Mobile Recovery Manager		(X)					

Tabelle 16.1 Zuordnung von Software-Komponenten zu Schlüsselbereichen von mySAP CRM (Forts.)

Zusätzlich stehen die folgenden Backend-Systeme für die einzelnen CRM-Szenarien zur Verfügung. Statt des R/3-Systems können auch ERP-Systeme anderer Hersteller genutzt werden:

Backend-Systeme für mySAP CRM	Schlüsselbereich						
	ES	FS	IC	CS	FSD	MK	SL
SAP Business Information Warehouse (SAP BW)	(X)	(X)	(X)	(X)	(X)	X	(X)
SAP Strategic Enterprise Management (SAP SEM)						(X)	(X)
SAP APO	(X)	(X)	(X)	(X)	X		(X)
SAP liveCache					(X)		(X)
SAP R/3	(X)	(X)	(X)	(X)	(X)	(X)	(X)

Tabelle 16.2 Backend-Systeme für mySAP CRM

16.2 Software-Komponenten

CRM Server

Der CRM Server ist das logisch zentrale SAP-System innerhalb einer CRM-System-landschaft. Er basiert systemtechnisch auf dem SAP Web Application Server (siehe Kapitel 17.1.3) und bietet folgende Services:

▶ CRM Middleware für die Synchronisation mobiler Clients und für die Anwen-dungsintegration (siehe Kapitel 17.2.2)
▶ Server-Anwendungen
  ▷ Sales
  ▷ Service
  ▷ Marketing
  ▷ E-Selling
  ▷ Interaction Center

In-Q-My Application Server

SAPs In-Q-My Application Server ist ein zu Suns J2EE (Java 2 Platform, Enterprise Edition) kompatibler Anwendungsserver. Unterstützt werden unter anderem Servlets, Java Server Pages (JSP) und Enterprise Java Beans (EJB). Im Internet-Sales-Szenario von mySAP CRM werden speziell die Servlet- und JSP-Dienste des In-Q-My Servers genutzt.

SAP Enterprise Portals (Workplace)

Das Unternehmens-Portal SAP Enterprise Portals bietet allen Benutzern einen zentralen Zugriff auf alle benötigten Anwendungen, Dienste und Informationen (siehe Kapitel 17.1.1).

SAP Internet Transaction Server

Der Internet Transaction Server dient als Gateway zwischen traditionellen SAP GUI-Anwendungen und der Web-Browser-Technologie. Alternativ unterstützt der SAP Web Application Server auch die direkte HTTP-Kommunikation.

SAP Internet Pricing and Configurator

SAP Internet Pricing and Configurator ist ein Werkzeug zur interaktiven Produkt-konfiguration und zur automatischen Preisfindung im Internet, im Interaction Center oder auf den mobilen Laptops der Außendienstmitarbeiter. Produktvarian-ten werden unter Berücksichtigung von Abhängigkeiten und Restriktionen gemäß Kundenwunsch konfiguriert und mit Preisen bewertet. Unterstützt wird sowohl der Handel mit Endverbrauchern (B2C) als auch zwischen Unternehmen (B2B) und mit Wiederverkäufern (Business-to-Reseller).

SAP Internet Pricing and Configurator wird mit standardisierten Oberflächen für mobile und Internet-Benutzer ausgeliefert, die leicht an die individuellen Anforderungen der Unternehmen angepasst werden können. Internet-Benutzer haben die Wahl zwischen der SAP ITS-(Internet-Transaction-Server-)basierten Oberfläche und dem neuen, mit JSP (Java Server Pages) entwickelten User Interface.

Durch seine offene Architektur kann der SAP Internet Pricing and Configurator mit jedem Produktkatalog und jedem Warenkorbsystem verbunden werden.

SAP Internet Pricing and Configurator besteht aus der Sales Configuration Engine und der Sales Pricing Engine, die beide vollständig in Java implementiert und damit auf verschiedenen Plattformen lauffähig sind.

SAP Internet Pricing and Configurator ist Bestandteil der mySAP CRM-Geschäftsszenarien E-Selling, Field Sales und Interaction Center.

Standalone Gateway

Mit Hilfe des Standalone Gateways können Nicht-SAP-Systeme RFC-(Remote-Function-Call-)Aufrufe von SAP-Systemen entgegennehmen.

Internet Sales Web Application Components

Java-Anwendungen, die für das Internet-Sales-Szenario auf dem In-Q-My Application Server oder einem anderen J2EE-Server zum Ablauf kommen.

Text Retrieval & Information Extraction (TREX)

TREX ist ein Werkzeug für die

▶ Suche von Dokumenten

▶ Strukturierung großer Mengen elektronischer Dokumente durch Klassifikationsverfahren

▶ Extraktion von relevanten Informationen aus einem Dokument (Text Mining)

Im Rahmen von mySAP CRM sind besonders die folgenden TREX-Komponenten von Interesse:

▶ Index Management Service (IMS)
Werkzeug für die Indexierung beliebiger Dokumente in einer SAP- oder CRM-Umgebung. Search Engines, die die SAP-IMS-Server-API-Spezifikation erfüllen (z. B. TREX Search Engine), können die IMS-Indexierung für die Dokumentensuche nutzen.

► TREX Search Engine
Suchmaschine, die alle Standardfunktionen für das Text-Retrieval bietet. Unterstützt die SAP-IMS-Server-API-Spezifikation.

Communication Station

Die Communication Station ist ein auf dem SAP COM+ Connector basierender
Kommunikations-Server, der DCOM-Aufrufe der mobilen Geräte in RFC-Aufrufe
zum CRM Server umsetzt.

Computer Telephony Integration

Das Ziel von CTI (Computer Telephony Integration) ist es, das Telephon zum inte-
gralen Bestandteil rechnergestützter Geschäftsabläufe zu machen. Die notwendigen Grundlagen werden durch die SAP-Komponente SAPphone mit folgenden
Funktionen geschaffen:

► Steuerfunktionen (z. B. Initiierung oder Weiterleitung von Anrufen)

► Verarbeitung eingehender Anrufe

► Call-Center-Funktionen (z. B. Agent Log-On)

► Kampagnen-Unterstützung (Predictive Dialing)

► IVR-(Interactive-Voice-Response-)Unterstützung

Um externe E-Mail oder Faxnachrichten zu empfangen oder zu versenden, nutzt
das mySAP CRM-System die Standard-SAP-Schnittstelle für E-Mail und Fax,
genannt SAPconnect. Mit ihr ist es mySAP CRM möglich, über verschiedene APIs,
beispielsweise dem Business Communication Interface, Nachrichten zu empfangen und zu versenden.

Broadcast Messaging Server

Mit Hilfe des Broadcast Messaging Servers können Nachrichten an alle Agents
eines Interaction Centers gesendet werden. Der Broadcast Messaging Server ist
eine Java-Anwendung, die entweder als Stand-Alone-Lösung oder als Servlet
betrieben werden kann. Der Client ist ein Java Applet.

Mobile Client Software

► Die Mobile Client Software umfasst folgende Funktionen:

► Mobile Sales

► Mobile Service

► Handheld Sales

► Handheld Service

► SAP Internet Pricing and Configurator für mobile Laptops

INXIGHT RFC Server

Der INXIGHT RFC Server wird benötigt, um die Lösungsdatenbank (Solution Database, SDB) und den Interactive Intelligent Agent (IIA) in Japanisch, Chinesisch oder Koreanisch zu verwenden.

TeaLeaf

TeaLeaf ist ein Werkzeug zur Analyse der Online-Erfahrungen von Benutzern im Internet. TeaLeaf erlaubt eine umfassende Aufzeichnung und Speicherung aller Interaktionsschritte der Benutzer. Die Auswertung der gewonnen Daten (Erkennen von Trends, Abhängigkeiten, Verhaltenmustern etc.) erfolgt über eine enge Integration mit SAP BW.

SAPMarkets Dynamic Pricing Engine

Die Java-Anwendung SAPMarkets Dynamic Pricing Engine unterstützt unterschiedliche dynamische Preisfindungsverfahren wie z.B. Auktionen und Request for Proposal.

SAP Business Connector

SAP Business Connector (SAP BC) ist ein auf Java basierendes Middleware-Produkt für die Integration von SAP-Lösungen mit Fremdanwendungen auf der Grundlage offener XML-Schnittstellen. Auf der Basis von XML/HTML können z.B. Angebote, Bestellungen, Kaufverträge, Liefer-Avis, Rechnungen oder Katalogdaten ausgetauscht werden.

Der SAP Business Connector besteht aus zwei Komponenten:

▶ BC Server
Bildet XML-Datenstrukturen und proprietäre Datenformate auf beliebige andere XML-Datenstrukturen ab und umgekehrt

▶ BC Developer
Entwicklungswerkzeug für die Definition von Abbildungsregeln (Mappings)

BackWeb

BackWeb ist eine Third-Party-Komponente für die Sammlung und zielgerichtete, unternehmensweite Verteilung großer Datenmengen auf Desktop- und mobilen Geräten. Beliebige Formate werden unterstützt – Audio, Video, Programmdateien, HTML-Dokumente etc.

BackWeb wird für das optionale Infocenter im Field-Sales-Szenario genutzt.

SAP Content Server

Der SAP Content Server unterstützt die Verwaltung großer Dokumentenmengen, z.B. aus dem Produktkatalog der Internet-Sales-Szenarien. Kleinere Dokumentenmengen können auch auf dem CRM Server selbst verwaltet werden.

Mobile Recovery Manager

Der Mobile Recovery Manager ist ein Werkzeug für die zentrale Support-Mannschaft im Unternehmen, mit dessen Hilfe der Austausch defekter oder gestörter mobiler Geräte abgewickelt werden kann.

16.3   Backend-Systeme

Backend-Komponenten, die nicht nur von mySAP CRM, sondern auch von anderen Lösungen genutzt werden, werden im Folgenden kurz skizziert.

SAP Business Information Warehouse

Mit dem SAP Business Information Warehouse (SAP BW) ermöglicht SAP den Entscheidern im Unternehmen einen schnellen und effizienten Zugriff auf alle relevanten Informationen. SAP BW bietet:

▶ Koordinierter Informationsfluss von internen und externen Informationsquellen zu den individuellen Informationsnutzern

▶ Datenspeicherung und -verarbeitung

▶ Umfangreiche Auswertungsmöglichkeiten und endbenutzergerechte Datenaufbereitung

SAP BW setzt sich aus folgenden Elementen zusammen:

▶ Business Content
Vorkonfigurierte Reports und Analysen sowie Informationsmodelle (Info-Cubes) und Werkzeuge zur Datenextraktion und -aufbereitung

▶ Business Explorer
Benutzerschnittstelle für die Ausführung von Datenanalysen und Reports, die in der Business Explorer Library abgelegt sind

▶ Business Explorer Analyzer
Für den Fall, dass eine Datenauswertung benötigt wird, die durch keinen Standard-Report in der Business Explorer Library abgedeckt wird, kann mit Hilfe des Business Explorer Analyzers schnell ein Ad-hoc-Report definiert werden.

▶ Administrator Workbench
Mit Hilfe der Administrator Workbench kann SAP BW leicht implementiert, administriert und an neue Anforderungen angepasst werden.

SAP BW ist eine Komponente von mySAP BI und Grundlage für die analytischen mySAP CRM-Funktionen.

SAP Strategic Enterprise Management

SAP Strategic Enterprise Management (SAP SEM) ist die mySAP BI-Komponente für die Unterstützung strategischer Entscheidungen der Unternehmensführung. Zu den Schlüsselfunktionen von SAP SEM gehören:

▶ Leistungsmessung

▶ Strategie-Management

▶ Planung, Simulation, Budgetierung und rollierende Vorhersagen

▶ Konsolidierung

▶ Shareholder Relationship Management

SAP SEM wird als SEM Add-On ergänzend zu SAP BW installiert.

SAP Advanced Planner and Optimizer

Der SAP Advanced Planner and Optimizer (SAP APO) ist eine umfassende Lösung für die Planung und Optimierung aller Prozesse entlang der Liefer- und Bereitstellungskette. SAP APO ist Bestandteil von mySAP SCM (Supply Chain Management). Zu SAP APO gehören folgende Funktionsbereiche:

▶ Bedarfsplanung (Demand Chain Planning)

▶ Lieferplanung (Supply Chain Planning)

▶ Produktionsplanung (Production Planning and Scheduling)

▶ Auftragsterminierung (Order Promising and Global Available-to-Promise, ATP)

▶ Transportplanung (Transportation Planning and Vehicle Scheduling)

▶ Kollaboration entlang der Lieferkette (Supply Chain Collaboration)

▶ Monitoring und Steuerung der Lieferkette (Supply Chain Control)

Zur Lösung der verschiedenen Planungs- und Reihenfolgeprobleme sind in SAP APO leistungsfähige Optimierungsalgorithmen wie *Mixed Integer Linear Programming* und *Constraint Programming Genetic Algorithm* implementiert (vergl. [Stadtler 2000]). Bei der Ausführung dieser Verfahren gilt es zu berücksichtigen, dass die Erfassung aller für die Optimierung relevanten Faktoren auch schon bei kleineren Lieferketten zu sehr großen Informationsmengen im Gigabyte-Bereich führen kann. Da diese Informationen für den Optimierungsprozess vollständig im Hauptspeicher vorliegen müssen, hat SAP mit dem liveCache eine für Planungs- und Optimierungsaufgaben speziell ausgelegte Hauptspeicherdatenbank entwickelt.

mySAP CRM nutzt SAP APO für die Verfügbarkeitsprüfung (Available-to-Promise, ATP).

SAP liveCache

SAP liveCache ist Bestandteil von SAP APO (Advanced Planner and Optimizer), der SAP-Lösung für Echtzeit-Planung und Entscheidungsunterstützung entlang der Wertschöpfungskette. SAP LiveCache ist ein intelligenter Datenbankpuffer (Cache) für Business-Objekte, mit dessen Hilfe die Performance von APO-Diensten wie Verfügbarkeitsprüfung (Available-to-Promise, ATP) und Produktions- und Ressourcenplanung signifikant erhöht wird.

SAP R/3

mySAP CRM kann sowohl mit dem SAP-eigenen OLTP-(Online-Transaction-Processing-)System SAP R/3 als auch zusammen mit fremden Backend-Systemen betrieben werden. Die Nutzung mehrerer paralleler Backend-Systeme ist ebenfalls möglich. Voraussetzung hierfür ist, dass die Vereinheitlichung heterogener Daten- und Schlüsselstrukturen sichergestellt ist (siehe auch Kapitel 17.3.3 und 17.3.4).

17 Technologie und Systemarchitektur von mySAP CRM

17.1 mySAP Technology – Plattform für offene, integrierte E-Business-Lösungen

SAP verfügt über langjährige Erfahrungen nicht nur als führender Anbieter von Geschäftsanwendungen, sondern auch als Entwickler innovativer Plattformtechnologien. Die von SAP Anfang der 1990er-Jahre mit dem System R/3 eingeführte mehrstufige Client/Server-Systemarchitektur ist bis heute ein Meilenstein in der Historie betriebswirtschaftlicher Anwendungssysteme geblieben [Buck-Emden 1996]. Weitere entscheidende Schritte der SAP-Technologieentwicklung waren 1998 EnjoySAP mit der Optimierung von Benutzungsoberflächen sowie 1999 das Internet Business Framework für komponentenübergreifende Geschäftsprozesse auf Basis offener Internet-Standards.

Aufbauend auf diesen langjährigen Praxis- und Entwicklungserfahrungen hat SAP mit mySAP Technology eine Plattform für offene, integrierte E-Business-Lösungen geschaffen. Folgende Entwurfsprinzipien gelten für mySAP Technology:

▶ Bereitstellung einer leistungsfähigen Entwicklungs- und Laufzeitumgebung für benutzerorientiertes Anwendungs- und Oberflächendesign und unternehmensübergreifende Kollaboration

▶ Verknüpfung (*Syndication*) verschiedenster Anwendungen und Informationen zu umfassenden E-Business-Lösungen, die räumlich durch den Zugriff über das Internet nicht mehr eingeschränkt sind

▶ Nutzung offener Schnittstellen und Standards

▶ Einfache Integration und Kollaboration durch offenen Zugriff auf gemeinsames Wissen

▶ Zuverlässigkeit und Skalierbarkeit als Grundlage für hoch verfügbare und hoch performante Anwendungsdienste

▶ Möglichst niedrige Gesamtkosten (Total Costs of Ownership, TCO) durch einfache Plug&Play-Komponenten

Aufbauend auf diesen Entwurfsprinzipien stehen folgende Kernelemente der mySAP Technology zur Verfügung:

▶ Portal-Infrastruktur als Weiterentwicklung der Workplace-Lösung der SAP

▶ Exchange-Infrastruktur

▶ SAP Web Application Server

▶ Infrastruktur-Dienste

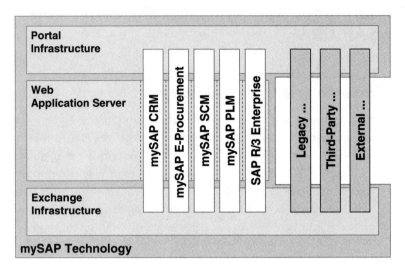

Abbildung 17.1 Zusammenspiel von mySAP Technology und betriebswirtschaftlichen Anwendungen

17.1.1 Portal-Infrastruktur

Die Portal-Infrastruktur der SAP bietet Benutzern ein einheitliches Fenster in die Anwendungs- und Datenwelt des E-Business. Mit Hilfe der Portal-Infrastruktur können Benutzer über einen einzigen Einstiegspunkt reibungslos zwischen unterschiedlichsten Anwendungen und Daten navigieren.

Die mit mySAP Enterprise Portals angebotene Portal-Infrastruktur der SAP umfasst folgende Elemente:

▶ **Portal Framework**
Services für die performante Zusammenstellung (*Aggregation*) und Darstellung (*Rendering*) von Informationen aus unterschiedlichen Quellen für die Benutzerverwaltung und für die Kollaboration zwischen Benutzern.

▶ **Presentation Component Framework**
Bereitstellung von Mechanismen zur benutzergerechten, hierarchischen Organisation von Informationen. Hierzu gehören für die Nutzung in Portalen optimierte Content-Elemente, die als *iViews* bezeichnet werden, und *Worksets*, die sich aus mehreren iViews zusammensetzen.

▶ **Unification**
Mechanismus, der es erlaubt, zwischen verschiedenen Anwendungen zu navigieren, ohne den Kontext, also das aktuelle lokale Datenumfeld zu verlieren. Im Unterschied zur Prozessintegration dient Unification nicht der Verknüpfung von Systemen auf Transaktionsebene. Vielmehr handelt es sich hier um ein Ver-

fahren, mit dessen Hilfe Benutzer Daten aus einem System mit Daten in einem anderen System in Beziehung setzen können. *Drag&Relate* ist hierfür ein gutes Beispiel.

17.1.2 Exchange-Infrastruktur

Die Fähigkeit zur Integration von unterschiedlichen Anwendungen ist eines der Erfolgsrezepte der SAP. Die SAP-Produkte R/2 und R/3 zeichneten sich dadurch aus, dass sie eigenständige betriebswirtschaftliche Anwendungen lokal über eine gemeinsame Datenbank integrieren konnten. Dem Wunsch, entsprechende Integrationsmöglichkeiten auch für Systeme anzubieten, die im Unternehmen oder Konzern verteilt waren, kam SAP 1995 mit dem ALE-(Application-Link-Enabling-)Verfahren nach. ALE ermöglichte die technische und betriebswirtschaftliche Integration von verteilten R/3- und Third-Party-Systemen über explizite Nachrichtenschnittstellen (Integration via Local Interfaces).

Die Erfahrungen, die SAP mit ALE gemacht hat, sind heute eine der Grundlagen für die neue, auf offenen Internet-Technologien und XML-Nachrichtenaustausch basierende Exchange-Infrastruktur der SAP. Aufgabe dieser Exchange-Infrastruktur ist es möglich, in einem verteilen IT-Umfeld eine standardbasierte und damit offene, prozessorientierte Integration von heterogenen Anwendungskomponenten zu unterstützen (*Enterprise Application Integration, EAI*).

Zur Exchange-Infrastruktur der SAP gehören die folgenden Elemente:

▶ **Integration Server**
Der Integration Server ist für die operative Unterstützung der Zusammenarbeit zwischen Anwendungskomponenten zuständig. Kernbestandteil des Integration Servers ist die *Intergation Engine* mit den Aufgaben

  ▷ Queuing: Zwischenpuffern von Nachrichten

  ▷ Mapping: Abbildung in unterschiedlichen Nachrichtenformaten und -repräsentationen

  ▷ Routing: Empfänger-Ermittlung für Nachrichten

Ergänzend zur Integration Engine kann der Integration Server weitere Services wie zum Beispiel Analyseanwendungen oder zentrale Stammdatenverwaltung anbieten.

▶ **Integration Repository**
Das Integration Repository speichert das gesamte zum Zeitpunkt des Systementwurfs vorhandene Wissen zur möglichen Zusammenarbeit zwischen Anwendungskomponenten.

▶ **Integration Directory**

Das Integration Directory nimmt das zum Zeitpunkt der Systemkonfigurierung vorhandene Wissen zur gewünschten Zusammenarbeit zwischen den Anwendungskomponenten auf. Im Unterschied zum Integration Repository sind die Informationen im Integration Directory spezifisch auf die jeweilige Installation ausgelegt.

▶ **Integration Monitor**

Der Integration Monitor erlaubt die Überwachung der kollaborativen Abläufe zur Laufzeit.

17.1.3 SAP Web Application Server

Der SAP Web Application Server ist die technische Plattform für mySAP CRM und auch für die anderen mySAP.com-Lösungen. Der SAP Web Application Server stellt die natürliche Weiterentwicklung der früheren SAP-Basis dar und bietet damit alle von dort bekannten Stärken wie hohe Performance, weit reichende Skalierbarkeit und robusten Betrieb. Ergänzend zeichnet sich der SAP Web Application Server durch die direkte Einbindung in das Internet und die parallele Unterstützung der Programmiersprachen ABAP und Java aus.

Die wesentlichen Bestandteile des SAP Web Application Servers sind in der folgenden Übersicht zusammengestellt:

▶ Werkzeuge zur Entwicklung und zum Betrieb von ABAP- und Java-basierten Anwendungen

▶ Entwicklungsumgebung für Web-Anwendungen, basierend auf einer umfangreichen Bibliothek von vordefinierten User-Interface-Elementen (*Tag Library*) sowie auf serverseitigem Scripting mit Business Server Pages (BSP) und Java Server Pages (JSP). HTML-Quellcode kann mit externen Entwicklungswerkzeugen über das WebDAV-(Web-Distributed-Authoring-and-Versioning-)Protokoll ausgetauscht werden. Außerdem steht ein MIME-(Multipurpose-Internet-Mail-Extension-)Repository für die Einbindung von Multimedia-Inhalten zur Verfügung.

▶ Web-Programmiermodelle, die ausschließlich auf serverseitigem Scripting und vordefinierten User-Interface-Elementen basieren, haben ihre Schwächen, wenn es z.B. um Fehlerbehandlung, Eingabeverifizierung und flackerfreien Bildaufbau geht. Um Bedienungskomfort und Performance zu verbessern, ist die neue Web-Dynpro-Technologie Bestandteil des SAP Web Application Servers.

▶ Die Unterstützung von XML-Dokumenten ist ebenfalls ein zentraler Baustein des SAP Web Application Servers. In kollaborativen Umgebungen findet man nicht selten eine Vielzahl von unterschiedlichen XML-Formaten. Für die Umsetzung zwischen verschiedenen XML-Formaten verfügt der SAP Web Application Server über einen eigenen XSLT-Prozessor, der außerdem XML-Dokumente auch in ABAP-Datenstrukturen umwandeln kann.

▶ Als Grundlage für die Vielsprachigkeit der Anwendungen verwendet SAP seit langem unterschiedlichste Single-Byte- und Double-Byte-Codepages. Da allerdings immer nur eine Codepage aktiv sein kann, unterstützt der SAP Web Application Server auch die Unicode-Codepage, mit deren Hilfe Anwendungen in jeder Sprache ablauffähig sind.

▶ *SAP Webflow*, die webfähige Workflow-Lösung der SAP, automatisiert Geschäftsprozesse auf eine flexible und transparente Weise. Über grafische Webflow-Beschreibungen verbindet SAP Webflow Aufgaben des Benutzers – und zwar abteilungs-, dienst- und systemübergreifend.

▶ Als Schnittstelle zur Portal-Infrastruktur, zu Browsern und mobilen Geräten sowie zur Einbindung von Nachrichtendiensten steht der *Internet Communication Manager* (*ICM*) zur Verfügung. Standards wir HTTPS (Secure HTTP), SOAP (Simple Object Access Protocol) und WSDL (Web Service Description Language) werden von ICM unterstützt.

▶ Globale Systemmanagement-Umgebung für die Überwachung und Verwaltung aller IT-Komponenten von einem Ort aus sowie umfassende Services für Software-Logistik, Upgrade-Unterstützung und Change Management.

Eine wesentliche Eigenschaft des SAP Web Application Servers ist seine HTTP-Fähigkeit, also die Fähigkeit zur direkten Unterstützung von Browser-Oberflächen. Nachfolgend werden die zugehörigen Elemente des Web Application Servers kurz vorgestellt.

HTTP-Fähigkeit des SAP Web Application Servers

Es ist möglich, ohne zusätzliche Software von einem Web-Browser direkt auf den SAP Web Application Server zuzugreifen. Grundlage dafür ist der *Internet Communication Manager* (*ICM*), der HTTP-Anfragen entgegennehmen und an die für die weitere Verarbeitung zuständigen Schnittstellen weiterleiten kann. Ein spezieller Internet Transaction Server (ITS) ist in diesem Fall nicht mehr erforderlich. Für bestehende Anwendungen mit SAP GUI-Oberfläche (für Windows oder Java) stellt ITS dagegen eine spezielle Kommunikationsschicht zum Web-Browser zur Verfügung.

Java Server Pages

Java Server Pages (JSP) sind eine Erweiterung der Java-Servlet-Technologie. Als Bindeglied zwischen Präsentation und Geschäftslogik erlauben sie die Bereitstellung von dynamischen Web-Seiten für den Browser-Benutzer. JSP ist eine Skript-Sprache, die in HTML eingebettet werden kann. Die Skript-Teile werden zur Laufzeit von der JSP-Laufzeitumgebung interpretiert und ausgeführt.

Die mySAP CRM-Anwendungen E-Selling und SAP IPC haben schon sehr früh auf die Java-Technologie gesetzt.

Business Server Pages (BSPs)

Business Server Pages ist eine ABAP-(Advanced-Business-Application-Programming-)basierte Skript-Sprache, die es dem Software-Entwickler ermöglicht, in einfacher Weise auf HTML-Templates basierende, grafische Benutzeroberflächen zu erstellen. Business Server Pages stellen ein im Vergleich zu einfachem HTML sehr viel mächtigeres Programmiermodell dar. Beispielsweise ist es durch das Einbinden eines einzigen BSP-Tags in den HTML-Code möglich, dass zur Laufzeit im Browser ein Datumseingabefeld erzeugt wird, welches Benutzereingaben validieren kann.

In BSP stehen neben so einfachen Elementen wie dem Datumseingabefeld auch komplexere Darstellungselemente wie Bäume oder sortierbare Tabellen zur Verfügung.

Custom Tags

Applikationen, die auf den Business Server Pages basieren, können mit den oben genannten Möglichkeiten sehr schnell entwickelt werden. Werden diese Applikationen komplexer, ist es jedoch oft der Fall, dass die Benutzerschnittstellen in HTML und JavaScript an ihre Grenzen stoßen. Wenn das äußere Erscheinungsbild einer Anwendung z. B. an die Unternehmensrichtlinien (Corporate Identity) angepasst werden soll, muss ein Entwickler häufig große Mengen von HTML-Programmcode durcharbeiten. Eine Möglichkeit, dem entgegenzutreten, sind *Cascading Style Sheets* (*CSS*). Mit ihnen können auf komfortable Weise Farben, Schriftarten und Größen in HTML-Dokumenten geändert werden.

Eine Alternative ist die Entwicklung eigener, HTML-ähnlicher Tags, so genannter Custom Tags. Diese können von Web-Designern einfach in HTML-Seiten eingebracht werden. Vorteile der Custom Tags sind:

▶ Kundenspezifisches Look and Feel
▶ Wiederverwendbarkeit der Custom Tags in anderen Anwendungen
▶ Unabhängigkeit von einem bestimmten Web-Browser
▶ Direkte Verknüpfung mit Daten aus den unterschiedlichsten Quellen

Der Java Connector

Der Java Connector ist ein Entwicklungswerkzeug für die Einbindung von Java-Anwendungen in mySAP.com-Lösungen. Er bietet eine einfach zu nutzende Programmierschnittstelle (API), die die Kommunikation in beide Richtungen erlaubt.

17.1.4   Infrastruktur-Dienste

Komponentenorientierte Systemlandschaften mit einer Vielzahl verteilter, kollaborativer Services bedingen hohe Anforderungen an das Infrastruktur-Management. mySAP Technology stellt hierfür umfassende Dienste zur Verfügung. Schwerpunkte sind die Bereiche

▶ Sicherheit

▶ Globalisierung/Internationalisierung

▶ Infrastrukturmangement

Sicherheitsdienste

mySAP Technology bietet eine integrierte Sicherheits-Infrastruktur für die gesamte mySAP.com-Landschaft. Diese schafft auf Basis verbreiteter Internet-Sicherheitsstandards wie

▶ HTTPS (Secure HTTP)

▶ Secure Sockets Layer (SSL)

▶ Lightweight Directory Access Protocol (LDAP)

eine zuverlässige Umgebung für

▶ Zentrale Benutzerverwaltung

▶ Sichere Benutzer-Authentifizierung

▶ Single Sign-On

▶ Sichere Kommunikation zwischen allen Client- und Server-Komponenten

▶ Sichere Geschäftstransaktionen

Benutzerverwaltung

Die Benutzerverwaltung von mySAP Technology basiert auf einer zentralen Ablage von Benutzerprofilen (*User Accounts*) und Benutzerberechtigungen (*Authorization*) unter Verwendung von Rollen (Menge inhaltlich zusammengehörender Aktivitäten) und Verantwortlichkeiten (Befugnisse, bestimmte Daten zu lesen oder zu verändern). Für die Kommunikation mit der zentralen Benutzerverwaltung in verteilten Umgebungen wird das LDAP-Protokoll unterstützt.

Authentifizierung und Single Sign-On

Die sichere Feststellung der Identität von Benutzern, die Benutzerauthentifizierung, sowie Single Sign-On zur Vermeidung wiederholter Anmeldungen bei Nutzung mehrerer Anwendungssysteme werden durch Zertifikate, Tickets und Anschlussmöglichkeiten für Third-Party-Produkte unterstützt.

▶ **Single Sign-On**
Beim Single-Sign-On-Verfahren melden sich Benutzer lediglich einmal an einer zentralen Stelle an. Alle Anwendungen und Systeme, die nachfolgend aufgerufen werden, können die Berechtigungen des Benutzers von dieser zentralen Stelle abfragen.

▶ **Zertifikate**
Digitale Zertifikate enthalten Identitäts- und Public-Key-Informationen für Verschlüsselungen und digitale Signaturen. Sie werden von einer zentralen Zertifizierungsstelle (Certification Authority) ausgegeben, bei der sich der Benutzer vorher registrieren muss. Von SAP wird der Einsatz von X.509-kompatiblen Zertifikaten unterstützt und für kritische Anwendungen empfohlen. Für SAP-Kunden stellt der *SAP Trust Center Service* kostenlos digitale Zertifikate aus.

▶ **Tickets**
Tickets sind mit digitaler Signatur gesicherte Cookies, die die Anmeldeinformationen an die jeweils aufgerufene Anwendung weiterleiten. Tickets nutzen keine Public-Key-Infrastruktur und sollten ggf. um zusätzliche Sicherheitsmechanismen ergänzt werden.

Sichere Kommunikation zwischen Systemen

Für HTTPS-Verbindungen (gesichertes HTTP) zwischen einzelnen Systemkomponenten unterstützt mySAP Technology den SSL-(Secure-Socket-Layer-)Standard. Die Kommunikation zwischen existierenden mySAP.com-Komponenten wird über das GSS API (Generic Security Services) mit Protokollen wie Kerberos, Simple Public-Key Infrastructure (SPKI) und Windows NT LAN Manager (NTLM) abgesichert.

Externe Zugriffe auf interne Systeme können über Firewalls durch Blockierung einzelner Kommunikationskanäle (Ports) gesteuert werden. Außerdem besteht die Möglichkeit, den ein- und ausgehenden Datenverkehr in der Firewall z.B. nach Viren oder sensitiven Informationen zu überprüfen. Zusätzlich sollten – auch in der internen Kommunikation – hoch sensible Systeme durch so genannte demilitarisierte Zonen, realisiert durch mehrere Firewalls, geschützt werden.

Sichere Geschäftstransaktionen

Um die Sicherheit von Geschäftstransaktionen im E-Business zu gewährleisten, unterstützt mySAP Technology digitale Signaturen. Diese werden an auszutauschende Geschäftsdokumente angeheftet und garantieren deren Authentizität, Integrität und Verbindlichkeit (Nicht-Leugbarkeit, Non-Repudiation). Außerdem können Inhalte von Geschäftsdokumenten durch kryptografische Verfahren verschlüsselt werden.

Auditing Framework

IT-Sicherheit setzt zwei Dinge voraus:

▶ Definition und Implementierung einer umfassenden Sicherheitsstrategie

▶ Nachweis, dass alle Prozesse entsprechend dieser Sicherheitsstrategie ablaufen

Speziell in kollaborativen Geschäftsszenarien reicht es nicht aus, nur die Sicherheitsarchitektur im eigenen Unternehmen laufend zu überprüfen. Zusätzlich müssen auch alle Geschäftspartner in die Prüfprozeduren mit einbezogen werden. Um diese Aufgabe zu erfüllen, hat SAP gemeinsam mit Partnern das Auditing Framework entwickelt.

Globalisierungsdienste

Jede globale E-Business-Lösung muss sowohl auf lokale als auch auf internationale Geschäftsabläufe ausgerichtet sein. Dazu gehört die Unterstützung von Firmensprachen und Hauswährungen genauso wie die Unterstützung von lokalen Sprachen, lokalen Zeitzonen, lokalen Währungen sowie von lokalen Geschäftsabläufen und -regeln.

Alle genannten Globalisierungsanforderungen werden von mySAP Technology erfüllt. Es können auch mehrere Sprachen parallel in einer Anwendung genutzt werden. Unterschiedliche Zeichensätze sowie Unicode werden unterstützt.

Management der IT-Landschaft

mySAP Technology verfügt über alle erforderlichen Werkzeuge und Technologien für ein umfassendes Management der IT-Landschaft – von der Planung, Installation und dem Produktivstart bis zum täglichen Betrieb und kontinuierlichem Change Management. Verteilte, heterogene Systemlandschaften können mit Hilfe von mySAP Technology von einer Stelle aus zentral überwacht und gesteuert werden. Zusätzlich lassen sich System-Management-Werkzeuge anderer Hersteller über offene Schnittstellen einbinden.

17.2 Architektur von mySAP CRM

17.2.1 Übersicht

mySAP CRM ist eine Software-Lösung, die durchgängig auf den systemnahen Diensten von mySAP Technology aufbaut. Im einzelnen bedeutet dies:

▶ Die CRM-Server-Anwendungen inklusive der CRM Middleware sind auf Basis des SAP Web Application Servers realisiert.

▶ Benutzer greifen auf mySAP CRM über die Dienste von mySAP Enterprise Portals zu.

▶ Für die prozessorientierte Integration mit weiteren Anwendungen stehen die Dienste von mySAP Exchanges und der CRM Middleware zur Verfügung.

▶ Alle Infrastrukturdienste von mySAP Technology stehen für mySAP CRM uneingeschränkt zur Verfügung, inklusive Sicherheitsdiensten, Globalisierungsdiensten und Management der IT-Landschaft.

Wie mySAP CRM in mySAP Technology eingebettet ist, zeigt Abbildung 17.2.

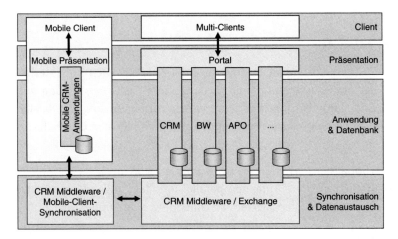

Abbildung 17.2 Systemarchitektur von mySAP CRM

17.2.2 CRM Middleware

Mit der CRM Middleware wird der Nachrichtenaustausch zwischen dem CRM Server und beliebigen SAP- und Nicht-SAP-Systemen abgewickelt. Einer der Schwerpunkte ist die Synchronisation mobiler Clients untereinander sowie mit der zentralen CRM-Datenbank.

Die CRM Middleware ist integraler Bestandteil der mySAP CRM-Lösung. Der Server-Teil der CRM Middleware wird gemeinsam mit der CRM-Server-Komponente auf dem SAP Web Application Server installiert. Es ist also keine separate Installation und kein separater Server für die CRM Middleware erforderlich.

Die CRM Middleware setzt sich aus folgenden Kernelementen zusammen:

▶ Zentrale Middleware-Dienste für die Steuerung des Nachrichtenflusses und die Synchronisation mobiler Clients (Replikation)

▶ CRM-Plug-In, das in einem ggf. vorhandenen SAP R/3-Backend-System für die Kommunikation mit dem CRM Server installiert werden muss

▶ Communication Station für die Konvertierung von DCOM-Aufrufen der mobilen Clients in RFC-Aufrufe zum CRM Server

▶ Connection Handler, der in jedem mobilen Client für die Kommunikation mit dem CRM Server installiert werden muss (Bestandteil der Mobile-Application-Installation).

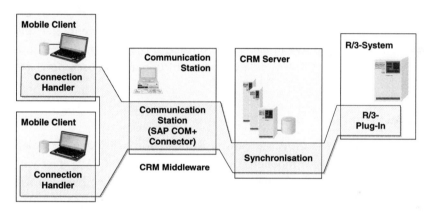

Abbildung 17.3 Struktur der CRM Middleware

Synchronisationsdienste für mobile Clients

Die Synchronisation mobiler Clients erfolgt über die konsolidierte Datenbank (*Consolidated Database, CDB*), eine logische Datenbank innerhalb der CRM-Datenbank. In ihr werden alle Daten für mobile Clients in konsolidierter Form abgelegt.

Für die Synchronisation mobiler Clients steht ein Publish-and-Subscribe-Mechanismus zur Verfügung. Subskriptionen werden zentral in der *Administration Console* des CRM Servers gepflegt. Folgende Synchronisationsmöglichkeiten stehen zur Verfügung:

▶ Bulk Replication
▶ Intelligent Replication

- Dependent Replication
- Realignment

Bei *Bulk Replication* werden alle Dokumente eines bestimmten Typs an alle Sites gesendet, die diesen Dokumenten-Typ subskribiert haben.

Bei *Intelligent Replication* können bestimmte Selektionskriterien definiert werden, sodass eine Site nur ausgewählte Dokumente eines bestimmten Typs erhält, z.B. nur Kunden aus einem bestimmten Land.

Bei *Dependent Replication* können Abhängigkeiten zwischen Nachrichten berücksichtigt werden. Z.B. kann ein mobiler Laptop-Benutzer alle Kunden in seiner Vertriebsregion und zusätzlich alle zugehörigen (abhängigen) Aktivitäten erhalten.

Realignment betrifft die Neuverteilung von Geschäftsdaten an mobile Clients. Dies wird notwendig, wenn sich das Verteilungsmodell ändert (z.B. wenn ein Außendienstmitarbeiter ein neues Vertriebsgebiet erhält) oder wenn sich die Geschäftsdaten ändern (z.B. wenn ein Kunde umzieht). Die Notwendigkeit zum Realignment wird von der CRM Middleware erkannt und automatisch durchgeführt.

Sites und Adapter

Die Nachrichtendienste der CRM Middleware können von beliebigen Systemen (Sites) genutzt werden – vom mobilen, nur temporär mit dem CRM Server verbundenen Laptop bis hin zum permanent angeschlossenen Backend-System wie z.B. SAP R/3. Voraussetzung sind entsprechende Adapter, die eingehende Nachrichten konvertieren und weiterleiten. Folgende Site-Typen werden unterstützt:

- **SAP R/3**
  Der Datenaustausch erfolgt mit Hilfe des Adapter-Frameworks im CRM Server und dem CRM Plug-In im SAP R/3-System

- **SAP Business Information Warehouse**
  Der Datenaustausch zwischen SAP BW und dem CRM Server erfolgt über den BW Adapter. Beliebige andere Sites tauschen Nachrichten mit SAP BW über die Flusssteuerung der CRM Middleware aus.

- **Nicht-SAP-Anwendungssysteme**
  Der External Interfaces Adapter (XIF) bietet Schnittstellen auf XML- und IDoc-Basis für die Kommunikation mit Fremdsystemen. Über entsprechende Subsysteme werden außerdem spezielle Formate wie RosettaNet, xCBL, EDIFACT, ANSI X.12 und ODETTE unterstützt.

▶ **Mobile Clients**

Mobile Clients verbinden sich normalerweise nur temporär mit dem CRM Server. Wenn Daten an mobile Clients repliziert werden sollen, werden diese deshalb in der konsolidierten Datenbank (CDB) zwischengepuffert. Wird ein mobiler Client an den CRM Server angeschlossen, so erfolgt die Datenübertragung aus der konsolidierten Datenbank zum Client und ggf. auch umgekehrt.

Fluss-Steuerung und BDocs

Die Fluss-Steuerung der CRM Middleware übernimmt Geschäftsnachrichten wie Aufträge, Kunden und Aktivitäten vom sendenden System und leitet sie an den oder die Empfänger weiter. Die Geschäftsnachrichten werden innerhalb der CRM Middleware in Form von *BDocs* (*Business Documents*), die bestimmten Formatvorschriften genügen, transportiert. Jedes BDoc hat einen BDoc-Typ, der seine Datensegmentstruktur festlegt.

BDoc-Typ-Beschreibungen enthalten keinerlei Implementierungsdetails. BDoc-Nachrichten können daher auf verschiedene Arten dargestellt werden, z. B. als ADO-(ActiveX-Data-Objects-)Record-Sets auf Laptops, als interne Tabellen auf dem CRM Server oder in einem XML-Format für Fremdsysteme.

BDoc-Typen werden in folgende Klassen unterteilt:

▶ *Messaging BDocs* für den Nachrichtenaustausch zwischen CRM-Server-Anwendungen und anderen, stationären Anwendungen. Diese Nachrichten werden nicht in der konsolidierten Datenbank abgelegt.

▶ *Synchronization BDocs* für den Nachrichtenaustausch zwischen CRM-Server-Anwendungen und mobilen Clients. Diese Nachrichten werden in der konsolidierten Datenbank abgelegt.

Außerdem gibt es *Mobile Application BDocs*, die nur lokal von den mobilen Clients genutzt werden.

BDocs werden mit Hilfe des BDoc Modelers definiert und im BDoc Repository gespeichert und verwaltet. Über den BDoc Modeler können ein oder mehrere Synchronization BDocs einem Messaging BDoc zugeordnet werden. Konvertierungsdienste der CRM Middleware sorgen für die erforderliche Abbildung (Mapping).

Datenaustausch mit Backend-Systemen

Die CRM Middleware unterstützt den Datenaustausch mit Backend-Systemen durch folgende Dienste:

- Initialer Datenaustausch zwischen CRM Server und SAP R/3 sowie mit Nicht-SAP-Systemen
- Delta-Datenaustausch zwischen CRM Server und SAP R/3 sowie mit Nicht-SAP-Systemen
- Synchronisation von Customizing-Daten zwischen CRM Server und SAP R/3
- Datenaustausch zwischen CRM Server und Nicht-SAP-Systemen auf der Basis von XML-Nachrichten. Unterstützt werden folgende Geschäftsobjekte:
  - Geschäftspartner, Hierarchien, Beziehungen
  - Aufträge, Aktivitäten
  - Produkte (eingehend)
  - Konditionen (eingehend)
  - Rechnungen (ausgehend)
- Dateibasierte initiale Datenübertragung zum CRM Server
  - Initiale Datenübernahme aus Nicht-SAP-Systemen mit Hilfe der SAP Data Transfer Workbench unter Verwendung der IDoc-Schnittstelle des XIF-Adapters.
  - Initiale Datenübernahme aus Fremdsystemen, die Daten als ASCII-Datei bereitstellen können.

Monitoring-Dienste

Das Middleware Cockpit bietet zentrale Monitoring-Funktionen für die Überwachung von:

- Nachrichtenfluss
- Warteschlangen (Queues)
- Adapter Framework
- Nachrichtenaustausch mit mobilen Clients
- Performance

Außerdem besteht eine Integration mit dem Alert Monitor der Infrastruktur-Services von mySAP Technology.

17.2.3 Mobile Engine

Die *Mobile Engine* (*ME*) ist ein plattformunabhängiges Runtime-System für mobile Anwendungsszenarien – online und offline. Geschäftsanwendungen können mit ihrer Hilfe auf mobilen Geräten, z.B. Personal Digital Assistants (PDAs) und Laptops, offline ablaufen und Transaktionsdaten zu einem späteren Zeitpunkt mit beliebigen SAP- oder Fremdsystemen synchronisieren.

Die Mobile Engine ist vollständig in die Entwicklungs- und Laufzeitumgebung von SAP integriert. Sie besteht aus den folgenden Elementen:

▶ Java Plug-In auf den mobilen Geräten
▶ ME-Server-Komponenten
▶ ME Public Interface
▶ ME SyncLayer
▶ MicroITS
▶ Deployment-Komponenten

Das Java Plug-In ist eine Java VM für mobile Geräte.

Zu den Server-Komponenten der Mobile Engine gehört ein kompakter Web-Server und eine Servlet Engine.

Das Public Interface der Mobile Engine unterstützt die Einbindung individueller Plug-Ins und Offline-Erweiterungen auf den mobilen Geräten, die dann auf alle Services der Mobile Engine zugreifen können, z.B. auf die lokale Datenhaltung und die Synchronisation.

Die SyncLayer bietet Datensynchronisationsdienste zwischen den mobilen Geräten und einem SAP-System.

Der MicroITS stellt eine spezielle Laufzeitumgebung für mobile Anwendungen zur Verfügung.

Die Deployment-Komponenten der Mobile Engine stellen zentrale Administrationsfunktionen für die Nutzerverwaltung und die Anwendungsverteilung zur Verfügung. Von der Deployment-Konsole werden alle Offline-Anwendungen überwacht. Zusätzlich werden Informationen über den Gerätetyp/ID und die Softwareversionen an die beteiligten Systeme weitergegeben.

17.3 Konfiguration und Installation von mySAP CRM

17.3.1 Überblick

Für die Konfiguration und Installation von mySAP CRM gelten grundsätzlich dieselben Regeln und Verfahren wie für andere auf mySAP Technology basierende mySAP.com-Lösungen. So kann auch für mySAP CRM-Installationen die erforderliche Hardware-Ausstattung mit Hilfe des *Quick Sizer Tools* ermittelt werden, das SAP in Zusammenarbeit mit seinen Hardware-Partnern für mySAP.com-Lösungen entwickelt hat.

Da eine vollständige Darstellung aller die Konfiguration und Installation von mySAP CRM betreffenden Themen über den Rahmen dieses Buches hinausgehen würde, sei hier auf den *SAP CRM Master Guide* mit umfassenden Verweisen auf weitere Konfigurations- und Installationsdokumente für alle erforderlichen Komponenten verwiesen [SAP 2001a]. Zum Betrieb von mySAP CRM finden sich detaillierte Informationen z. B. in [SAP 2001b].

Drei spezielle Themen, die aus Sicht der Nutzung und des Betriebs von mySAP CRM von hohem Interesse sind, sollen hier kurz skizziert werden. Dabei geht es zum einen um den Betrieb mehrerer mySAP.com-Komponenten mit einer gemeinsamen Datenbank, zum anderen um die Anbindung mehrerer Backend-Systeme an ein mySAP CRM-System.

17.3.2 One-Database Installation

Verteilte IT-Systemlandschaften mit Anwendungskomponenten wie ERP, CRM, SCM und Data Warehouse auf unterschiedlichen Servern mit jeweils eigenen Datenbanken haben ihre Vorteile, wenn es um Flexibilität, Verfügbarkeit und Skalierbarkeit der einzelnen Systeme geht, bringen aber auch eine Reihe von administrativen Nachteilen mit sich:

▶ Aufwändige Wartung mehrerer, ggf. unterschiedlicher Betriebs- und Datenbanksysteme

▶ Schwierige Implementierung von High-Availability-Lösungen

▶ Aufwendige Synchronisation von Backup und Restore

▶ Erhöhter Hardware-Bedarf

Um diesen Nachteilen zu begegnen, besteht die Möglichkeit, mehrere mySAP.com-Komponenten wie SAP CRM, SAP APO, SAP BW, SAP SEM und SAP R/3 so zu installieren, dass sie gemeinsam ein physikalisches Datenbanksystem nutzen (One-Database Installation). In ersten Projekten wurden dadurch bereits folgende Einsparungen erzielt:

▶ 10 % weniger Plattenbedarf

▶ 30 % weniger Kosten für Backup-Hardware (Bänder, Bandlaufwerke, Plattenlaufwerke)

▶ 40 % weniger Kosten für Backup-Administration

Abbildung 17.4 zeigt die verschiedenen Möglichkeiten zur Installation von mySAP.com-Komponenten.

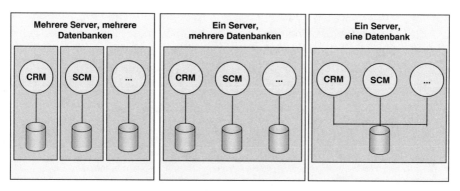

Abbildung 17.4 Installations-Optionen für mySAP.com-Komponenten

17.3.3 Master Data Management

Das Management von gemeinsam genutzten Stammdaten stellt in verteilten, heterogenen Anwendungsumgebungen eine große Herausforderung dar. Als Lösung entwickelt SAP hierfür ein zentrales *Master Data Management* (*MDM*), das eine vereinheitlichte, konsolidierte Handhabung von Stammdaten in verteilten Umgebungen ermöglicht und auch anspruchsvolle kollaborative Anwendungen wie das Distributed Order Management (siehe Kapitel 12.5) unterstützt. SAPs Master Data Management basiert auf mySAP Exchange Technology und nutzt XSLT-(Extensible-Stylesheet-Language-Transformations-)Mapping zur Abbildung zwischen verschiedenen XML-Objektrepräsentationen.

17.3.4 Multiple-Backend-Installation

Viele Unternehmen wollen ihr CRM-System mit mehreren Backend-Systemen verbinden, weil sie z.B. für jede Region oder jeden Unternehmensbereich eigene Backend-Systeme installiert haben.

SAP unterstützt diese Anforderung im Rahmen von CRM 3.0 für harmonisierte Backend-Systeme. Dies bedeutet, dass gemeinsam genutzte Daten mit gleichen Schlüsseln arbeiten oder dass ein entsprechendes Abbildungsverfahren zur Verfügung steht. In einem zweiten Schritt wird dieser Ansatz unter Nutzung eines gemeinsamen Stammdaten-Servers (Master Data Management) und der mySAP Exchange-Technologie weiter verallgemeinert.

In diesem Zusammenhang sei erwähnt, dass heute viele SAP R/3-Kunden verschiedene, eigenständige Unternehmenseinheiten (z.B. Werke, Verkaufsorganisationen etc.) in eigenen Buchungskreisen auf einem gemeinsamen SAP R/3-System betreiben. Diese R/3-Kunden haben die Möglichkeit, mit einem einzigen mySAP CRM-System das Kundenbeziehungsmanagement für alle Unternehmenseinheiten zu implementieren.

Literatur

[Bader 2001] Günther Bader, *SAP and Dun & Bradstreet Partner to Provide Business Information at the Touch of a Button*, SAPinsider, Vol. 2, No. 4, October-December 2001

[Blattberg 2001] Robert C. Blattberg, Gary Getz, Jacquelyn S. Thomas, *Customer Equity*, Harvard Business School Press, Boston, Massachusetts, 2001

[Bond 1999] B. Bond, D. Burdick, C. Eschinger, D. Miklovic, K. Pond, *C-Commerce: The New Arena for Business Applications,* Gartner Group, 1999

[Boulanger 2000] David Boulanger and Peggy Menconi, *SAP CRM is Finally Ready for Your Short List*, AMR Research, The SAP Advisor, August 2000

[Brandenburger 1996] A. M. Brandenburger, B. J. Nalebuff, *Co-opetition,* Doubleday, New York, 1996

[Brenner 2001] Walter Brenner, *Ausgewählte Tendenzen im Informationsmanagement*, Universität St.Gallen, Institut für Wirtschaftsinformatik, 2001

[Brinkmann 2000] Sandra Brinkmann, Axel Zeilinger, *Finanzwesen mit SAP R/3*, SAP PRESS, Galileo, 2. Auflage, Bonn, 2000

[Buck-Emden 1996] Rüdiger Buck-Emden, Jürgen Galimow, *The SAP R/3 System – A Client/Server Technology*, Addison-Wesley, Harlow, England, 1996

[Butler 1997] P. Butler; T. W. Hall, A. M. Hanna, L. Mendonca, Auguste, B., Manyika, J., Sahay, A., *A Revolution in Interaction,* The McKinsey Quarterly, Number 1, 1997

[Clark 2000] Sam Clark, *Putting Marketing Wheels on the Customer Life Cycle*, META Group, Delta, ADS 886, July 20, 2000

[Close 2001] Wendy Close et al., *CRM at Work: Eight Characteristics of CRM Winners*, GartnerGroup, Research Note AV-13-9791, June 19, 2001

[Curry 2000] Jay Curry, *The Customer Marketing Method*, Free Press, 2000

[Diez 2000] W. Diez, *Wenn das Internet als Verkäufer arbeitet,* Harvard Business Manager, 22. Jahrgang, No. 1, 2000

[Fritz 2000] Franz-Josef Fritz, *The Internet Business Framework – The Foundation for SAP's Collaborative Business Scenarios*, SAPinsider, October-December, 2000

[Fritz 2001] Franz-Josef Fritz, *From »SAP Basis« to »SAP Web Application Server« – It's Much More Than Just a Name Change!*, SAPinsider, Vol. 2, No. 3, July-September 2001

[Hack 2000] Stefan Hack, *Collaborative Business Scenarios – Wertschöpfung in der Internetökonomie*, in: Scheer, A.-W. (Hrsg.): E-Business – Wer geht? Wer bleibt? Wer kommt? 21. Saarbrücker Arbeitstagung 2000 für Industrie, Dienstleistung und Verwaltung. Physica-Verlag, Heidelberg, 2000

[Hammer 1993] Michael Hammer, James Champy, *Reengineering the Corporation*, HarperCollins, New York, 1993

[Homburg 2000] Christian Homburg, *Customer Relationship Management*, Arbeitspapier M52, Universität Mannheim, 2000

[Kagermann 2001] Henning Kagermann, Gerhard Keller, *SAP-Branchenlösungen*, 2. Auflage, Galileo Press, Bonn, 2001

[Kalakota 1999] Ravi Kalakota, Marcia Robinson, *e-Business – Roadmap for Success*, Addison Wesley Longman, Reading, Massachusetts, 1999

[Kalakota 2001] Ravi Kalakota, Marcia Robinson, *M-Business: The Race to Mobility*, McGraw-Hill, 2001

[Kaplan 1996] Robert S. Kaplan, David P. Norton, *The Balanced Scorecard: Translating Strategy into Action*, Harvard Business School Press, 1996

[Kimbell 2001] Ian Kimbell, *Deciphering »SAP«, »mySAP.com« and »mySAP«*, SAPinsider, Vol. 2, No. 4, October-December 2001

[Kumar 2001] Anil Kumar et al., *Beyond CRM – Realizing the Customer Value Promise*, McKinsey&Company, 2001

[Lassmann 2000] Jay Lassmann and David Paris, *CRM in the Call Center and Contact Center*, Gartner Group, Tutorial DPRO-93666, November 21, 2000

[Lübke 2001] Christian Lübke, Sven Ringling, *Personalwirtschaft mit mySAP Human Resources*, SAP PRESS, Galileo, Bonn, 2001

[Martin 2000] Wolfgang Martin, *Real-Time Marketing: Beyond Campaign Management*, META Group, Delta, ADS 909, October 13, 2000

[McKenna 1995] Regis McKenna, *Real-Time Marketing*, in: Harvard Business Review, Jul/Aug 1995, Vol. 23, No. 4

[META 1999] META Group and IMT Strategies, *Customer Relationship Management Study*, Sep 22, 1999

[Morris 2000] Henry Morris, *Analytic Applications Market Forecast and Analysis, 2000–2004*, IDC Report 23498, December 2000

[Muther 2001] Andreas Muther, *Customer Relationship Management – Electronic Customer Care in the New Economy*, Springer, Berlin, 2001

[Nelson 2000] S. Nelson, *Customer Service is the Most Important CRM Function*, Gartner Group, Research Note SPA-11-7680, Nov 9, 2000

[Nelson 2001] S. Nelson, J. Kirkby, *Seven Reasons Why CRM Fails*, Gartner Group, Research Note COM-13-7628, August 20, 2001

[Newell 1997] Frederick Newell, *The New Rules of Marketing: How to Use One-to-One Relationship Marketing to Be the Leader in Your Industry*, Irwin Professional Publishing, 1997

[Newell 2001] Frederick Newell, *Loyalty Rules!: How Today's Leaders Build Lasting Relationships*, HBS Press Book, 2001

[Peppers 1993] Don Peppers, Martha Rogers, *The One to One Future: Building Relationships One Customer at a Time*, Doubleday, New York 1993

[Peppers 1997] Don Peppers, Martha Rogers, *Enterprise One to One – Tools for Competing in the Interactive Age*, Doubleday, New York, 1997

[Peppers 1999] Don Peppers, Martha Rogers, *The One to One Manager*, Doubleday, New York, 1999

[Pine 1993] Joseph B. Pine, *Mass Customization: The New Frontier in Business Competition*, Harvard Business School Press, Boston, Massachusetts, 1993

[Porter 1986] M. Porter, *Competitive Advantage*, Harvard Business School Press, Boston, MA, 1986.

[Rapp 2000] Reinhold Rapp, *Customer Relationship Management*, Campus, Frankfurt/Main, 2000

[Reicheld 1996] Frederich F. Reichheld, *The Loyalty Effect: The Hidden Force behind Growth, Profits, and Lasting Value*, Harvard Business School Press, 1996.

[SAP 2000] SAP, *mySAP.com Collaborative Business Scenarios*, SAP AG, WhitePaper, Walldorf, 2000.

[SAP 2001] SAP AG, *A Business View of mySAP CRM*, SAP White Paper, Walldorf, 2001

[SAP 2001a] SAP AG, *SAP CRM Master Guide*, Walldorf, 2001

[SAP 2001b] SAP AG, *mySAP Technology for Open E-Business Interaction – Overview*, SAP White Paper on mySAP Technology, Walldorf, 2001

[SAP 2001c] SAP AG, *IT Landscapes: Architecture and Life-Cycle Management of Distributed Environments*, SAP White Paper on mySAP Technology, Walldorf, 2001

[SAP 2001d] SAP AG, *Analytical CRM*, SAP White Paper, Walldorf, 2001

[Schneiderman 2001] Nathan Schneiderman, Adrienne Yih, *The Emerging Face of Customer Relationship Management*, Wedbush Morgan Securities, Industry Report, August 2001

[Siebel 1996] Tom Siebel, Michael Malone, *Virtual Selling*, The Free Press, New York, 1996

[Siemers 2001] Hans-Heinrich Siemers, *Holistic CRM: The Key to Optimizing Customer Value, Service, and Retention*, SAPinsider, April-June 2001

[Simon 2001] Hermann Simon, *Die vielen Irrtümer im E-Business*, Manager Magazin, Nr. 9, September 2001

[Sinzig 2001] Werner Sinzig, *SAP SEM Drives Strategies Into Operational Practice*, SAPinsider, January 2001

[Slywotzky 1998] Adrian J. Slywotzky, Dave J. Morrison, *The Profit Zone: How Strategic Business Design Will Lead You to Tomorrow's Profits*, Random House 1998

[Spang 2000] K. Spang, *Customer Relationship Management*, Current Analysis, Market Assessment, Nov 13, 2000

[Stadtler 2000] Hartmut Stadtler, Christoph Kilger (Eds.), *Supply Chain Management and Advanced Planning – Concepts, Models, Software and Case Studies*, Springer, Berlin/Heidelberg, 2000

[Thompson 2001] Ed Thompson, Wendy Close, *ERP Vendors Are a Safe Choice for CRM, but Not for All*, Gartner Group, Research Note M-13-3257, 18 April 2001

[Vering 2001] Matthias Vering et al., *Der E-Business-Workplace*, SAP PRESS, Galileo, Bonn, 2001

Das mySAP CRM-Autorenteam

Folgende Kollegen haben als Autoren an diesem Buch mitgearbeitet:

Achim Appold

Achim Appold verfügt über Hochschulabschlüsse als Diplom-Kaufmann und MBA und ist bei SAP seit 2001 Country Manager der Regional Group SAP CRM. Vor dieser Tätigkeit war Achim Appold Business Development Manager bei SAS Institute und Senior Consultant für Mobile Sales and CRM Project bei Kiefer & Veittinger Information Systems bzw. bei SAP CRM Consulting.

Stephan Brand

Stephan Brand ist Diplom-Wirtschaftsingenieur und seit 1996 Mitarbeiter der SAP. Er war Manager der Regional CRM Group Asia/Pacific und übernahm im Oktober 2000 die Aufgabe des Vorstandsassistenten bei Dr. Peter Zencke. Im Rahmen dieser Aufgabe kümmert er sich unter anderem um die Integration von Office-Produktivitätswerkzeugen mit mySAP CRM.

Dr. Rüdiger Buck-Emden

Dr. Rüdiger Buck-Emden ist Diplom-Informatiker und bekleidet bei der SAP AG seit 1990 leitende Funktionen in den Bereichen Strategische Planung, Entwicklung und Produktmanagement, unter anderem als Vorstandsassistent von Prof. Dr. Hasso Plattner. Gegenwärtig ist er als Vice President für das Gebiet CRM Architecture & Technology zuständig. Dr. Rüdiger Buck-Emden ist Autor zahlreicher Fachbücher und -publikationen.

Christian Cole

Christian Cole ist seit fünf Jahren bei der SAP tätig und hat in den Bereichen Quality Management, Implementation Consulting und Product Management für Retail und CRM gearbeitet. Gegenwärtig ist er im Bereich mySAP CRM Workforce Management mit den Schwerpunkten Integration und Analytics beschäftigt. Christian Cole hat einen Hochschulabschluss in Biologie und Chemie.

Christopher Fastabend

Christopher Fastabend trat 1998 als Produktmanager für mySAP CRM Marketing in die SAP AG ein. Vor seiner Tätigkeit für die SAP war er Mitarbeiter beim Mannheimer CRM-Spezialisten Kiefer & Veittinger Information Systems. Christopher Fastabend hat einen MBA-Abschluss und einen Bachelor in Industrial Engineering.

Dr. Jörg Flender

Dr. Jörg Flender ist Produktmanager für mySAP CRM und betreut aus der Produktentwicklung heraus die SAP-interne Einführung von mySAP CRM. Dr. Jörg Flender kam 1995 zur SAP und arbeitete zunächst in der SAP-internen Anwendungsentwicklung und Beratung für den Bereich Logistik. Anschließend war er Projektmanager für SAP-interne E-Commerce- und Employee-Self-Service-Projekte.

Alison Gordon

Alison Gordon ist seit 1996 Mitarbeiterin der SAP und dokumentiert als technische Autorin für mySAP CRM Sales die Bereiche Aktivitätenmanagement, Sales Management und Support sowie den CRM-Content im SAP Business Information Warehouse. Alison Gordon studierte in Großbritannien Deutsch und Spanisch und hat ein Masters Degree in Übersetzen und Dolmetschen.

Tomas Gumprecht

Tomas Gumprecht ist Diplom-Informatiker und Produktmanager für mySAP CRM Service. Damit ist er verantwortlich für die internationale Markpositionierung, das Roll-in und Roll-out, die Abstimmung der Marktanforderungen mit der Entwicklung, die Dokumentation und die Übersetzung von mySAP CRM Service. Er trat 1993 in die SAP ein und beschäftigte sich seitdem mit der Entwicklung von Software für Energieversorger, die Entwicklung von Software für Servicemanagement/Instandhaltung und das Produktmanagement für mySAP CRM.

Stefan Hack

Stefan Hack ist als Vice President für das Solution-Lifcycle-Management der SAP zuständig. In dieser Funktion verantwortet er Werkzeuge und Inhalte zur Unterstützung der lösungsorientierten Einführung der mySAP.com-Plattform (SAP Solution Architect). Darüber hinaus kümmmert er sich um Methoden zur Modellierung, Dokumentation und Implementierung von unternehmensübergreifenden Geschäftsprozessen (Collaborative Business). Vor seiner Tätigkeit bei SAP war Stefan Hack Senior Consultant bei KPMG Peat Marwick und Senior Associate bei McKinsey. Stefan Hack ist Diplom-Wirtschaftingenieur und MBA.

Dr. Volker Hildebrand

Dr. Volker Hildebrand ist Director Product Management bei SAPMarkets, Inc., einer 100%-Tochter der SAP AG in Palo Alto, USA. Zuvor war er Leiter des Produktmanagements für E-Selling Solutions bei SAPMarkets Europe und Mitglied des Management-Teams der Business Unit CRM bei der SAP AG. Seine Karriere bei SAP begann er 1998 im Vertrieb, wo er den Vertriebsbereich für CRM Software mit aufbaute. Vor seiner Zeit bei SAP war Volker Hildebrand Assistent bei Prof. Dr. Jörg Link an der Universität in Frankfurt und Kassel, wo er zum Thema Customer Relationship Management promovierte. Er ist Autor bzw. Co-Autor mehrerer Bücher sowie zahlreicher Artikel in Fachzeitschriften und Sammelwerken.

Frank Israel

Frank Israel bekleidet bei der SAP als Diplom-Kaufmann die Aufgabe eines Senior PreSales Consultant für mySAP CRM. Bevor er diese Aufgabe übernahm, war er Berater bei Kiefer & Veittinger Information Systems und bei SAP CRM Consulting im Bereich Investitionsgüter/HighTech.

Fabian Kamm

Fabian Kamm ist Diplom-Kaufmann mit MBA-Abschluss. Seit 1996 war er zunächst bei Kiefer & Veittinger Information Systems, dann bei der SAP als Berater und Projektleiter europaweit in verschiedenen CRM-Projekten tätig. Fabian Kamm bekleidet heute bei SAP die Aufgabe eines Senior Consultants mit den Schwerpunkten mySAP CRM Sales sowie CRM-Implementierungsmethoden und -Tools.

Stefan Kraus

Stefan Kraus ist Diplom-Kaufmann und führte als Berater von 1992–1996 in zahlreichen Unternehmen industriespezifische Softwarelösungen für das Vertriebs- und Ergebniscontrolling ein. Anschließend übernahm er bei SAP als zuständiger Produktmanager die Verantwortung für die Ergebnisrechnung (Profitability Analysis). Seit Anfang des Jahres 2000 ist Stefan Kraus als Produktmanager für analytisches mySAP CRM zuständig.

Mark Layden

Mark Layden ist als Vice President weltweit zuständig für mySAP CRM Workforce Management. Er war Mitbegründer von Campbell Software Inc. (Chicago), bis zur Übernahme durch SAP Marktführer im Bereich Workforce-Management-Lösungen für die Retail- und die Service-Industrie. Als President von SAP Campbell sorgte er für die Strategie-, Prozess- und Entwicklungsintegration beider Firmen. Mark Layden studierte Wirtschaftwissenschaften an der Harvard University.

Claudia Mairon

Dipl.-Kffr. Claudia Mairon studierte Betriebswirtschaftslehre an der Universität Mannheim mit den Schwerpunkten Marketing, Internationales Management und Psychologie. Bereits während des Studiums war sie in unterschiedlichen Bereichen der SAP AG tätig. Nach dem Abschluss des Studiums arbeitete sie zunächst im Produktmanagement des Bereichs EnjoySAP und danach im Produktmanagement mySAP Workplace. Seit 2000 ist sie im strategischen Produktmanagement für E-Selling Solutions bei SAPMarkets Europe beschäftigt.

Wolfgang Ölschläger

Wolfgang Ölschläger ist bei SAP Produktmanager für den mySAP CRM-Bereich Mobile Sales. Gemeinsam mit Kunden und Entwicklern erarbeitet er Produktanforderungen als Grundlage für den weiteren Planungs- und Entwicklungsprozess bei SAP. Wolfgang Ölschläger ist Diplom-Wirtschaftsingenieur und kann auf über zehn Jahre Erfahrung in Beratung, Produktmanagement und im Business Development für Sales Force Automation und CRM zurückblicken. Er kam 1998 vom Mannheimer CRM-Spezialisten Kiefer & Veittinger Information Systems zur SAP.

Jörg Rosbach

Dipl. Ing. Jörg Rosbach studierte an der TU Karlsruhe und der ETH Zürich Maschinenbau mit Schwerpunkt Produktionstechnik. Er kam 1994 zu SAP, zunächst als Berater, dann als Corporate Marketing Manager für den Bereich CRM. Seit Juni 1999 ist Jörg Rosbach Produktmanager für mySAP CRM Sales.

Ingo Sauerzapf

Ingo Sauerzapf, Vorstandsmitglied der Heidelberger quipus AG, beschäftigt sich seit vielen Jahren mit SAP-Basisthemen, ABAP/4-Entwicklung und Internet-Technologie. Als technischer Berater arbeitete er für SAP SI und e-SAP.de, bevor er zusammen mit drei Kollegen die quipus AG gründete, die ihr SAP-Know-how heute erfolgreich in E-Business-Projekten einsetzt.

Dr. Thomas Weinerth

Dr. Thomas Weinerth ist seit zwei Jahren im SAP-Produktmanagement für Best Practices for mySAP CRM tätig. Davor war er an der Universität Mannheim wissenschaftlicher Mitarbeiter im Bereich CRM. Dr. Thomas Weinerth promovierte auf dem Gebiet Marketing und Organisation und erwarb Hochschuldiplome in Betriebswirtschaft und Psychologie.

Peter Wesche

Nach einem Studium der Mathematik und Numerik arbeitete Peter Wesche zunächst in mehreren Handelsunternehmen, bevor er sich wieder der IT zuwandte. Seit 1987 ist er bei der SAP AG in Walldorf tätig, zunächst in der Anwendungsprogrammierung für die Warenwirtschaft, dann im Produktmanagement. Seit Mitte 2000 leitet er im CRM als Vice President den Bereich Mobile Business und verantwortet bereichsübergreifend die mobilen Anwendungen bei SAP.

Rainer Zinow

Rainer Zinow studierte Betriebswirtschaftlehre und bekleidet seit über 10 Jahren verschiedene Management-Positionen bei der SAP AG. Zu seinen Aufgaben gehörte der Aufbau des SAP-IBM-Kompetenzzentrums, die internationale (Geschäfts-)Koordination des SAP-Schulungsangebots sowie die Leitung des Geschäftsbereichs Knowledge Management. Rainer Zinow war zudem Assistent des Vorstandsvorsitzenden Dietmar Hopp. Gegenwärtig ist er als Vice President zuständig für das mySAP CRM Interaction Center.

Index

Dies ist nicht die letzte Seite ...

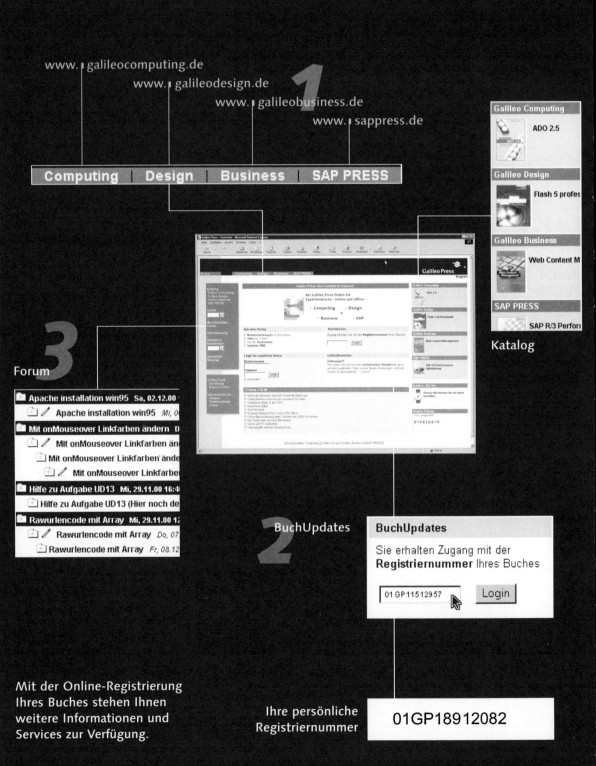

www. ▪ galileocomputing.de
www. ▪ galileodesign.de
www. ▪ galileobusiness.de
www. ▪ sappress.de

1

Computing | Design | Business | SAP PRESS

Galileo Computing
ADO 2.5

Galileo Design
Flash 5 profes

Galileo Business
Web Content M

SAP PRESS
SAP R/3 Perfor

Katalog

3

Forum

📁 Apache installation win95   Sa, 02.12.00
   📄🖉 Apache installation win95   Mi, 0
📁 Mit onMouseover Linkfarben ändern   D
   📄🖉 Mit onMouseover Linkfarben än
      📄 Mit onMouseover Linkfarben ände
         📄🖉 Mit onMouseover Linkfarbe
📁 Hilfe zu Aufgabe UD13   Mi, 29.11.00 16:4
   📄 Hilfe zu Aufgabe UD13 (Hier noch de
📁 Rawurlencode mit Array   Mi, 29.11.00 12
   📄🖉 Rawurlencode mit Array   Do, 07
      📄 Rawurlencode mit Array   Fr, 08.12

2 BuchUpdates

BuchUpdates

Sie erhalten Zugang mit der
Registriernummer Ihres Buches

| 01GP11512957 | Login |

Mit der Online-Registrierung
Ihres Buches stehen Ihnen
weitere Informationen und
Services zur Verfügung.

Ihre persönliche
Registriernummer

01GP18912082